UMA AVENTURA CHAMADA PRISÃO

UMA AVENTURA CHAMADA PRISÃO

:ns

São Paulo, 2024

Uma aventura chamada prisão
Copyright © 2024 by Eugenio Chipkevitch.
Copyright © 2024 by Novo Século Editora Ltda.

Editor: Luiz Vasconcelos
Preparação: Ana Moura
Revisão: Angélica Mendonça
Índice onomástico: Letícia Teófilo
Diagramação: Marília Garcia
Pesquisa de imagens: Célia Rosa
Imagens: Shutterstock, Easy Mediabank
Capa: Equipe Novo Século

Texto de acordo com as normas do Novo Acordo Ortográfico da Língua Portuguesa (1990), em vigor desde 1º de janeiro de 2009.

Dados Internacionais de Catalogação na Publicação (CIP)
Angélica Ilacqua CRB-8/7057

Chipkevitch, Eugenio.
Uma aventura chamada prisão / Eugenio Chipkevitch.
-- Barueri, SP: Novo Século Editora, 2024.
288 p. il.

ISBN 978-65-5561-852-5

1. Crônicas brasileiras 2. Sistema penitenciário – Crônicas I. Título

24-5238 CDD-B869.3

Índice para catálogo sistemático:
1. Crônicas brasileiras

As opiniões emitidas neste livro são de exclusiva responsabilidade do autor, não refletindo necessariamente os princípios da editora.

GRUPO NOVO SÉCULO
Alameda Araguaia, 2190 - Bloco A - 11º andar - Conjunto 1111
CEP 06455-000 - Alphaville Industrial, Barueri - SP - Brasil
Tel.: (11) 3699-7107 | E-mail: atendimento@gruponovoseculo.com.br
www.gruponovoseculo.com.br

SUMÁRIO

I – DIAS 7
O último boneco 9
Memorabilia 17
Canto de sereia 33
Quo vadis? 51

II – LIVROS **65**
Fuga 67
Duas janelas em Amsterdã............................. 81
Kafka, o prisioneiro....................................... 91
Celan e eu... 127
Memento mori... 131

III – GRADES **139**
A decisão 141
A liberdade de Sísifo 145
O legado de Joshua 175
Homo carceris 191

Sobre o autor 259
Referências bibliográficas 261
Índice onomástico..277

DIAS

O último boneco

O enclausuramento causa uma perturbadora distorção da noção de tempo. Para mim, o impacto foi imediato, como se relógios e calendários tivessem sua métrica subitamente alterada para uma outra, arcana, incompreensível. Decifrá-la tornou-se um desafio. Imaginei o Tempo como uma esfinge a me exigir a solução do enigma como condição para minha sobrevivência: "Decifra-me, ou devoro-te".

Nos primeiros dias, semanas, o sentimento era de absoluta desorientação. A consciência do tempo inchava, se aguçava. Se antes, na vida normal, o tempo escoava impalpável pela rotina do dia a dia, agora, no claustro, sua presença era tangível, exasperante. O tempo parecia crescer na mesma medida em que o espaço havia encolhido.

Naquele período inicial, quando a duração real do tempo escapava estranhamente à minha compreensão, era-me tão difícil imaginar o que seria "daqui a um mês" ou "daqui a um ano" que eu passei a me dedicar a bizarros exercícios, nos quais procurava tatear a medida do tempo através de sua representação na distância. Enquanto caminhava pelo pequeno pátio interno da delegacia, atribuía a cada passo a extensão, por exemplo, de uma semana – período que já me era familiar –, e, pelo tempo que levava para completar os dezesseis passos que cobriam o pátio retangular de um extremo a outro, eu tentava inferir o que significariam para mim as próximas dezesseis semanas.

Dostoiévski parece ter passado por uma experiência semelhante no campo de trabalhos forçados na Sibéria. Ele a descreve em *Recordações da casa dos mortos*:

> Comecei a sonhar com a liberdade desde o primeiro dia de reclusão. Passei a fazer a contagem do tempo de minha vida de presidiário por milhares de combinações diferentes, pensando sobre a maneira de utilizá-lo. Esse tipo de operação mental não me largava e creio que o mesmo se passa com todo aquele que vê sua liberdade eliminada, seja lá por quanto tempo for.
>
> Ninguém fora do claustro – seja uma prisão, um mosteiro, um hospital – tem uma consciência tão densa e sensível do tempo, uma necessidade tão insistente de observá-lo, de ponderar sobre ele.

Meu filho – então com 10 anos – resolveu me munir de um instrumento que me ajudasse nessa travessia. Numa das visitas, desenhou em meu caderno uma sequência de seis bonecos de mãos dadas; só o último sorria. Ele recortou o desenho e o colou na parede acima do meu catre. "Pai, todo dia você vai marcar uma cruzinha nesses homenzinhos. Começa com um olho, depois o outro, depois a boca, depois a mão, a outra mão, o pé e o outro pé. Entendeu? Cada homenzinho vai durar uma semana. Quando completar este último, você vai sair daqui".

Toda noite eu deixava uma marca no desenho. Muitas e muitas vezes voltei ao primeiro boneco, recomeçando o ciclo de seis semanas. Cobri as cruzes de bolinhas, e depois as bolinhas risquei com outras cruzes, e depois inventei outros sinais, e usei canetas de outra cor. Passados alguns meses, o sorriso do último boneco desapareceu sob sucessivas camadas de riscos que foram transformando a carinha de esperança numa carranca disforme.

Meu filho intuiu essa necessidade que o prisioneiro sente de figurar o tempo de alguma forma material, como se assim pudesse melhor apreendê-lo, ou controlá-lo. Jean Genet relata um exemplo semelhante em *O milagre da rosa*, romance que escreveu na prisão:

Para abarcar de um só golpe seus vinte anos de reclusão, os durões destacam todas as páginas [dez páginas do caderno à razão de dois anos por página] e as colam na parede. Fiz como eles. Com uma única olhada, posso aprender minha pena, possuí-la. Sobre esses vinte anos, eles se entregam a matemáticas de uma assustadora complicação. Multiplicam, dividem, misturam os números de meses, dias, semanas, horas, minutos. Querem extrair desses vinte anos todos os arranjos possíveis, e parece que os vinte anos vão se extrair mais puros dos números. Os cálculos deles acabam somente na véspera da libertação, de modo que esses vinte anos parecerão ter sido necessários para eles conhecerem o que vinte anos comportavam de combinações, e o encarceramento terá por finalidade e razão de ser esses cálculos que, colocados em toda a largura da parede, parecem, ao mesmo tempo, afundar-se lentamente na noite do futuro e do passado, e brilhar com um clarão presente tão insustentável, que esse clarão é a sua própria negação.

Superada aquela desorientação inicial, à medida que eu ia aos poucos me habituando à rotina da prisão, passei a me surpreender com o paradoxo do tempo que, na monotonia do dia a dia, demorava a passar, mas parecia muito breve quando visto em retrospecto. Olhando para trás, uma semana não parecia ter sido muito mais que um dia, um mês passava como se fosse uma semana...

Em *É isto um homem?*, Primo Levi descreve a mesma sensação experimentada em Auschwitz: "[...] dias tão longos enquanto passam, tão breves depois que tinham passado".

Mas foi na ficção que encontrei as reflexões mais eloquentes sobre o tempo subjetivo que se vivencia na reclusão. Marcel, o herói de *O estrangeiro*, de Albert Camus, diz, depois de ser preso por assassinato:

Não compreendia ainda até que ponto os dias podiam ser, ao mesmo tempo, curtos e longos. Longos para viver, sem dúvida, mas de tal modo distendidos que acabavam por se sobrepor uns aos outros. E nisso perdiam o nome. As palavras ontem ou amanhã eram as únicas que conservavam um sentido para mim.

Essa disparidade entre o tempo real e o tempo "interno" surpreende não só os prisioneiros, mas qualquer pessoa que passa a viver longe do rebanho humano, em isolamento e monotonia. Thomas Mann captou isso magistralmente em *A montanha mágica*, que é, entre outras coisas, um romance sobre o tempo (cujas quase mil páginas são, por si só, um ingrediente simbólico dessa experiência). O jovem Hans Castorp visita um sanatório de tuberculosos situado nas montanhas suíças, mas sua estadia, programada para durar dias, acaba se estendendo por sete anos. O narrador observa:

> [...] os anos ricos em acontecimentos passam muito mais devagar do que aqueles outros pobres, vazios, leves, que são varridos pelo vento e se vão voando. O que se chama tédio é, portanto, na realidade antes uma brevidade mórbida do tempo, provocada pela monotonia: em casos de igualdade contínua, os grandes lapsos de tempo chegam a encolher-se a tal ponto, que causam ao coração um susto mortal; quando um dia é como todos, todos são como um só; passada numa uniformidade perfeita, a mais longa vida seria sentida como brevíssima e decorreria num abrir e fechar de olhos.

É assim que, depois de anos de cativeiro, o homem deixa para trás os portões da prisão: com a sensação de estar acordando de um longo pesadelo – pesadelo sempre igual, que o atormentou todos os dias e que deixa na alma a opaca e desconcertante lembrança de um tempo breve como um sonho.

De todos os quadros angustiantes de Van Gogh, *A ronda dos prisioneiros* é, para mim, o mais perturbador. Trinta e poucos condenados, observados de perto por três guardas, caminham um atrás do outro, formando um círculo dentro de um pequeno pátio cercado de altos muros. A atmosfera do quadro é asfixiante. Os muros ocupam toda a altura da tela. Não se vê o céu. O pátio é um poço de pedra. O único vestígio da natureza são as longas sombras projetadas no chão pelos prisioneiros, a indicar que os raios de Sol incidem obliquamente sobre a prisão. Não é possível ver a maioria dos rostos; apenas um dos homens, em primeiro plano, nos encara de frente, como a lembrar que a roda é feita de gente, ou que toda essa gente sem identidade é como se fosse um só e o mesmo homem, o prisioneiro.

As prisões modernas (com o perdão do oxímoro) são em tudo semelhantes a essa. Os prisioneiros de hoje seguem fazendo suas caminhadas ao redor dos pátios das penitenciárias, cercados de muros por todos os lados (o eufemisticamente chamado "banho de sol"). (Pelos meus cálculos, nesses 21 anos de reclusão meu périplo já soma cerca de vinte mil quilômetros.)

Vincent Van Gogh. *A ronda dos prisioneiros* **(1890)**
Museu Puchkin, Moscou

O círculo como forma de percurso também é, simbolicamente, o signo da vida na prisão, uma vida circular que se fecha sobre si mesma. Todos os dias se repetem monotonamente iguais, até se fundirem num só longo dia cujo nome é tempo. A vida do prisioneiro se arrasta lentamente do nada para lugar nenhum. Na imagem que me ocorre ele está acorrentado ao ponteiro do relógio, a girar perpetuamente pelo mostrador feito Íxion em sua roda. Não está preso apenas a um espaço – ele também é prisioneiro do tempo.

Estar capturado num eterno presente é como viver no inferno. Os vilões ilustres da mitologia grega padecem no Tártaro penas infindas: Íxion gira amarrado a uma roda em chamas; Tântalo, preso ao lago, jamais consegue aplacar sua fome e sede; Sísifo se mata de carregar a enorme pedra montanha acima; Danaides tentam em vão encher o tonel sem fundo...[1] Todos esses seres infelizes foram condenados pelos deuses a penas torturantes, mas é na perenidade do castigo que reside o maior martírio.

O prisioneiro que caminha em círculos não é mais dono de seus passos nem de seu tempo. Quando livre, ele vendia seu tempo (de trabalho) em troca de salário; agora seu tempo (de vida) lhe é tomado pelo Estado, como se em pagamento de uma dívida. Tendo rompido o contrato social, ele deve – na expressão usual – "pagar pelo seu crime", e essa dívida é paga com tempo de vida. A subtração de um pedaço de vida – o tempo como punição – é a própria razão de ser da prisão.

O sistema penitenciário, assinalou Foucault, nasceu junto com o capitalismo, que usa o tempo do operário como moeda de troca. Essa valoração do tempo de trabalho, orientada pelo empresário para a exploração da mão de obra e a geração de lucro, inspirou também a apropriação do tempo de vida do prisioneiro pelo Estado, que nesse aspecto revela sua face escravagista. Ao condenado, que passa a pertencer ao Estado, nada mais pertence, nem o seu tempo, nem sequer sua individualidade, substituída pela identidade estereotipada de "preso", com o seu uniforme e número de matrícula.

---
1 Não só no Tártaro: Zeus condenou Atlas a segurar o céu (ou o mundo, como entendem alguns) para todo o sempre, e Cronos foi obrigado a contar a eternidade, segundo a segundo.

Para o prisioneiro crente, que se assume servo de Deus, a quem por consequência pertencem seu tempo e sua vida, a ideia de ser um escravo do Estado que se apossou de seu tempo de vida é uma questão secundária. Essa pode ser uma das linhas tortas em que Deus escreve o certo, o que não muda o fato de que o homem sempre foi e continua sendo inimigo do homem – *homo hominis lupus.*

Memorabilia

*A meu filho,
um milagre em minha vida.*

1

Na foto em preto e branco tirada dois meses antes da prisão, ele e o filho estão abraçados; ambos sorriem. Ele não usa óculos, está com lentes de contato. Aos 47 anos já tem cabelo e barba meio grisalhos. O menino tem 9 anos. Tem olhos escuros, amendoados, sorriso meigo, usa aparelho nos dentes. É um menino bonito e parece estar feliz.

É a única foto que ele quis manter consigo na prisão. Mas raramente olha para ela, uma ou duas vezes por ano, ou nem isso. Está guardada numa pasta, embaixo de muitos papéis, longe da vista.

Suas melhores recordações são o seu paraíso. Revisitá-las no inferno do cárcere parece trazer consolo, mas este logo revela um travo amargo e se transforma em dor.

"Não há tormento mais dorido / que recordar o tempo venturoso / na desgraça", confessa a Dante um dos personagens do *Inferno*.

Memória é *dor*.

2

Ele e a esposa se separaram quando o filho tinha 4 anos. O menino ficou morando com a mãe, mas a guarda era compartilhada. O pai dedicava um bom tempo ao filho. Quando este fez 9 anos (alguns meses após a morte do avô paterno), foi morar com o pai. A mudança fez muito bem a ambos. Mas essa fase feliz não durou muito: o pai foi preso duas semanas antes de o filho completar 10 anos. Depois eles se lembrarão desses poucos meses de convívio intenso como o período mais feliz de suas vidas.

Nas palavras do filho (agora com 31 anos), a prisão do pai foi "uma catástrofe". Toda a adolescência sem o pai, que se transformara numa figura lastimável, visitada de quando em quando na prisão.

Ele sente muita culpa por ter infligido tanto sofrimento ao filho, por lhe ter faltado em anos tão decisivos. Essa culpa conflui com outras...

Memória é *culpa*.

(Eles nunca conversaram a respeito, mas o pai tem todas as razões para supor que seu filho houvesse, por toda a adolescência, sentido inveja dos colegas que tinham pai – que os levava à escola, que ia torcer por eles no jogo de futebol ou torneio de judô, que fazia viagens inesquecíveis com eles (tudo o que se lembra de ter feito com o filho). Mas uma outra suspeita, mais bizarra, já lhe passou pela cabeça: a de que seu filho invejasse também o melhor amigo, um menino que aos 8 anos perdeu o pai, morto em um assalto. Talvez, ele pensa, a morte do pai, o luto que arrefece com o tempo, as boas recordações que ficam, talvez isso seja melhor para um garoto do que ter um pai vivo, encarcerado, com estigma de vilão, a quem ele sente dever, contra tudo e contra todos, o amor filial.)

3

Na memória dele, o filho teima em ser sempre uma criança. (Mesmo nos sonhos, nunca tem mais de 10 anos.) O filho crescendo, que ele só podia ver em esporádicas visitas na prisão, deixou lembranças esparsas e desbotadas, como as de alguns poucos quadros de um filme visto muito tempo atrás.

Já para o filho, que guarda poucas lembranças da infância, o pai que mais habita sua memória é o pai na prisão.

Essas memórias *invertidas,* a dele e a do filho, são perturbadoras. Sempre que vê o filho, ele tem a incômoda sensação de estar tentando, a muito custo, encontrar aquele menino, que ele conhece tão bem, no homem de hoje, que ele mal conhece. É quase como se o amor por este filho-homem dependesse desse reencontro com o filho-criança. É muito estranho para ele que um garoto possa ter envelhecido, pois este homem à sua frente, afinal de contas, é o seu garoto no corpo de homem.

Talvez seu filho também procure no pai preso vestígios do pai livre que ainda sobrevivem em algum desvão de sua memória.

Eles lutam contra esse estranhamento, temem cair na armadilha de só conseguir amar no outro o que ele foi, não o que ele é.

Memória é *estranhamento.*

4

Gladiador foi um dos últimos filmes que ele e o filho foram ver no cinema. Depois de preso, soube que seu filho andava locando aquele filme repetidas vezes na videolocadora; isso aconteceu durante boa parte da adolescência. Lembrando o enredo do filme, ele entende o motivo dessa compulsão.

Maximus, o herói do filme, é um poderoso general romano que obtém decisivas vitórias no campo de batalha. Ele é amado pelos soldados e pelo velho imperador Marco Aurélio, que pretende fazer de Maximus seu sucessor no trono, em detrimento de seu filho Commodus. Este, um vilão ambicioso e sem escrúpulos, ao saber dos planos do pai, decide matá-lo. Ele também manda executar Maximus, mas o general consegue escapar. De volta à sua casa, esse encontra a esposa e o filho brutalmente assassinados a mando de Commodus. Maximus é capturado e enviado como escravo a uma escola de gladiadores. Aguilhoado por um incessante desejo de vingança, torna-se o melhor gladiador de Roma, novamente famoso e amado pelo povo, que desconhece sua verdadeira identidade. Depois de muitas lutas e muitas vitórias, Maximus ousa desafiar para o combate o próprio imperador. Na arena do Coliseu, ele cumpre, afinal, sua vingança, matando Commodus – mas também morrendo em seguida.

No imaginário do menino, Maximus é *alter ego* do seu pai, médico de renome que caiu em desgraça e está preso (prisioneiro é um escravo) – mas dará a volta por cima e acabará por se vingar de seus algozes. Como Maximus, ele vingará também o sofrimento do filho. Mas é uma nêmesis amarga: no filme, o pai e o filho só se reencontram no além.

Seu filho, sem dúvida, se identifica com o menino do filme, até porque parecem ter a mesma idade. Mas será que essa identificação tem a ver também, em alguma medida, com a morte do filho de Maximus? Será que seu filho vivencia a queda e o afastamento do pai como uma espécie de morte? Sua própria morte?

De qualquer forma, essa compulsão de rever o filme tantas vezes lhe parece uma obsedante cerimônia de luto, uma despedida sem fim.

Memória é *luto*.

Contudo, ele quer acreditar que o filme representa para seu filho mais do que uma catarse – que a honra, a dignidade e a coragem do general feito escravo evoquem, em seu juízo, as mesmas qualidades do pai, médico feito prisioneiro.

5

Três encontros com *Pinóquio,* de Carlo Collodi.

No primeiro, ele tinha 7 anos. Não se recorda mais da impressão que o livro deixou, apenas da capa amarela com o desenho do boneco narigudo.

Só reencontrou *Pinóquio* aos 47 anos, quando foi ler a história para o filho. Costumava ler para ele algum conto infantil antes de dormir. O menino preferia os contos de Hans Christian Andersen e dos irmãos Grimm; *Pinóquio* não atraiu tanto seu interesse, talvez porque já o conhecesse do desenho na TV.

A leitura pareceu ter mexido mais consigo mesmo do que com o pequeno ouvinte à beira do sono. Fazia pouco tempo que o filho passara a morar com ele; andava inseguro com a nova responsabilidade, temia não dar conta do recado. O menino era um tanto irrequieto, voluntarioso, tinha um gênio forte que lembrava o temperamento de Pinóquio. A leitura evocou no pai o receio de cair na mesma situação de Gepeto, impotente diante das travessuras do boneco que lhe escapava ao controle o tempo todo.

Agora, aos 67 anos, ele topou com *Pinóquio* na biblioteca do presídio. Não podia mais lê-lo como um menino, nem o ler para o seu menino. Relê-lo na velhice foi como reencontrar um amigo de infância cujas feições pueris lhe afloraram à memória, mas que não podiam mais ser encontradas em seu rosto, vincado pelo tempo.

As alegorias que as crianças compreendem de maneira intuitiva, os adultos tentam submeter à sua pretensa sabedoria, mas esta dificilmente lhes garante acesso ao mundo encantado dos contos de fadas. Como todo clássico infantil, *Pinóquio* é uma história aparentemente sem pé nem cabeça. Na ótica de um adulto, tudo nela destoa do normal, do usual.

Já desde o momento em que ganha a vida, o boneco contradiz a tese rousseauniana de que o homem nasce bom, mas é corrompido pela sociedade. Pinóquio já nasce corrompido: é um capetinha desobediente, preguiçoso e mendaz. Sua evolução de boneco travesso ao menino bem-comportado é inversa à das crianças normais, cuja inocência cede lugar à rebeldia adolescente. Além do mais, ele vem à luz por obra e graça de um homem, um velho solteirão, e é com esse pai-geratriz que manterá seu principal vínculo afetivo, livre de qualquer conflito edípico. A Fada, que lhe faz as vezes de mãe, é uma figura dúbia e fantasmagórica; Gepeto (que podemos imaginar misógino) nem sequer a conhece.

A ordem natural das coisas dita que os pais devem cuidar dos filhos quando crianças e que estes, quando adultos, cuidarão de seus pais na velhice. Mas Gepeto não consegue cuidar de seu rebento. Pinóquio acaba se safando, de um jeito ou de outro, de todas as enrascadas, enquanto o velho Gepeto se deixa engolir pelo Tubarão, em cujo ventre viverá por dois anos.

Ao reler *Pinóquio*, ele se identifica, pela segunda vez, com Gepeto, o pai anômalo que não soube zelar pelo filho e que precisou dele – de uma criança... – para se salvar. Pois é Pinóquio que vem resgatá-lo da prisão. Ele conduz o pai para fora das entranhas do Tubarão e sai nadando com ele agarrado às suas costas (Gepeto, ainda por cima, não sabe nadar).

E, se ele se reconhece de novo em Gepeto, é porque também ele, prisioneiro, foi salvo pelo amor de seu filho. Tal qual Pinóquio, seu filho é o menino redentor.

6

Hoje ele não vive mais de lembranças, mas nos primeiros anos de prisão elas lhe pareciam compor um espólio sem o qual não poderia continuar vivendo. Ele temia que elas fossem se perdendo com o passar do tempo, que a idade e o desgaste infligido pelo cárcere fossem pouco a pouco corroendo sua memória.

O medo maior era o de esquecer coisas relacionadas a seu filho, cenas, detalhes guardados como um tesouro em algum recanto especial de sua memória. Então, um dia resolveu pôr tudo aquilo no papel. Começou a anotar num caderno tudo de que se recordava sobre a vida do menino. Meses depois, esgotado o manancial de reminiscências, concluiu o manuscrito, deu-lhe o título de *Memorabilia* e entregou ao filho para que o guardasse em casa.

O reverso desse medo é um sentimento semelhante relacionado à memória do filho. Pensar que ele jamais se lembrará da maior parte do tempo que passou junto ao pai, naqueles poucos e fugidios anos de infância, o enche de pesar.

Por isso, ele exultou quando o menino apontou o lugar certo na foto. Era uma fotografia de uma famosa sala de concerto em que ele e o filho estiveram quando este contava 8 anos (fora a primeira vez que ia a uma audição de música clássica). Agora, na prisão, ao folhear uma revista, ele deparou com aquele auditório numa fotografia panorâmica que abrangia o palco e toda a plateia. Ele guardou a revista até o dia da visita e a mostrou ao filho, então um rapaz de 15 anos. "Você se lembra deste lugar?". A resposta do filho veio sem titubeio: "Claro, pai. A gente se sentou aqui" – e apontou para o segundo e o terceiro assentos na parte esquerda da terceira fileira, exatamente os lugares que eles ocuparam naquele dia, mais de sete anos atrás.

Sala São Paulo. Sede da Orquestra Sinfônica do Estado de São Paulo (Osesp)

A resposta do filho produziu nele um delicioso assombro. Que a memória visual do menino pudesse, além de reter a imagem daquele lugar por tantos anos, contrapô-la corretamente a uma outra, colhida por um ângulo totalmente diferente, e ainda localizar os dois assentos em meio a centenas de outros – isso lhe parecia um prodígio de memória.

Agora, muitos anos depois, ele pondera que talvez tenha sido mais propriamente um prodígio de amor que de memória.

Memória é *reencontro*.

7

À medida que envelhece na prisão, sua memória antiga vai se tornando mais acessível que a recente. As recordações do passado distante afloram mais amiúde, e às vezes são até mais nítidas, mais detalhadas.

Mas a mudança não foi só essa. Ele também se deu conta de que muitas dessas recordações lhe parecem mais inteligíveis, como se acompanhadas de uma certa compreensão – maior do que ele tinha até então – sobre a relação com outros eventos de sua vida, e mesmo com a história do lugar, do país. Elas surgem de forma mais contextualizada, integradas em um todo que ele quase consegue abarcar.

Ele não sabe dizer se isso é bom. Essa argúcia, o autoconhecimento que a idade traz, chegam tarde demais...

Quem entende perdoa; ao entender melhor quem foi e quem é, ele sente que talvez possa se perdoar pelos erros que cometeu. Mas isso não é fácil, há sempre dúvidas à espreita: seriam honestas, imparciais, as suas interpretações? Não estaria ele sofismando com a verdade?

De mais a mais, ele sabe que a memória não é muito confiável. Não é um vídeo ou um álbum de fotos. É, antes, um palimpsesto cuja versão original é irrecuperável. Cada vez que lembramos, tentamos reencontrá-la sob a pátina do tempo, sob camadas de tantas lembranças repetidamente evocadas, cada uma alterando ligeiramente a anterior, cada uma sendo mais lembrança da lembrança do que do fato original, até o ponto de, às vezes, nem termos mais certeza se aquilo aconteceu ou de como aconteceu, e se não trapaceamos com a memória, fraudando a cena original para adaptá-la ao nosso desejo.

Talvez por isso a memória tem essa qualidade onírica, se confunde com a imaginação retrospectiva. Há recordações que mais parecem sonhos acordados, ou lembranças de sonhos sonhados. Passado é memória temperada de imaginação, futuro é imaginação com pitadas de memória.

A memória é tão fluida e inconstante como o rio de Heráclito. Curiosamente, entre as divindades daquele tempo, a da memória e a da invenção era uma só e a mesma.

Memória é *invenção*.

"[...] o passado do viajante muda de acordo com o itinerário realizado", escreveu Italo Calvino em *As cidades invisíveis*. "Ao chegar a uma nova cidade, o viajante reencontra um passado que não lembrava existir: a surpresa daquilo que você deixou de ser ou deixou de possuir revela-se nos lugares estranhos, não nos conhecidos".

Às vezes, quando revisita sua infância ou a adolescência, ele é tomado por um sentimento de perplexidade. Nessas lembranças, que são como fragmentos de sonhos, o menino que ele foi lhe parece ter sido um outro. Como nas palavras de Imre Kertész em *Eu, um outro*, quando visitamos certos cenários do passado, ficamos sabendo que "nós não temos nada a ver conosco".

E, no entanto (isso também o surpreende), ele sente que ama mais aquele menino que a si mesmo. Sente pelo garoto uma forte empatia, uma compaixão pungente, e é como se o menino esperasse por ele como se espera por um pai ausente.

Toda a sua vida lhe parece uma longa conversa com o menino que foi.

Mas, como disse Fernando Pessoa, "quem sou e quem fui são sonhos diferentes".

Memória é *desencontro*.

8

> *Para Anthony, uma viagem de trem ainda era uma coisa imensamente importante, tinha ainda qualquer coisa de sacramental. A alma masculina, quando ainda imatura, é* naturaliter ferrovialis.
> ALDOUS HUXLEY, *SEM OLHOS EM GAZA*

A gagueira começou quando ele tinha 3 anos – precisamente no dia em que se assustou com uma locomotiva chegando à plataforma da estação ferroviária. Ele sempre achou estranho – além de injusto – que toda a sua vida ficasse irremediavelmente marcada por um acontecimento tão fortuito, uma cena banal e fugaz que poderia simplesmente não ter acontecido, além do fato de essa cena decisiva não estar ao alcance de sua memória (nunca esteve, desde que ele se entende por gente).

E, contudo, paradoxalmente a imagem de um trem sempre esteve ligada, em sua memória, à ideia de paz e de liberdade.

Todas as férias de verão ele e sua mãe tomavam um trem para Odessa, o famoso balneário no Mar Negro. A viagem, no vagão-leito, era em si uma aventura deliciosa. As paisagens bucólicas que deslizavam pela janela – casas de campo, gado pastando, extensas plantações, arvoredos – eram, para o menino da cidade, imagens de um outro mundo, exótico, desconhecido, algo como uma milagrosa materialização do mundo livresco. Aquelas cenas de vida rural acentuavam nele a sensação de que a viagem o libertava de uma realidade opressiva, o isolava e protegia do mundo. Durante a viagem, a vida ficava em suspenso. O suave sacolejo do trem e o rumor surdo das rodas escandindo um ritmo hipnótico embalavam docemente seu sono, quem sabe evocando em seu inconsciente alguma memória primitiva do balançar do berço, da voz materna entoando uma canção de ninar. E tinha ainda o vagão-restaurante, ao qual se chegava depois de atravessar inúmeros vagões e as plataformas que os interligavam – pequenos estrados metálicos que oscilavam assustadoramente, expostos ao furor do vento e à vibração das rodas que trovejavam sob os pés; transpor, com o coração na boca, cada um daqueles espaços movediços era uma aventura à parte.

Mas, a par disso, aquela viagem – hoje ele se dá conta – também era uma viagem para longe da escola, da obrigação de falar (ele gaguejava pateticamente na classe) – uma fuga para o silêncio, relaxamento, alívio. Era um exílio temporário, mas aquele mês parecia ter – tinha que ter – uma duração estendida.

Não que ele não gostasse da escola – até gostava, mas particularmente nos dias em que tinha a certeza de que não haveria chamada oral, ou quando estava programada uma redação (em que ele – o "pequeno escritor", como era conhecido – daria um baile, sem ter de abrir a boca).

Minha escola. Tchernovtsí, Ucrânia (1983)
Arquivo pessoal

Então, o que ele amava mesmo naqueles veraneios não era o mar, ou a praia, menos ainda o mormaço e o sol queimando sua pele – ele amava a viagem, o distanciamento, a sensação de fuga para um refúgio tranquilo. O refúgio em si não deixava de ser um lugar estranho: a beira-mar lotada de veranistas, o quarto rústico que eles alugavam em alguma casa de família, a comida diferente, a maresia que impregnava tudo, o sotaque dos odessitas... Mas, num certo sentido, nada disso para ele era tão mais estranho (ou mais onírico) que a sua própria cidade, sua escola, o mundo enfim.

Agora, um velho em seu último e mais longo exílio, ele se recorda com uma fria nostalgia daqueles exílios estivais – como os prisioneiros se recordam da liberdade.

9

M. é seu colega de cela há três meses. Ele tem um filho de 5 anos. "Essa saudade está me matando. E a preocupação". Sua esposa não quer trazer o menino nas visitas, com receio de que ele fique assustado, traumatizado. O menino acha que o pai viajou a trabalho. Mas por que não se despediu? Volta e meia o filho pega o celular da mãe, pede que ligue para o pai, quer falar com ele, quer vê-lo de qualquer jeito, quer que a mãe o leve até onde o pai está.

Como explicar a prisão a uma criança? Ele já sabe que quem vai para cadeia é bandido. Ele assiste à TV. Até nos desenhos é sempre assim: quem vai preso é "o cara do mal".

O menino anda triste, às vezes fica agressivo, se recusa a ir à escola. Voltou a fazer xixi na cama. A morte do cachorro deve ter contribuído. O cão era muito apegado a M., sentiu muito a falta do dono. Ficava muito tempo deitado, focinho entre as patas, olhar triste. Parou de comer. Os cães têm uma memória impressionante. "Será possível um cão morrer de saudade?", pergunta M. "Só espero que não tenha sido de mágoa, de decepção. Que não tenha sentido minha ausência como abandono."

10

Prisão é *perda*.

O cárcere priva o homem do que lhe é mais precioso, do que lhe parece fazer a vida valer a pena. Sua liberdade é abolida; sua dignidade é aviltada; sua individualidade é menosprezada; sua privacidade é tolhida; seu tempo de vida é tomado; sua capacidade de planejar o futuro é frustrada; as pessoas que ele ama e que o amam são afastadas dele.

Remoendo essas perdas, que são indeléveis, o prisioneiro é um homem enlutado. Tristeza, revolta, culpa, saudade – essa baralhada de sentimentos a que chamamos luto envenena a vida no cárcere. O presente é dissipado em boas e más recordações, em lamúrias, ruminações do que foi, como foi e do que poderia ou deveria ter sido.

O cárcere, com suas celas pestilentas e comida insossa (quando não estragada), dificilmente oferecerá ao preso algum estímulo olfativo ou gustativo que, a exemplo das madeleines de Proust, evoque experiências prazerosas vividas no passado. Não, as reminiscências que o assolam, quando boas, trazem saudade e, quando ruins, trazem culpa, que dói mais ainda.

Esses condenados, que não conseguem viver do presente, que teimam em voltar no tempo, são como aquelas almas taciturnas com as quais Dante se deparou em um dos círculos do Inferno: tinham a cabeça torcida para trás e caminhavam como quem recua, só podendo enxergar o que já passou; as lágrimas lhes escorriam pelas costas. Comovido diante da multidão em pranto, Dante chora.

Sêneca, um estoico romano que escapou ao *páthos* trágico do cristianismo, tinha bons conselhos para quem enfrentasse perdas irreparáveis. "É tão necessário perder quanto morrer e, se isso for bem compreendido, torna-se um consolo." Esta máxima parece mais ou menos óbvia, mas Sêneca também recomendava que, ao perder alguém que amávamos, deveríamos mais ficar felizes porque o tivemos do que tristes porque o perdemos – atitude bem mais difícil de alcançar.

11

> *Experimentaram assim o sofrimento profundo de todos os prisioneiros e de todos os exilados, ou seja, viver com memória que não serve para nada.*
> ALBERT CAMUS, *A PESTE*

A pena de reclusão pretende subtrair do prisioneiro o seu tempo de vida – o seu tempo presente. *Ipso facto*, ele é condenado a viver do passado (isto é, da memória) ou do futuro (vale dizer, da esperança), ou de ambos. Memória e esperança são corolários inevitáveis da vida prisional. O presente do homem encarcerado vai depender, em boa medida, de como ele vai encarar e usar essas dimensões voláteis e ambíguas, o passado e o futuro.

Svetlana Aleksiévitch relata, em *O fim do homem soviético*, o testemunho de uma mulher cujo pai cumprira longa pena em um dos campos de trabalhos forçados do *gulag* stalinista:

> [...] nos primeiros dois anos no campo nenhum deles acreditava que iria sobreviver; só se lembravam de casa aqueles que tinham sentenças de cinco ou seis anos, os que tinham sentença de dez ou quinze anos não falavam nada de casa. Não se lembravam de ninguém: nem das esposas, nem dos filhos. Nem dos pais. "Se você começa a lembrar, não vai sobreviver": palavras do meu pai.

Viver da memória pode ser fatal. Não se deve olhar para trás, como nos ensina o infortúnio de Orfeu, à saída do Hades, ou da mulher de Ló, à saída de Sodoma.

Mas, por outro lado, a memória também pode ser um refúgio contra a morte. Viktor Frankl, o psiquiatra judeu que sobreviveu a Auschwitz, observou que, para os que viviam no campo, o refúgio no passado era um bom "recurso para escapar do vazio, da desolação e da pobreza espiritual".

No livro *Em busca de si mesmo*, Frankl afirma: "Aquilo que realizamos na plenitude da nossa vida passada, na abundância de suas experiências, essa riqueza interior nada nem ninguém nos podem tirar".

Boécio, que conheceu a fama e o prestígio, escreve na masmorra em que aguarda a execução: "[...] em toda reviravolta da Fortuna, não há maior desgraça do que ter conhecido a suprema glória". Mas esse lamento – idêntico ao do personagem de Dante – não o impede de buscar na memória o consolo da razão. Sua vasta erudição lhe traz em socorro a musa da Filosofia, que o guiará na construção de um sentido para o seu infortúnio. *A consolação da filosofia* que Boécio redige entre seguidas sessões de tortura é a vitória do espírito sobre a miséria e a morte.

Esse uso balsâmico da memória é mais útil, de fato, para os homens que vão morrer. Um dos mais belos exemplos disso na literatura está em *Terra dos homens*, livro autobiográfico de Antoine de Saint-Exupéry. Piloto de linha na década de 1930, Saint-Exupéry fazia a rota de correio aéreo entre a França e o Marrocos. Certa vez, uma pane no avião o fez aterrissar em pleno Saara. Sozinho na vastidão de areia, ele sabe que pode não sobreviver. É noite; deitado sob o céu de estrelas, ele se abandona

> aos encantamentos da memória. Havia, em algum lugar, um parque cheio de pinheiros escuros e tílias, e uma velha casa que eu amava. Pouco importava que ela estivesse distante ou próxima, que não pudesse cercar de calor o meu corpo, nem me abrigar, reduzida apenas a um sonho; bastava que ela existisse para que a minha noite fosse cheia de sua presença. Eu não era mais um corpo de homem perdido no areal. Eu me orientava. Era o menino daquela casa, cheio da lembrança de seus perfumes, cheio da fragrância de seus vestíbulos, cheio das vozes que a haviam animado. E chegava mesmo até mim o coaxar das rãs nos charcos próximos. Precisava desses mil sinais para reconhecer a mim mesmo, para descobrir de quantas ausências era feito o gosto daquele deserto, para achar um sentido naquele silêncio feito de mil silêncios, naquele silêncio em que até as rãs emudeciam. Não, eu não me estirava mais, solitário, entre a areia

e as estrelas. Da paisagem recebia apenas uma fria mensagem. Mesmo aquele gosto de eternidade que pensei viesse do deserto tinha outra origem.

Memória é um *consolo* para quem vai morrer.

Para o prisioneiro, porém, que já morreu para o mundo, a memória, assim como o luto, será um tormento inútil.

A submersão prolongada nas águas turvas e estagnadas da memória imobiliza o homem, rouba-lhe a energia de que ele precisa para fruir plenamente o presente. "Uma coisa me humilha: a memória é muitas vezes uma qualidade associada à insensatez", escreveu Chateaubriand; "habitualmente ela pertence a almas obtusas, as quais torna ainda mais obtusas por causa da bagagem que despeja sobre elas" (Chateaubriand *apud* Manguel).

O homem sábio não se deixa curvar sob o peso das recordações; o homem feliz não necessita delas. Adão e Eva, que viviam felizes num eterno presente, não sabiam o que era memória até provar do fruto proibido. O crente deixa para trás o seu passado para *renascer* em Cristo.

Somente no inferno a memória é um alimento que o pecador busca para aplacar o desespero, mas, como as tentações de Tântalo, a memória não sacia. Melhor sorte tinham as almas que, por não carregarem grandes culpas, tinham por destino o Campo de Asfódelos: antes de lá chegarem, bebiam águas do esquecimento do rio Lete, o que lhes permitia passar a eternidade sem as lembranças perturbadoras do passado.

Somente aquele que abraçar com amor e coragem o seu triste destino poderá prescindir do passado. Como deixou escrito Anna Akhmátova, ele terá de "matar a lembrança, matar a dor / transformar coração em pedra / se preparar para viver de novo".

Canto de sereia

> *[...] nossas esperanças têm tantas chances de fazer o futuro acontecer quanto nossos arrependimentos de alterar o passado.*
> V. NABOKOV, *ADA OU ARDOR*

1

Neste vale de lágrimas, os homens não fazem mais do que esperar, e na escuridão da espera fazem de tudo para manter viva a chama bruxuleante da esperança. Mas essa chama é espectral, e essa espera é um ardil.

A esperança é um canto de sereia que ludibria e escraviza o homem.

O prisioneiro sonha com a liberdade. É uma ideia fixa e, como toda ideia fixa, também leva à insânia. O prisioneiro escolhe a loucura como um modo de sobreviver.

A espera, no cárcere, se consome numa angústia expectante que só a promessa de libertação provê de sentido e torna suportável. Em vez de construir sua liberdade – uma *nova* liberdade –, o prisioneiro espera receber sua velha e gasta liberdade de volta ao cruzar os portões rumo ao futuro com que sonhou na prisão. Não se dá conta de que essa espera, esse sonho, faz parte de sua pena. Não bastassem as grades que aprisionam seu corpo, seu espírito se deixa acorrentar à ideia de "libertação".

Mas a esperança que escraviza não é caminho para a liberdade – é a pior forma de perdê-la. Não traz nada ao prisioneiro além do que a droga traz ao viciado, não é nada além da perpetuação de si mesma. Jamais se realiza. Mesmo quando culmina numa aparente alforria, também esta se revela uma quimera. Como Sísifo, condenado a rolar eternamente uma pedra montanha acima, o prisioneiro vive a acender e reacender a chama morrediça da esperança sem perceber (ao contrário de Sísifo) que está cumprindo um castigo.

Não há esperança para os banidos da sociedade. Prisão é inferno em vida, e do inferno não há escapatória. Quem conheceu a maldição do cárcere jamais se livra dela. Jamais voltará ao mundo dos normais, senão como fantasma de si mesmo.

"Devemos preferir o inferno real ao paraíso imaginário" – ninguém mais que o prisioneiro deveria seguir o conselho de Simone Weil.

Eu, por minha vez, gostaria – meio por amor à verdade, meio por ironia – de poder deixar gravado em letras incandescentes sobre o pesado portão de ferro que conduz ao presídio o aviso que Dante encontrou na porta do Inferno: "Abandonai toda a esperança, vós que entrais".

2

Muito do que entendemos por esperança é uma herança de nossos pais e, por intermédio deles, de nossos antepassados.

O destino de meus pais foi marcado pela guerra e pelo Holocausto. Também eu, indiretamente, sou um sobrevivente: devo minha existência à sorte que eles tiveram de sair vivos daquela carnificina. Dezenas de milhões de seres humanos morreram, entre eles seis milhões de judeus, dos quais seis eram membros de minha família (meus quatro avós, uma irmã de meu pai e um irmão de minha mãe).

Meus pais se conheceram no fim da guerra; o casamento teve por cenário as ruínas de uma Europa devastada. Eles tinham a esperança de construir uma nova vida em um mundo pacificado, purgado de ódio, mas o antissemitismo que impregnava a Ucrânia soviética criava muitos obstáculos. De mais a mais, eles conservavam na alma feridas indeléveis.

As feridas não podiam ser tocadas. Eles nunca falavam sobre aqueles anos terríveis. Meu pai mudava de canal sempre que a TV mostrava cenas de guerra ou de campos de concentração. A única história que minha mãe me contou certa vez foi a de quando ela com suas duas irmãs fugiram da cidade prestes a ser tomada pelos alemães. A certa altura, surgiu no céu um caça da *Luftwaffe*, vindo bem na direção da estrada de terra que a multidão de evacuados palmilhava. Apavorados, todos correram para o campo de trigo que margeava a estrada e se jogaram ao chão, tentando se esconder no meio da plantação. O piloto sobrevoou várias vezes o campo em voos rasantes, metralhando os vultos que entrevia em meio ao trigo. Minha mãe disse que a aeronave voava tão baixo que ela chegou a ver o rosto do piloto na cabine do avião – ele estava rindo. Inúmeras pessoas foram alvejadas, algumas morreram ali mesmo. Se o alemão ria de fato ou se foi a imaginação de minha mãe, não sei, mas o *riso do carrasco* se fixou para sempre em minha memória.

Meus avós maternos (década de 1930)
Arquivo pessoal

Também sobre meus avós guardava-se absoluto silêncio. Eles viviam uma vida secreta em nosso álbum de fotografias. Desde menino, povoei minha memória com cenas imaginadas de seu holocausto.

Reconheço-os no meio da multidão que se comprime na plataforma. Cada um carrega uma pequena mala na mão. Estão assustados, tentam a qualquer custo permanecer juntos. Os soldados alemães berram, empurram a multidão, distribuem coronhadas; os cães latem, alucinados. Chega o trem; a locomotiva resfolega, aterrorizante. (Foi uma locomotiva como essa que me levou ao pânico quando, aos 3 anos, fui com meus pais pela primeira vez a uma estação ferroviária e, de repente, tive um terrível sobressalto com a visão daquele monstro imenso, pavoroso, avançando pela plataforma, lançando silvos agudos e estrondosos. Tornei-me gago naquele dia. O mal, que não teria cura e que meus pais atribuíam ao susto casual, hoje me parece fruto de um medo mais vasto, essencial: o medo de viver, como se a própria vida me houvesse revelado, com o som e a fúria daquela locomotiva, sua face mais verdadeira, a do *perigo* – uma visão que talvez me ligasse, de alguma forma, ao que meus avós devem ter vivenciado à visão do trem que pressagiava a morte, ou até, quem sabe, a uma sensação visceral, arquetípica do perigo iminente entranhada no âmago do judeu desde os tempos imemoriais.) Os vagões de gado se enchem de homens, mulheres, velhos, crianças. Partem finalmente. O ar logo se torna irrespirável. Não há janelas, só alguns respiradouros no alto do vagão coberto. As pessoas têm de urinar e defecar ali mesmo, num canto do vagão. A viagem se arrasta por dias. Perde-se a noção de tempo. Não sabem para onde estão sendo levados. Fome e sede vão minando suas forças. Crianças choram, velhos suspiram, gemem; ouvem-se preces murmuradas, entoadas aqui e ali. Apesar de tudo, meus avós mantêm a *esperança*. Pensam: o destino da viagem deve ser uma espécie de gueto, ou um campo de confinamento onde terão de aguardar o fim da guerra... dos males o menor... graças a Deus estão vivos e com saúde... será por pouco tempo, os russos vão vencer logo a guerra... O trem para. Na estação do campo, a "seleção". São separados, trocam um último olhar na *esperança* do reencontro. Então, o humilhante ritual de desnudamento, corte dos cabelos, desinfecção. Ouvem-se boatos sobre a origem do estranho cheiro acre que impregna o ar, da fumaça negra que sobe das torres. Eles se recusam a acreditar. E quando são levados, no meio de uma massa de corpos nus, para dentro da câmara de gás, olham para cima, reduzidos à última *esperança,* a de que os chuveiros vertam água, de que aquele horror seja só um procedimento de higienização como lhes foi dito.

A *esperança* é a última que morre.

Um pouco de minha vida morreu ali, asfixiada pelo Zyklon B. Sim, porque minha vida teria sido diferente – provavelmente melhor – se eu tivesse convivido com meus avós, se me fosse dado conhecer o amor deles.

Como ter esperança num mundo em que homens odiaram tanto outros homens a ponto de se arrogar o direito de lhes tirar a vida?

Como ter esperança se depois de tudo isso homens continuam odiando homens e se arrogam o direito de puni-los com o inferno em vida?

3

Esperança é um sentimento ingênuo, mas esta não é sua única face.

Pela educação que recebemos e religião que abraçamos, somos imbuídos a encarar a esperança como um sentimento sadio, otimista, uma atitude sábia diante de desafios e tribulações, quase uma condição *sine qua non* para viver bem e ser feliz. Ensinam-nos desde cedo a cultivar esse belo sentimento em busca de conforto e de consolo, a espichar o olhar para o futuro na expectativa de que lá poderemos encontrar mais felicidade do que temos no presente.

Creio ter vivenciado, em menino, essa doce esperança – todas as crianças a vivenciam, de uma forma ou de outra –, mas a minha esperança mais ardente, e que permanece vívida em minha memória, era associada ao medo. Minha gagueira piorava terrivelmente quando eu tinha de falar em público, e a esperança secreta que mais me consumia nos anos de escola era a de poder escapar à chamada oral: ter de responder à lição na frente da classe era para mim o pior tormento.

Para aplacar o medo, agarramo-nos a essa esperança tensa, amarga, como se recorrêssemos a um antídoto para neutralizar a ação do veneno.

Sêneca era da opinião de que somos "escravos da esperança e do medo". De fato, os dois sentimentos se entrelaçam, são como o anverso e o reverso da mesma moeda – a servidão humana. Essa ideia me traz a visão de um belo tapete cujo avesso revela uma trama disforme e selvagem.

Quando o prisioneiro diz acalentar a esperança de reaver logo sua liberdade, ele está também expressando seu medo de viver na prisão, de não suportar o tempo que se dilata à sua frente, abstruso e aterrador. No início da pena, esse medo, essa *cronofobia prisional* é mais cruciante e, na mesma medida, a esperança é mais fervorosa. Mas o tempo que aterroriza também anestesia: o prisioneiro calejado aprendeu a dissipar seus temores e já não precisa tanto de esperança.

4

Os gregos já desconfiavam de que a esperança não era boa coisa. Não por acaso, Zeus a colocou dentro de uma caixa (na verdade era uma ânfora), junto com outros males com que pretendia punir os seres humanos. À semelhança de Javé, que proibiu a Adão e Eva comer os frutos da árvore do conhecimento (sabendo que seria desobedecido), Zeus deu a caixa à Pandora com a advertência de que jamais a destampasse (certo de que ela acabaria por ceder à tentação). Pandora se arrependeu de tê-la aberto assim que viu escaparem dela, um a um, todos os males: a doença, a guerra, a miséria, a loucura, o ódio... Ela se apressou a tampá-la, mas só restava então, no fundo, a esperança.

Ελπίς (*elpis*), palavra com a qual os gregos designavam o que chamamos de esperança, tinha para eles o significado de antecipação, de espera (um tanto apreensiva) bafejada pela antevisão do futuro. No contexto do etos grego – seja de inspiração dionisíaca, seja de apolínea –, uma vida bem vivida orientava-se para o presente, não devia ser desperdiçada com esperanças fundadas na imaginação. A esperança, sentimento ambíguo, embora ajudasse o homem a suportar as aflições, por outro lado lhe trazia o temor de sofrimentos futuros, o presságio da morte.

Ao contrário do pecado de Adão e Eva, que, segundo a mitologia cristã, desgraçou o destino dos homens, o deslize de Pandora teria servido para submetê-los a provações que lhes foram úteis para forjar a sabedoria e a coragem. Uma leitura possível do mito de Pandora é que esse resultado não teria sido possível caso a esperança também houvesse escapado da caixa: seduzidos por ela, paralisados na espera, os homens não teriam conseguido vencer as adversidades e viver plenamente o presente. Pandora nos teria salvo, portanto, do pior dos males da caixa.

Não obstante a religião cristã houvesse assimilado muitos traços do helenismo, a essência da esperança cristã é muito diferente da *elpis* grega. Mais ou menos à mesma época em que Sêneca – um estoico – detratava a esperança, o apóstolo Paulo exortava os romanos: "Regozijai-vos na esperança, sede pacientes na tribulação, perseverantes na oração" (Rm 12:12). Ao lado da contrição, da resignação, da caridade e da fé, a esperança – legitimada pela fé – é vital para o cristão alcançar a glória. O medo da danação está implícito.

"A esperança é o aguardar confiante da bênção divina e da visão beatífica de Deus; é também o temor de ofender o amor de Deus e de provocar o castigo" (*Catecismo da Igreja Católica*).

A fé está inevitavelmente enredada à dialética da esperança e do medo (como contar com a benevolência do Criador se Seus desígnios são incompreensíveis e imprevisíveis?), de amor e temor (como devotar um amor absoluto a quem tanto se teme?).

Esse diálogo dramático remete ao judaísmo do Antigo Testamento. Por muito tempo, os judeus cultivaram suas esperanças: na libertação do Egito, no retorno a Canaã, na vinda do Messias... Sua esperança messiânica não se realizou na figura de Jesus de Nazaré, que eles supunham ser apenas mais um entre tantos visionários e milagreiros que vagavam então pela Palestina (se não o mais blasfemo deles) – recusa fatídica que lhes custou séculos de preconceito, perseguição e matança. O infortúnio recorrente calejou a esperança dos judeus da diáspora, gerando neles um sentimento de altiva resignação, de quem cumpre o destino trágico vaticinado por seus profetas. A tradição judaica fala de alegrias, não de felicidade – esta foi uma invenção cristã (que por todo o medievo a postergou ao reino do Céu, como recompensa por uma vida de sofrimentos, mas o Renascimento, o Iluminismo, as revoluções sociais e o advento do capitalismo tornaram a felicidade uma aspiração terrena, se não o próprio sentido da vida). A esperança judaica é sóbria, reticente, às vezes irônica ou tingida de tristeza. Enquanto a esperança da segunda vinda de Cristo permanece no cerne da fé cristã, a maioria dos judeus de hoje não acredita mais na vinda de seu Messias. Sua maior esperança é de que as tragédias do passado não se repitam.

    O cristianismo, que nasceu como um cisma no meio do judaísmo, tratou de amenizar as duras exigências de perfeição que a lei mosaica infligia aos fiéis. Ao contrário do judaísmo, mais místico, aferrado ao texto e à hermenêutica e avesso às imagens, o novo credo, ao mesclar à matriz hebraica elementos pagãos da cultura grega, aproximou o homem de seu Deus através dos sacramentos, do culto aos santos, da arte sacra. O Deus rancoroso e genocida da Torá revelava-se no Novo Testamento benevolente e piedoso. É um Deus demasiado humano, embaraçosamente humano, mas, se o Deus de Abraão e Moisés o era no sentido antropomórfico, o Deus da nova aliança o seria também no sentido amoroso. A Paixão de Cristo, que redimiu a humanidade, tornou possível nascer uma nova esperança no coração dos homens.[2]

5

A ênfase da esperança cristã está na salvação, na felicidade eterna além-túmulo. O homem justo irá para o céu, para junto de Jesus. A fé

---

2 Em última análise, os cristãos se apropriaram de um Deus judeu, que agora seria de toda a humanidade, e toda a humanidade deveria se tornar cristã. Eles viam o Novo Testamento como a realização das profecias que encontravam na Bíblia hebraica. Jeremias havia profetizado que Deus faria uma nova aliança com a Casa de Israel; a vinda de Cristo justificava a abolição da velha lei. Mas essa incorporação da matriz judaica no cânone cristão não foi um processo fácil. Houve quem se recusasse a reconhecer essa herança como legítima. Marcião, por exemplo, um famoso herege do século II, rejeitava totalmente o Antigo Testamento, que dizia ser obra de Satã. Como poderia o Deus dos cristãos, um Pai bondoso e compassivo, ser o mesmo Deus dos judeus, vingativo e homicida? Como poderia Ele ser o mesmo que ordenara o sacrifício de Isaac? Kant também achava que só um demônio seria capaz de mandar um pai imolar o próprio filho. Quem nunca se fez essas perguntas?

deve ser incondicional, a esperança e a paciência, infinitas. Paulo adverte: "Se temos esperança em Cristo somente para esta vida, somos os mais infelizes de todos os homens" (1 Cor 15:19).

Ainda assim, qual é o cristão que, na certeza da bondade e misericórdia de Deus, não espera ser agraciado por Ele ainda nesta vida?

"A esperança e a prece", escreveu Boécio, são "o único relacionamento que existe entre os homens e Deus" (*A consolação da filosofia*).

O cristão aprende que não deve encarar o sofrimento necessariamente como castigo. A história de Jó serve de exemplo: os amigos tentaram convencê-lo de que ele estava sendo punido por seus pecados, mas na verdade Deus o submeteu à provação porque ele era o melhor dos homens.

O sofrimento é parte inevitável da vida (a aceitação impassível do destino é uma herança judaica e do estoicismo greco-romano) e deve ser acolhido como oportunidade de aperfeiçoar e fortalecer o espírito – essa é uma lição grega, que já entrevimos no mito de Pandora. Mas o sentido expiatório do sofrimento viria a ser uma ideia basicamente cristã.

Cristãos aguardam, com esperança e temor, o *dies irae*. A justiça perfeita só virá com o Juízo Final. "Aqui se faz, aqui se paga", "Cada um colhe o que planta..." – embora os homens repitam para si mesmos esses ditados falaciosos, no fundo sabem que a justiça terrena é iníqua. Desde Jó, os homens não se conformam com a injustiça nesta vida. "Tudo isto vi nos dias da minha vaidade: há justo que perece na sua justiça, e há perverso que prolonga os seus dias na sua perversidade" – é difícil extrair mensagem otimista da dura realidade derramada no Eclesiastes, um dos livros da Bíblia em que mais se sente a presença grega. No máximo, colhe-se a conclusão estoica de que devemos desfrutar as coisas boas e suportar as más.

Como é possível a um prisioneiro não se identificar com este lamento? "Puseste-me no fundo da cova, em meio a trevas nos abismos; tua cólera pesa sobre mim, tu derramas tuas vagas todas. Afastaste de mim meus conhecidos, tornaste-me repugnante a eles: estou preso e não posso sair" (Sl 88:6-8).

6

As promessas do cristianismo impregnam a vida no cárcere. A esperança que floresce nas prisões é uma ideia essencialmente cristã.

A Igreja Católica, embora por muitos séculos mandasse homens e mulheres ao suplício, à forca e à fogueira, também fazia o sacerdote subir ao cadafalso para oferecer ao condenado o último sacramento, um conforto *in extremis*. Quando, no início do século XIX, a reclusão se tornou a forma predominante de punição, os padres e os pastores começaram a visitar as prisões, levando o discurso moralizador de purgação dos pecados e redenção pela penitência – as cadeias passaram a ser chamadas "penitenciárias". A segregação não tinha mais como único objetivo a retaliação e a proteção da sociedade, mas agora também, sob a inspiração da Igreja e da incipiente ciência criminal, a regeneração moral e a ressocialização dos criminosos.

O discurso da correção pela ascese carcerária, que cedo se revelou uma retórica falaz, carente de qualquer resultado prático, persiste até hoje, assim como os sacerdotes que levam aos prisioneiros a mensagem de conformismo, paciência, esperança e fé. Eles têm boas intenções; tratam os presos com compaixão e respeito; oferecem conforto espiritual. E, por tabela, prestam um bom serviço ao sistema prisional ao contribuir para a docilidade dos encarcerados. A esperança cristã ajuda a apaziguar as almas torturadas, a mantê-las resignadas e submissas.

Sob a esperança cristã, o tempo presente, toda a vida no cárcere – em verdade, toda a vida do homem – é preenchida menos pela ação que pela espera, menos pelo gesto do homem irresignado transformando a realidade que pela atitude passiva de sujeição às provações com vistas à recompensa do Céu.[3]

---

3 Pascal, embora fosse um cristão fervoroso, reconhecia que transformar o presente em espera do futuro impede o homem de alcançar a felicidade. "Antecipamos o futuro, que nos parece demasiado lento a chegar, como se quiséssemos apressar a sua vinda; ou recordamos o passado como se quiséssemos retê-lo, por se afastar com excessiva rapidez: tão imprudentes que vagueamos através de outros tempos que não são os nossos, e não pensamos no único que nos pertence; e tão fúteis que pensamos naqueles que já nada são e escapamos sem refletir no único que subsiste. [...] Quase não pensamos no presente; e, quando o fazemos, é apenas para planejar o futuro à sua luz. [...] De sorte que nunca vivemos, mas esperamos viver; e, preparando-nos constantemente para ser felizes, é inevitável que não o sejamos jamais" (*Pensamentos*).

Ao Estado que toma o tempo de vida do prisioneiro à guisa de punição e suposta pedagogia carcerária, a Igreja se associa para legitimar essa usurpação como penitência necessária à redenção.

As prisões são barris de pólvora que, se não explodem, devem muito à Bíblia (assim como às visitas, à TV e à maconha).

7

Quem se afoga agarra qualquer tábua de salvação terrena, antes que promessas de vida no além. Os prisioneiros pouco pensam na sobrevivência da alma. Sua esperança é pragmática, se concentra na superação do sofrimento atual. Pouco importa agora se a alma irá para o Céu – eles querem recuperar a liberdade e ser felizes aqui na Terra.

Carregam a Bíblia como um talismã, um escudo; leem, releem, estudam, debatem, oram, e tudo se orienta para a esperança concreta na divina Providência, numa bênção aqui e agora, ou, vá lá, num futuro próximo, o mais próximo possível.

O estelionato religioso é praticado por muitos, sem vergonha da Bíblia – ao contrário, com o suposto aval dela. Esses fariseus do cárcere adaptam as Escrituras a seus próprios anseios, fazem orações hipócritas e promessas que não serão cumpridas, arriscam tratativas com Deus, juram arrependimento da boca para fora, falam de amor com o coração cheio de rancor, de fé com o espírito cheio de incertezas, de sabedoria com a presunção de tolos.

Lembro-me de um homem, preso por homicídio, que por algumas semanas antes do júri participou assiduamente de um grupo de oração. Os cultos eram sempre arrematados com o brado de exaltação paulina: "Se Deus é por nós, quem será contra nós?". A voz do homem se elevava acima das outras, vibrando de fé e esperança. Tinha a certeza de que seria absolvido (embora fosse culpado). Voltou do júri condenado a doze anos de reclusão e estava indignado, decepcionado com Deus, que o teria traído. Daquele dia em diante não abriu mais a Bíblia nem participou de cultos.

Um outro homem, versado nos Evangelhos, pregava a palavra para os presos, que o tinham como "pastor". Ao ganhar a liberdade, foi visto jogando sua Bíblia no lixo à saída do presídio.

Há ainda os falsos profetas, homens que julgam receber avisos de Deus, ora em sonhos, ora através de vozes ou visões, e espalham suas premonições (quase sempre auspiciosas) aos incautos sedentos de esperança.

Felizmente, no meio de tantos sepulcros caiados existem também devotos sinceros que se esforçam por viver o que pregam, louvar os preceitos cristãos com suas atitudes e sem alarde moralista. Tive a sorte de conviver com pessoas assim e de estreitar amizade com algumas delas.

8

Para mim, é difícil entender como a fé pode ser tão facilmente alcançada. Homens que até então pouco ligavam para religião, e mesmo os que não professavam nenhuma, na prisão se tornam crentes fervorosos. Alguns afirmam que só na prisão encontraram Deus verdadeiramente. A religiosidade sempre aumenta em períodos de crise, quando as pessoas se veem afligidas por perdas, doenças, desamparo; a prisão é um expressivo exemplo disso.

Para muitos desses crentes, depois que Deus se revelou não é mais preciso pensar, basta obedecer, seguir o rebanho. Eles leem a Bíblia ao pé da letra, de forma concreta, como uma cartilha ou um livro barato de autoajuda, ignorando os simbolismos e as alegorias, mais ou menos como as crianças leem um conto de fadas. O esforço hermenêutico, quando existe, é raso e pueril. O sentido anagógico escapa de todo. A afirmação de George Steiner de que "a Bíblia que está contida dentro da Bíblia ainda está para ser descoberta" é um desafio descabido aos olhos de um cristão comum.[4]

---
[4] Na verdade, a leitura alegórica dos textos bíblicos predominou sobre a literal desde o início do cristianismo. Philo de Alexandria, um teólogo judeu contemporâneo de Jesus, lia o Antigo Testamento como uma alegoria de inspiração platônica. A busca alegórica dos significados da Bíblia que ele propôs foi a exegese mais aceita pelos Doutores da Igreja, nos primeiros séculos da cristandade. Agostinho pensava que os pontos obscuros ou contraditórios da Bíblia estavam lá por intenção de Deus, que desejava que os homens usassem a inteligência para interpretá-los. "Acredito em teus livros, mas as palavras deles são grandes mistérios", diz em *Confissões*. A aparente simplicidade das Escrituras é prenhe de uma riqueza de significados que só se revelam a uma exegese laboriosa. Agostinho compara a Bíblia a uma pequena fonte que alimenta muitos rios: embora sigam caminhos diversos, todos desaguam no mesmo oceano. "[...] o que impede que sentidos diferentes possam ser encontrados nessas palavras, contanto que sejam verdadeiros?".

A bibliolatria leva a crer que o livro sagrado tem tudo o que importa saber, inclusive as diretrizes morais que os servos de Deus devem seguir – convicção aparentada à ideia de que a esperança do homem deve se amparar no amor e na misericórdia divinos mais do que em sua própria vontade e competência. "Esperança é a virtude pela qual desejamos como felicidade o reino dos céus e a vida eterna, pondo a confiança nas promessas de Cristo e nos apoiando não em nossas forças, mas no socorro da graça do Espírito Santo" (*Catecismo da Igreja Católica*).

A esperança sem fé é falsa, arrogante, blasfema. O *homo religiosus* desconfia da ideia de que seja capaz de fazer escolhas morais acertadas por si mesmo, com base apenas em sua razão e consciência. A Bíblia lhe oferece respostas mais ou menos prontas, ao contrário dos grandes clássicos da literatura, em que os dilemas humanos retratados exigem esforço de empatia, apreensão do subtexto, reflexão, tomada de posição. Mas esses livros, assim como a Bíblia, são um rico manancial de sabedoria. Não sem razão, São Tomás de Aquino dizia temer "homens de um livro só".

Cinco séculos antes de Cristo, viveram Sócrates, na Grécia; Buda, na Índia; Confúcio, na China. Cada um deles criou sua própria doutrina sobre o que deveria ser uma vida boa, justa e virtuosa, e sem recorrer a nenhum mandamento ou ameaça de punição vindos do Céu. Compaixão, amor ao próximo, temperança, justiça e abnegação não foram invenção do cristianismo, mas da mente humana, que começava a pensar sobre a vida de forma racional, reflexiva. A lei, entregue a Moisés no Monte Sinai, era necessária para disciplinar o povo insubmisso, mas ela já havia sido escrita por mãos humanas fazia tempo. A esperança numa graça sobrenatural, contudo, não é parte da filosofia criada pelo homem.

O rebanho se alimenta de esperança, não de filosofia – de esperança como paixão, não como fruto da razão. Diz um antigo conselho rabínico que a fé das pessoas pouco instruídas não deve ser perturbada pela discussão de coisas que não entendem. Se a religião é o ópio do povo, como disse Marx, não se deve privá-lo desse vício que lhe faz tanto bem.

A expressão de Marx, que se tornou famosa, na verdade foi interpretada fora do contexto; ela não significava o desprezo dele pela religião. Marx escreveu que a religião era "o suspiro da criatura oprimida", "o coração de um mundo sem coração", "a alma de uma situação sem alma". O que Marx queria era que o homem se livrasse de suas correntes, não que dispensasse qualquer "fantasia ou consolo" enquanto acorrentado.

Marx inventou a esperança em um mundo novo, uma Terra Prometida que os homens conquistariam pela consciência e luta, não pela fé e submissão. Os pobres e oprimidos encontraram em Marx um novo messias, e na utopia comunista uma nova religião, uma esperança que prescindia de Deus, que confiava ao homem o leme do próprio destino. (Mais tarde, gênios de mesma estirpe e igualmente ateus, Nietzsche e Freud, contribuiriam para o empenho de Marx em livrar o homem de suas correntes, com seus próprios projetos proféticos de vitória do homem sobre si mesmo.)

A nau projetada por Marx terminou em naufrágio, que é o destino de todas as utopias coletivas, de todas as esperanças que deliram com visões do futuro.

9

A fé religiosa é uma generosa fonte de esperança, mas esta também é alimentada pelo espantoso talento que o homem tem para cultivar ilusões, acreditar no quase impossível como muito provável, ludibriar a si mesmo. "Nada é tão difícil quanto não se enganar a si próprio", queixou-se Wittgenstein. O autoengano funciona nos dois sentidos: da mesma forma que o homem tende a acreditar no que deseja acreditar, no que confirma e reforça sua esperança e sua paz de espírito, ele também rejeita as evidências que ameaçam minar ou destruir essa paz e esperança.

O homem se defende não só contra a realidade externa, que ele tende a perceber como difícil, injusta, ameaçadora, mas também contra qualquer percepção que ameace a imagem – mais ou menos idealizada – que tem de si mesmo. A realidade é rejeitada ou distorcida sempre que põe em xeque uma crença importante ou um ideal caro ao homem. "Humildade é a virtude mais difícil de atingir", escreveu Eliot; "nada morre com mais dificuldade do que o desejo de pensar bem de si mesmo" (*Selected Essays*). Essa "má-fé", nas palavras de Sartre, leva o homem a construir um falso *self*, a ser o que não é e não ser o que é.

Essa propensão ao autoengano, à esperança infundada, não deixa de ser um atributo natural e útil ao ser humano, talvez um ganho evolutivo na defesa contra o medo e a desesperança. A vida, sempre por um fio, num campo de concentração nazista, oferece um exemplo extremo dessa triste utilidade. "Quem quer viver está condenado à esperança", relata um sobrevivente do Holocausto. "É uma das inúmeras formas de denegação, sem as quais a vida seria impossível", diz um outro (T. Todorov, *Diante do extremo*).

Parece que em qualquer ambiente prisional o pensamento mágico e o vício da esperança insensata ultrapassam os limites da razão. O prisioneiro é um ser crédulo. Alguns ditados idiotas são muito apreciados nas prisões: "Quem espera sempre alcança", "Depois da tempestade sempre vem a bonança", "No fim dá tudo certo; se ainda não deu, é porque ainda não é o fim"... Boatos sobre novas leis, supostamente promulgadas em benefício dos condenados, surgem não se sabe de onde (às vezes, a partir de uma notícia mal compreendida de rádio ou TV) e se propagam feito fogo em rastilho. As leis vigentes e os projetos de lei em tramitação visam, via de regra, endurecer o rigor punitivo, mas os presos sonham com e acreditam em leis benevolentes que lhes abrandem a punição e os aproximem da liberdade.[5] Muitos advogados se aproveitam dessa credulidade e vendem falsas promessas, possibilidades irreais. A esperança também é matéria venal.

---
5 Aleksandr Soljenítsin observou o mesmo fenômeno nas prisões do *gulag* soviético: "Nesta primavera tínhamos fé na anistia, mas nisso não éramos originais. Falando com velhos presos, compreendia-se pouco a pouco que esta sede de clemência, esta fé na clemência, nunca abandonam os cinzentos muros das cadeias. Década após década, as diferentes torrentes de presos sempre esperaram e sempre tiveram fé: ora na anistia, ora num novo código, ora numa revisão do processo [...] tudo a imaginação dos presos fazia coincidir com a tão esperada descida do anjo da libertação! [...] a alma do preso é tão inclinada ao misticismo que ele acolhe os vaticínios quase sem assombro" (*Arquipélado Gulag*).

10

*Consegui fazer com que se dissipasse de
meu espírito toda a esperança humana.*
ARTHUR RIMBAUD

Também eu, como todos os condenados, me vi tomado pela sede de esperança. O futuro enchia minha imaginação de cores soturnas – somente a esperança poderia deitar pinceladas de consolo naquele quadro lúgubre.

Os prisioneiros diziam encontrar, guiados pela fé, um manancial de esperança cuja torrente se renovava a cada oração, a cada releitura das Escrituras. Eu, no entanto, só encontrei um arroio – um delicado curso d'água –, que me é suficiente para aplacar a sede de um dia – um dia a cada vez. No início me entristeci com a exiguidade de minha esperança; depois me conformei; hoje, debruço-me sobre meu arroio com amor e gratidão. Uma pequena joia vale mais que um baú cheio de ouropel.

De que me serviria cultivar a nostalgia do futuro – a mim, condenado a cem anos de solidão? Poderia Caim, porventura, sonhar que algum dia o mundo o perdoasse por seu crime torpe, ou Judas se julgar merecedor de perdão depois da sua funesta traição?

Pode Sísifo esperar outra coisa do amanhã que não a repetição do trabalho que o esfalfou hoje? No inferno não se sonha com o futuro, a não ser que se queira multiplicar o sofrimento.

Ainda assim, há uma esperança para Sísifo: aquela que ele pode concentrar no presente, reinventar a cada subida da montanha. Em vez de depositar a esperança nos deuses que jamais revogarão a sentença, ele tem a esperança em si mesmo, em poder cumprir seu destino com altivez e coragem.

Assim como Sísifo, vivo um dia por vez. Tento honrar Heráclito, reconhecendo em cada dia o que tem de único, e Horácio, seguindo o lema *carpe diem*.

Todos os dias renovo minha esperança em enfrentar meu tormento com dignidade. O que é mais importante para o homem, afinal, senão preservar sua dignidade?

Todos os dias abençoo este presídio por me proteger da sanha dos homens, e ao juiz por me ter proporcionado cem anos de degredo para dentro de minha alma. Creio que me tornei parecido àquele personagem de Genet que, ao ouvir do juiz a sentença de pena capital, disse, impassível: "Eu já estou um pouco além disso...".

Quo vadis?

Comédia em um ato

*Para Thiago,
pela breve amizade.*

*Estou cansado de lengalenga de que os desígnios
do senhor são inescrutáveis, respondeu Caim,
deus deveria ser transparente e límpido como
cristal em lugar desta contínua assombração,
deste constante medo, enfim, deus não nos ama [...].*
JOSÉ SARAMAGO, CAIM

*Quod vitae sectabor iter?
(Que rumo na vida seguirei?)*
AUSÔNIO

*Pedro – Quo vadis? (Aonde vais?)
Jesus – Romam vado iterum crucifigi.
(Vou a Roma ser crucificado de novo.)*
ATOS DE PEDRO *(evangelho apócrifo)*

Personagens: Primeiro homem (Caim)
  Segundo homem
  Terceiro homem

Um homem, ainda jovem, está sentado, em atitude meditativa, sobre uma pedra no ponto em que a estrada de terra forma uma bifurcação. Há, por perto, uma outra pedra, de aspecto semelhante e, atrás, um poste de madeira com uma placa cujo letreiro está borrado. Após um minuto de silêncio, ouve-se das coxias a voz de um homem se aproximando.

SEGUNDO HOMEM – (*Voz das coxias.*) Puxa, se os meus pobres olhos míopes não me enganam, aquela mancha lá adiante é uma pessoa. (*Após um curto silêncio, adentra o palco.*) E não é que é uma pessoa mesmo?! Deus seja louvado! (*Aproximando-se.*) Olá, companheiro! Que bom encontrar enfim uma alma viva nesta estrada deserta. Caminho há horas sem cruzar com ninguém. O que o traz a estas paragens? E o que faz aí sentado, em meio do nada? Decerto, cansou da caminhada.

PRIMEIRO HOMEM – Cansei, sim, mas não foi isso que me deteve, e sim a dúvida. Como pode ver, a estrada se divide em duas. Estou indo para L., mas não sei qual dos dois caminhos seguir. Você sabe, por acaso?

S.H. – Puxa... não sei mesmo, companheiro. Eu vou a N., e também não esperava topar com esta bifurcação. Somos dois agora, afligidos pela dúvida. Mas tem uma placa ali – o que diz? Sou muito míope, só enxergo um borrão.

P.H. – Infelizmente, está tudo borrado mesmo, não dá pra ler. A chuva deve ter derretido a tinta. A placa não vai nos ajudar.

S.H. – Puxa, que pena. No mato sem cachorro, como se diz. (*Breve silêncio.*) Como é seu nome, companheiro?

P.H. – Me chamo Caim.

S.H. – Puxa! Seus pais escolheram um nome trágico. O primeiro nome, depois de Adão e Eva.

CAIM – Minha mãe se chamava Eva.

S.H. – E seu pai, Adão? (*Risos.*)

C. – Não. Esse é o pai de todos nós.

S.H. – É, não deixa de ser. Pra mim, é Deus.

C. – E de todas as nossas desgraças também. A escolha d'Ele nos condenou para sempre.

S.H. – É um jeito de ver as coisas. Por falar em escolha, o que faremos com essa forqueadura? Você vai a L., eu vou a N., e não sabemos quem vai pra esquerda, quem vai pra direita...

C. – (*Faz um gesto de quem não tem a resposta.*)

S.H. – Que horas tem aí, companheiro?

C. – Não tenho. O relógio parou (*olhando para o pulso*).

S.H. – E eu nem relógio tenho.

C. – O tempo parou.

S.H. – O tempo não para. Deve ser umas duas, duas e meia.

C. – Como sabe?

S.H. – Pelo tamanho da sombra (*aponta para a sombra que seu corpo projeta*).

C. – Você é esperto. Deve ser isso mesmo. O sol estava a pino quando me sentei aqui.

S.H. – Faz mais de duas horas que está parado aí?

C. – É o que parece.

S.H. – Parece muito tempo, seja para descansar, seja para matutar uma decisão.

C. – Descansado já estou. Já a decisão...

S.H. – Deixa eu sentar aí um bocadinho. Essa pedra parece ser quase igual à sua (*senta-se*). Duas pedras na forquilha.

C. – Pedras gêmeas, pode-se dizer. E dois caminhos... misteriosos.

S.H. – Gêmeos também? (*Risos.*)

C. – Isso é que não são. Se levam a lugares diferentes...

S.H. – Duas pedras para dois sujeitos se sentarem. Até parece que esperavam por nós.

C. – Que estavam preparadas. Se existir o destino...

S.H. – Você acredita?

C. – Em quê?

S.H. – No destino, ora.

C. – Hum... não sei. Acho que não. Se acreditasse, não estaria sentado aqui quebrando a cabeça há duas horas.

S.H. – É, faz sentido. Se o destino já está traçado, não é preciso pensar muito. Pode-se tomar decisão rápido.

C. – Nem seria uma decisão, na verdade.

S.H. – É, na verdade não seria. Tanto faria escolher esta estrada ou aquela. Podia até jogar cara ou coroa.

C. – É (*ri*).

S.H. – Calor dos diabos. (*Toma água do cantil.*) Passou alguém por aqui desde que você arriou nesta pedra?

C. – Nenhum ser vivo. Nem homem, nem bicho.

S.H. – Formiga e minhoca é tudo ser vivo. E deve ter muitas por aqui.

C. – Você é engraçadinho. Pode ter até passarinho, mas que parece um lugar esquecido por Deus, isso parece. Um lugar fora do mundo.

S.H. – Deus não se esquece de lugar algum, companheiro. Talvez do Inferno. Lá Ele não está mesmo. (*Ri.*) Mas aqui Ele está, pode ter certeza.

C. – Como se pode ter certeza? E se isto aqui for o Inferno?

S.H. – Ah, não, não é mesmo. Primeiro, porque eu ainda não morri. Segundo, porque, quando eu morrer, irei para o Céu. (*Risos*)

C. – Como pode saber que irá para o Céu? Não sabe nem que rumo tomar para chegar a N., mas sabe para onde Deus vai te mandar? Ninguém sabe até o dia do Juízo Final.

S.H. – Bom... Cada um pensa de um jeito.

C. – Acho que agora, depois de duas horas parado neste lugar, eu nem ficaria surpreso se descobrisse que o Juízo Final é hoje mesmo. Ou que a vida inteira até aqui tem sido só isso, o Juízo Final. Um julgamento. (*Toma água do seu cantil.*)

(*Silêncio.*)

S.H. – Não se mexa. Tem uma borboleta no seu ombro.

C. – Não consigo ver (*olhando para o ombro direito*).

S.H. – No outro ombro. Cuidado.

C. – Não consigo ver.

S.H. – Mas eu posso ver (*ergue-se para vê-la de perto e se agacha diante de Caim*). Puxa, é linda demais. Não se mexa. Vou descrevê-la pra você. Ela é bem grande. Toda aveludada. As asas têm bordas escuras, quase pretas. A parte de dentro é azul, um azul bem escuro, cor do mar, e vai esbatendo para um azul-celeste. E tem umas manchas vermelhas salpicadas, na parte preta, um vermelho forte, cor de sangue. Puxa... é bela demais... Cuidado!

C. – Vou ter que virar estátua só pra você admirar a borboleta?

S.H. – Uma beleza indescritível. Deus é um pintor genial, um Michelangelo. Tanta beleza. Ela não deve pesar nem um grama, mas tem uma tonelada de beleza em cima do seu ombro, Caim. Um universo inteiro está cifrado no desenho destas asas. (*Caim vira a cabeça.*) Ah... voou (*acompanha o voo da borboleta; volta a sentar-se na pedra*).

(*Silêncio. O segundo homem assobia uma melodia.*)

S.H. – Você parece estar preso a essa pedra. Cadê as correntes?

C. – Que correntes?

S.H. – A dúvida te paralisa.

C. – A certeza te engana.

S.H. – Não há saída então?

C. – Esquerda ou direita: eis a questão.

S.H. – Ir ou ficar? Ir para onde? Ficar até quando?

C. – Meu pai sempre dizia: na dúvida, não faça. Não sei bem a que ele se referia. A dúvida é covarde, a certeza é arrogante. Ambas são tolas.

S.H. – Eu, por mim, deixo na mão de Deus.

C. – E Deus lá tem mãos?

S.H. – Modo de dizer. "Ao homem que teme o Senhor, Ele o instruirá no caminho que deve escolher". Você devia ouvir esse salmo, ouvir Deus.

C. – Ouvir Deus? Ele não fala com a gente. Falou com Abraão, falou com Moisés, falou com uma porção de gente. Naqueles tempos, Ele falava com todo mundo. Agora – silêncio. Será que Ele ainda está vivo?

S.H. – Claro que está vivo. Deus é eterno. Assim como a sua alma, rapaz, onde quer que tenha que passar a eternidade, no Céu ou no Inferno. Deus fala com a gente por sinais.

C. – Ele gosta de metáforas. Escreve certo por linhas tortas, não é assim? Você que se vire para entender.

S.H. – É mais ou menos isso. Veja a borboleta, por exemplo. Quer um sinal mais claro, mais belo?

C. – E o que significa esse sinal?

S.H. – Não sei. Cabe a você compreender. Só sei que tinha uma imensidão em cima de você, sem nenhum peso.

C. – (*Em tom jocoso.*) É. Um milagre. Se era para eu ver, Deus teria posto o bichinho diante de meus olhos, não ao lado da minha orelha.

S.H. – Você quer tudo muito fácil. Não é assim que funciona.

C. – Se você lê sinais por toda parte, que estrada leva a N.?

S.H. – Não sei ainda. Tem que dar tempo ao tempo. Deus proverá.

C. – E você zomba de mim por estar aqui paralisado na dúvida. E sentou-se na pedra, assim como eu.

S.H. – Estou sentado, não paralisado. Muito menos pela dúvida. Estou vivendo. Como sempre. Com pequenas dúvidas, consolado pela grande certeza.

C. – E o que vai fazer se não aparecer nenhum sinal?

S.H. – Arrisco. Jogo cara ou coroa. Vou despetalando uma margarida, bem-me-quer, malmequer...

C. – No caso, esquerda, direita, esquerda, direita...

S.H. – Exato (*ri*). Já vi que você gosta de todos os pingos nos is.

C. –   A verdade não tem muito a ver com o acaso. Vai tomar pela esquerda para descobrir, à noite, que o caminho certo era o da direita?

S.H. –   Por que não? Melhor que receber a noite sentado nesta pedra. Assim é a vida: erros e acertos. Quem não arrisca não petisca (*ri*).

(*Silêncio.*)

S.H. –   Você parece viver a dúvida como um castigo. Esquerda ou direita, agora ou mais tarde, sim ou não, certo ou errado... A vida é assim, cheia de encruzilhadas.

C. –   A vida é um castigo.

S.H. –   Ou uma bênção. Tudo é um ponto de vista. O jeito de viver a vida é um ponto de vista.

C. –   Pra mim é um castigo.

S.H. –   Não será isso a herança desse teu nome que a dona Eva te deu? O que ela tinha na cabeça? Podia ter te chamado de Abel, pelo menos. Era o preferido de Deus.

C. –   Ela dizia que achava Caim um nome bonito. E que Deus o tinha protegido da ira dos homens, apesar do crime.

S.H. –   Verdade. Talvez ela achasse que o homem já nasce marcado pelo pecado.

C. –   Pode ser. Mas isso não lembro ela falar.

S.H. –   Faz tempo que ela morreu?

C. – Coisa de dois anos, por aí. Era nova ainda. Morreu picada por cobra, acredita? Tinha uma saúde de ferro. E morreu de uma picada. Uma gota de veneno.

S.H. – Puxa... Que Deus a tenha.

C. – E o pior é que conhecia cobras como ninguém. Passou a vida na roça. Sabia qual tinha veneno, qual não tinha. Mas essa maldita pegou ela desprevenida.

S.H. – As histórias se repetem. Tudo acontece de novo, o tempo todo. É como se a vida fosse uma enorme biblioteca, mas todos os livros contassem a mesma história. De um jeito diferente, cada um, mas no fundo é a mesma coisa. Deus se revela nessas histórias, com suas mil faces, mas é o mesmo Deus. É nisso que está a beleza.

C. – Contar a mesma história?

S.H. – Sim, contar de formas tão diferentes infinitas vezes a mesma história. Como a Sherazade: toda noite uma história diferente para continuar viva, mas no fundo era uma só e a mesma história.

C. – Quem é essa?

S.H. – Sherazade, *Mil e uma noites*. Um livro muito antigo, que fala sobre a vida.

C. – Você é sabido. Deve ler muito.

S.H. – Leio bastante. Leio, releio e tresleio. Dos vícios, o melhor. Deixa a gente meio louco, mas é uma loucura boa.

C. – Eu só leio a Bíblia. É um livro grande, dá pra vida toda.

S.H. – É um grande livro. Mas tem outros. Muitos outros. Um homem não pode ler um livro só. Olha lá (*com a mão em pala sobre os olhos*). Meus olhos acusam uma mancha em movimento. Tem tudo pra ser uma pessoa. Tomara. Confira, companheiro, você que enxerga bem.

C. – De fato... uma pessoa vem vindo. E já está perto. Eu nem tinha reparado.

S.H. – Uma pessoa. Que bom. Deus seja louvado. Oxalá seja menos ignorante que nós e nos oriente o caminho.

C. – Tomara. Deus queira.

S.H. – É homem ou mulher?

C. – Homem. Um velho. Com cajado na mão. Até que caminha ligeiro.

(*O Terceiro Homem adentra o palco.*)

TERCEIRO HOMEM – Ora, ora, salve, gente boa! Finalmente gente viva nessa estrada deserta.

S.H. – Gente viva? Por acaso tem gente morta te assombrando, velho?

T.H. – Assombrando, não diria. Parece mais me chamando. Cheguei àquela idade em que dia sim, dia não morre algum conhecido. Pior quando é um amigo. Estou indo ao enterro de um, em L.

C. – Logo em L.?! Até que enfim uma luz, afinal! Lamento sua perda, senhor, mas não posso evitar de ficar feliz com a notícia.

T.H. – E o que tem de tão auspicioso no fato de eu ir a L.?

C. – É que é pra lá também que eu vou e, como não sabia que direção tomar, estou aqui já faz três horas, indeciso, esperando por uma luz.

T.H. – Ah, entendi. Também eu fico feliz, meu rapaz, em ainda poder ser uma luz para alguém, logo eu que já me avizinho das trevas.

S.H. – Que é isso, velho? A julgar pelo seu passo ágil e esse semblante vivo, tem muita estrada ainda à sua frente, e em pleno sol.

T.H. – Deus permita. Vocês estão juntos? Parecem irmãos.

S.H. – Não, não. Irmanados pela dúvida, pode-se dizer. O meu destino é N., e também eu estou parado aqui diante desse entroncamento, sem saber aonde ir. Por acaso o velho sabe o caminho certo pra lá?

T.H. – Oh, sei, sim. Chega a N. indo por aqui (*indica o caminho à esquerda*). Está um tanto longe ainda. Vai chegar lá com o pôr do sol. Já nós, meu rapaz, vamos pela direita. Em uma hora, um pouco mais, estaremos em L.

S.H. – Hora de me pôr a caminho então. Já descansei demais. Tem horas, meu velho?

T.H. – Deixe-me ver (*tira o relógio do bolso*). São quatro e vinte.

S.H. – Mais tarde do que pensei. As sombras me diziam ser umas três horas. Muito agradecido pela informação, meu velho (*abraça-o*), e também a você, meu rapaz, pela companhia (*abraça-o*). Boa sorte a vocês, e adeus! (*Sai pela esquerda.*)

T.H. – Ah... Deixe-me descansar meu esqueleto um pouco (*senta-se na pedra*), antes da gente retomar a caminhada.

(*Ficam em silêncio. O velho parece cochilar.*)

C. – (*Impaciente, levanta-se, ronda o velho.*) Está dormindo, senhor?

T.H. – Hã? Ah, não. Foi só um cochilo ligeiro, coisa de velho. Onde está o outro sujeito que estava aqui?

C. – Partiu, ora (*indica o caminho à esquerda*).

T.H. – Ah, sim. Aonde mesmo ele disse que ia?

C. – A N.

T.H. – A N.? Mas N. fica pra lá (*indica o caminho à direita*).

C. – Oxe... O senhor mesmo indicou que tomasse o caminho à esquerda.

T.H. – Foi, é? Não, eu me enganei decerto. Oh, cabeça de velho (*bate a mão na testa*). N. fica pra cá (*indica à direita*). É bem depois de L. Corre lá pra avisar ele.

C. – (*Corre, olha ao longe, mão em pala sobre os olhos.*) Ele já vai longe. Não tem como alcançar o homem. Nem o grito alcança ele agora.

T.H. – Fazer o quê? (*Suspira.*) Paciência. (*Levanta-se.*) Vamos embora, meu jovem, que o tempo urge, e o velório não é eterno. Tenho que encontrar o meu amigo ainda fora da cova. (*Faz menção de tomar à esquerda.*)

C. – Mas o senhor falou que fica pra cá.

T.H. – Ah, sim, claro. É pra cá mesmo. Vamos indo, meu jovem.

C. – (*Em dúvida, hesita.*) O senhor tem mesmo certeza de que este caminho aqui leva para L.?

T.H. – Acho que sim, meu jovem. Certeza, certeza mesmo só tenho da dama de preto que me espera em algum lugar.

(*Cai o pano.*)

LIVROS

Fuga

*A meu pai,
em lugar de kadish.*

1

Quem teve o hábito e a paixão de ler na infância dificilmente lerá na vida adulta com a mesma entrega, o mesmo arrebatamento.

Também dificilmente teremos, quando adultos, alguma amizade tão apaixonada, exclusiva e fiel como as que tivemos em nossa infância e adolescência.

Literatura e amizade ficaram para sempre associadas em minha memória, desde o dia em que Grisha veio me fazer uma visita inesperada, trazendo debaixo do braço uma penca de livros. Eu estava de cama, convalescendo de uma cirurgia de hérnia inguinal. Grisha tinha sido meu melhor amigo nos primeiros quatro anos de escola, e a literatura fora um elo importante entre nós. Na quinta série, ele mudou de bairro e de colégio, e pelos três anos seguintes, já adolescentes, pouco nos vimos, por isso sua visita foi para mim uma grata surpresa. Quando ele foi embora, havia um tesouro espalhado sobre minha cama.

Naquela semana de reclusão devorei um livro a cada dia. Foram dias de tédio e solidão, além da dor que eu sentia no local da cirurgia, mas saber que meu amigo ainda me amava era um consolo, e os livros que ele me deixou de presente eram o melhor remédio. Ninguém me entenderia como Proust: "Talvez não haja dias de nossa infância tão plenamente vividos quanto aqueles que pensamos ter deixado de viver, aqueles que passamos com nosso livro predileto" (*No caminho de Swann*). Hoje, passado meio século, posso parafrasear Proust trocando "infância" por "cárcere".

Havia muitos livros em nossa casa. Na União Soviética, os melhores livros e os editados com maior capricho eram os que integravam coleções de obras escolhidas ou completas dos grandes clássicos. Eram vendidos por assinatura, em livrarias especializadas, e muito concorridos. Meu pai, que amava ler, conseguiu formar com essas coleções uma bela biblioteca, que ainda vive em minha memória. Parece-me que posso, a qualquer momento, entrar naquele quarto e apanhar da estante um dos doze volumes de Tchékhov, de capa cinza; algum dos vinte de Tolstói, com sua efígie gravada em relevo sobre a capa marrom (os meus preferidos eram os três livros autobiográficos: *Infância*, *Adolescência* e *Juventude*); ou um dos cinco grossos tomos de Cervantes, encapados em laranja vivo, dois dos quais abrigavam as impagáveis aventuras de Dom Quixote; ou ainda um dos 26 de Dickens, em verde-escuro, que ocupavam quase toda uma prateleira e eram leitura deliciosa para a vida inteira. Por alguma razão, não tínhamos Dostoiévski (é estranho dizer, mas eu só conheci Raskólnikov na prisão). Block, o mago do simbolismo e meu poeta predileto, vivia nos nove livros azuis cheios de enigmas e melancolia. (Da prateleira de baixo, preteridos, os dez volumezinhos atarracados de Púchkin, o pai da poesia russa, me encaravam com despeito...) Mas a coleção que eu mais venerava, e que li inteira, era a dos clássicos juvenis, em vinte volumes, cada um em capa de cor diferente: *Viagem ao centro da Terra*, *O último dos moicanos*, *Os três mosqueteiros*, *As aventuras de Tom Sawyer e de Huckleberry Finn*, *Robinson Crusoé*, *As viagens de Gulliver*, *A cabana do Pai Tomás*... Lembro-me de cada volume, de sua grossura, da cor da capa e do desenho gravado nela, e essa lembrança desperta em mim a mesma saudade que sinto dos amigos de infância, de carne e osso.

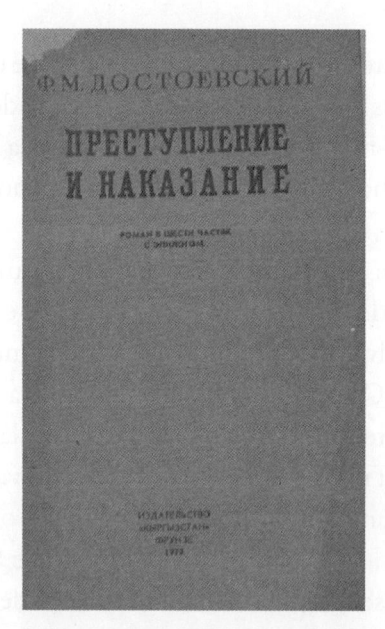

Crime e castigo, de F. Dostoiévski
Frontispício da edição russa (1979)

Eu poderia falar muito ainda sobre todos esses livros. Meu Deus, eu seria capaz de falar sobre livros minha vida inteira...

Bem poderiam ser minhas as palavras de Borges: "Se tivesse que apontar um fato capital de minha vida, diria a biblioteca de meu pai. Na realidade, acredito nunca ter saído daquela biblioteca" (*Ensaio autobiográfico*).

Borges também disse que imaginava o paraíso como uma espécie de biblioteca. Eu imaginei o inferno como uma imensa biblioteca tantalizante, em que todas as lombadas estão à vista, mas nenhum livro pode ser tocado.

2

Gosto desta passagem em W. G. Sebald:

> Depois do serviço, disse Salvatore, eu me refugio na prosa como numa ilha. Passo o dia inteiro cercado pelo barulho da redação,

mas de noite faço a travessia até uma ilha, e quando começo a ler as primeiras frases tenho sempre a sensação de que estou remando para o alto-mar. É graças unicamente a essa leitura de toda noite que ainda hoje me mantenho mais ou menos são (*Vertigem*).

Salvatore é um leitor emblemático. A literatura é um refúgio que lhe permite isolar-se do mundo, distanciar-se dele, e é nesse distanciamento que ele busca a salvação. O mundo é sentido como nocivo, tóxico, e o antídoto é a leitura. O mergulho nos livros significa a recusa do mundo. Em última análise, literatura é fuga. O leitor, nas palavras de Machado de Assis, "não se refugia no livro, senão para escapar à vida".

E a ficção é cúmplice. Como Georg Lukács observou, não há romance sem deslocamento. Ulisses, Dom Quixote e Sancho Pança, Gulliver, Robinson Crusoé, capitão Ahab no encalço de Moby Dick, Dante em visita ao além – todos esses heróis vivem suas façanhas longe de casa, às vezes longe demais. A história não teria o mesmo *páthos* se não se desenrolasse num lugar remoto em *A morte em Veneza* e *A montanha mágica*, de Mann; em *O castelo* e *O desaparecido*, de Kafka; nas viagens de Sebald; nas aventuras de Conrad e de Jack London; na distante Índia de Kipling e de Forster; nos cenários fictícios como Macondo, de García Márquez, ou Yoknapatawpha, de Faulkner; lugares que jamais estiveram no mapa.

Esse distanciamento tem seu preço. A cada imersão no mundo fantasmagórico da ficção tornamo-nos um pouco mais estranhos para o mundo real. Harold Bloom acreditava que "quanto melhor lemos, mais solitários ficamos". A viagem do leitor obstinado para longe do mundo real é uma jornada solitária e melancólica. Mesmo os que recorrem aos livros para fugir da solidão não fazem mais do que acentuá-la.

Salvatore afirma que lê para se manter são, mas todo remédio consumido em excesso pode causar efeitos deletérios. Dom Quixote enlouqueceu após uma longa dedicação aos romances de cavalaria. Emma Bovary se deixou levar à perdição sob a influência de romances de amor.

Salvatore, Dom Quixote e Emma são, cada um a seu modo, leitores ideais, aqueles que levam a literatura às últimas consequências, sejam elas lucidez ou loucura.

3

Entre os poucos objetos que Robinson Crusoé resgata do naufrágio há alguns livros, entre eles uma Bíblia. O livro é o talismã da sobrevivência.

Em um conto de Rudyard Kipling, soldados se distraem lendo romances de Jane Austen nas trincheiras infernais da Primeira Guerra. Esse mesmo Kipling (que perdera um filho naquela guerra) recebe certo dia a visita de um soldado que lhe entrega, agradecido, um livro com um furo de bala: "Seu livro salvou-me a vida, creio que agora lhe pertence".

Dez jovens fogem da Florença assolada pela peste. Sozinhos e a salvo fora da cidade, eles se entregam a um festim literário: cada narrativa de *Decamerão* é uma celebração da vida.

No outono de 1940, após um bombardeio alemão, três londrinos circunspectos são fotografados lendo em meio aos escombros de uma biblioteca. Os livros sobrevivem, assim como o amor dos homens à literatura – símbolo da resistência moral dos ingleses, da vitória da civilização sobre a barbárie.

Antonio Gramsci, na prisão, lê tudo o que a censura de Mussolini deixa chegar às suas mãos. Leitor disciplinado e incansável, devora um livro por dia.

As infindáveis histórias inventadas por Sherazade para escapar da morte são o símbolo do papel da literatura na vida do homem. Na ficção e na vida real, palavras são a defesa do homem contra a dor, o desespero e a morte.

Salvatore, que todas as noites busca refúgio em sua ilha literária; Robinson Crusoé, que, preso à sua ilha deserta, busca consolo e inspiração no livro sagrado; o soldado que arrosta o medo com um livro na mão; os ingleses que leem na Londres arrasada pelas bombas; Gramsci, que dribla a doença e a prisão lendo e escrevendo: são, todos, leitores ideais, embora leiam, aparentemente, por motivos diferentes. A magia de um bom livro é responder de modo singular à angústia de cada alma em particular.

De onde quer que estejamos, o livro nos leva para longe. Mas leem também – e leem melhor – os que já estão longe. No leito do enfermo, na cela do mosteiro, no catre da prisão, na lonjura do exílio, o livro é o companheiro ideal, e quem lê – seja com nostalgia, com exaltação, com desespero – é o leitor ideal.[6]

Por que lemos nós, os excluídos, os apartados do mundo?

Primeiro, porque ler é um remédio eficaz contra o tédio. A leitura atenta distrai, absorve-nos por inteiro, transubstancia o tempo parado do claustro em tempo cambiante da narrativa, transporta-nos da mesmice rasa e nauseante para a vertigem de voos ilimitados e mergulhos abissais.

(Bertrand Russell conta que estava tão absorto na leitura e que a certa altura o autor o fez rir tão alto, "que o guarda veio até minha cela, dizendo que eu devia lembrar que a prisão é um lugar de castigo". Russell, decerto, permaneceu alheio a essa triste realidade enquanto lia.)

Lemos também porque os livros nos emocionam. Vivenciamos empatia com os personagens: identificamo-nos com alguns, repudiamos outros. Oscilamos entre certezas e dúvidas, o claro e o ambíguo, o simples e o enigmático. Divertimo-nos com situações cômicas, comovemo-nos com os destinos trágicos; rimos e choramos, condenamos e perdoamos.

Creio que bons livros nos humanizam; tornamo-nos mais razoáveis, mais compassivos. Aprendemos a compreender as mais diversas manifestações da natureza humana.[7] Compreender é o primeiro passo para aceitar. Perdoamos os personagens pelo que são e, neles, perdoamos a nós mesmos pelo que somos e pelo que não conseguimos ser. Amós Oz divaga sobre isso em *De amor e trevas*:

---

6 Stefan Zweig transborda de gratidão a esses "companheiros" que socorrem o homem em momentos mais difíceis: "Como vos agradecer, a vós livros, os mais fiéis e silenciosos dos companheiros, os momentos puros passados longe do tumulto dos dias? Como agradecer a vossa constante solicitude, eterna elevação e a infinita calma da vossa presença? Que vos acontece nos dias sombrios de solidão, nos hospitais e campos de batalha, nas prisões e nos leitos de dor! Sentinelas constantes em toda parte, oferecestes sonhos aos homens e mãos cheias de calma na inquietação e no martírio!" (*Encontros com homens, livros e países*).

7 Para E. M. Forster, o romance traduz para o leitor a realidade distorcida pelas aparências: "Não conseguimos nos entender bem uns aos outros, a não ser de um modo precário e superficial; não podemos nos revelar, nem quando o desejamos; isso que chamamos de intimidade não passa de uma improvisação; o conhecimento perfeito é uma ilusão. Nos romances, porém, conseguimos conhecer as pessoas perfeitamente, e, além do prazer normal da leitura, podemos encontrar aqui uma compensação pela falta de clareza na vida. Neste sentido, a ficção é mais verdadeira que a história, porque ultrapassa as evidências, e todos nós sabemos por experiência própria que existe algo além das evidências [...]" (*Aspectos do romance*).

Assim Raskólnikov conseguirá diminuir um pouco a infâmia e a solidão do calabouço em que cada um de nós é obrigado a trancafiar em prisão perpétua o seu prisioneiro interior. Assim os livros poderão de alguma forma consolá-lo pela tragédia dos seus segredos mais vergonhosos.

Raskólnikov, o homicida mais humano da literatura, nos torna mais humanos à medida que nos compenetramos de que o erro de um homem é erro de todos os homens.

Lemos em busca de catarse. Mas lemos também em busca de iluminação. Os livros que emocionam também ensinam e inspiram. Bons livros contêm valiosas lições sobre a existência. Há neles muita vida e muita verdade, às vezes mais vida e mais verdade do que na vida que vivemos, do modo como a vivemos. "Para conhecer a verdade, não há caminho mais seguro do que uma mentira chamada romance", escreveu Carlos Fuentes. O leitor apaixonado, debruçado sobre um clássico, não está à margem da vida – ele a vive plena e intensamente.

Bloom achava que o motivo mais profundo da leitura tinha de ser a busca da sabedoria. É possível alcançar a sabedoria sem os livros (Sócrates não gostava deles), mas em companhia deles a viagem humana é certamente muito mais rica e prazerosa.

Escreveu Milan Kundera: "A única coisa que nos resta diante dessa inelutável derrota que chamamos de vida é tentar compreendê-la. Eis aí a *razão de ser* da arte do romance".[8] Lemos – e vivemos – em busca de sentido.

---

8 Walter Benjamin disse o mesmo: "[...] o leitor do romance procura realmente homens nos quais possa ler 'o sentido da vida'". Ricardo Piglia descreve assim a "figura do leitor": "Aquele que está isolado, o sedentário em meio à marcha da história, contraposto ao político. O leitor como aquele que persevera, tranquilo, no deciframento dos signos. Aquele que constrói o sentido no isolamento e na solidão. Fora de qualquer contexto, em meio a qualquer situação, por força da própria determinação. Intransigente, pedagogo de si mesmo e de todos, nunca perde a convicção absoluta da verdade que decifrou. Uma figura extrema do intelectual como representante puro da construção do sentido (ou, em todo caso, de certa maneira de construir o sentido)" [Piglia se refere, nesta passagem, a Che Guevara] (*O último leitor*).

4

Meu pai começou a morrer cinco anos antes de morrer. Foi o tempo de vida que o médico lhe deu ao diagnosticar uma cirrose causada pelo vírus da hepatite. Ele passou aqueles cinco anos perseguido pela ideia de morte, sempre a pressagiando para o dia seguinte, num crescendo de angústia e tristeza. Só os livros pareciam lhe trazer alguma distração e alívio.

Talvez eu tenha aprendido mais sobre meu pai através dos livros que ele lia do que propriamente pela nossa convivência. (Caberia, aqui, parafrasear o velho ditado: "Me diz o que lês e te direi quem és".) Eu e meu pai sempre fomos muito reservados, secretos, quase desconhecidos um para o outro. Nós nos aproximamos naqueles anos de lenta despedida, mas ele morreu sem que tivéssemos dito coisas essenciais um ao outro.

Eu me lembro da expressão *obostriónaia tchuvstvítelnost* (sensibilidade aguçada) como referência aos grandes escritores russos, que meu pai pescou em algum livro e passou a citar com frequência. Suponho que aludisse a si próprio, embora externamente não parecesse dotado de tanta sensibilidade.

Ele tinha uma curiosa fixação pelos diários de Tolstói, que relia de tempos em tempos como que em busca de conselhos, ou de catarse. O escritor russo vivera, nos últimos anos de vida, um desgaste em sua relação conjugal (ele chegou a abandonar sua casa, vindo a falecer poucos dias depois). Suspeito que meu pai, no fim da vida, também se sentisse infeliz ao lado de minha mãe e que tenha de alguma forma se identificado com os desabafos de Tolstói. Talvez ele até alimentasse vagamente em seu espírito alguma ideia de fuga, que, para uma pessoa íntegra e comedida como ele, era inexequível. Certo dia ele me pediu para lhe comprar um livro recém-lançado sobre a vida de suicidas famosos. Estaria a opção de suicídio lhe passando pela cabeça? Esse jamais foi o tipo de assunto sobre o qual pudéssemos conversar.

Entre os livros de meu pai que levei para minha casa após a sua morte havia *Sombras sobre o Rio Hudson*, de Isaac Bashevis Singer. Eu só vim a lê-lo aqui na prisão. É um romance sobre judeus europeus que sobreviveram ao Holocausto e tentam recomeçar a vida nos Estados Unidos, uma história que deve ter despertado em meu pai uma forte identificação.

A certa altura, topei com uma pequena tira de papel cheia de números que se escondia entre as páginas. Meu pai nunca rabiscava um livro, ele tinha o hábito de anotar num papelzinho as páginas em que havia alguma frase ou trecho que o interessasse ou comovesse. Assim, anos após a sua morte, ao ler esses trechos que ele gostava de reler, tive mais esse vislumbre, tardio, da intimidade de meu pai – através de um livro.

5

A exemplo da leitura, a escrita também é evasão, em especial para quem está fisicamente preso. Como disse Isak Dinesen, "todas as mágoas são suportáveis se as colocamos em uma estória ou contamos uma estória sobre elas".

"Uma folha de papel é para mim como a floresta para um homem em fuga", escreveu Andrei Siniávski enquanto cumpria pena num campo de prisioneiros na União Soviética. Para Sei Shônagon, que foi dama de companhia da imperatriz do Japão no fim do século X, época em que as mulheres viviam oprimidas por rígidas normas de conduta e obediência, um pedaço de papel também representava um refúgio:

> Quando estou muito irritada com o mundo, desgostosa, sem um momento de paz e quero desaparecer, não importa para onde, consolo-me por completo ao me chegarem às mãos papéis simples, alvíssimos e belos e um pincel de boa qualidade, ou papéis *shikishi* brancos, ou papéis Michinokuni, e penso, afinal, que tudo está bem, acho possível viver por mais um tempo dessa maneira (*O livro do travesseiro*).

O prisioneiro que lê tem uma compreensível curiosidade de conhecer obras escritas na prisão. Não encontrará muitas. (Entre estas, as de Jean Genet são o exemplo mais notável.) Se ler na prisão já não é fácil, que dirá escrever. O livro de Siniávski, *A voice from the chorus* [Uma voz do coro], foi em grande parte composto de trechos de cartas que ele escreveu para a esposa durante a prisão.

Em prisões como aquela, ou como as nossas, com gente saindo pelo ladrão, o escrevinhador nunca estará só. Silêncio, só de madrugada, quando não há luz. Boa parte dos apontamentos para este livro vem sendo garatujada noite adentro sob uma débil réstia de luz que se filtra por uma claraboia, ou quando a escuridão na janela começa a se dissipar na claridade pálida do amanhecer. Não é fácil, depois, decifrar o que rabisquei na semiescuridão.

A maioria dos escritores precisa de solidão e silêncio para escrever. Quisera eu ter o dom de Hemingway, que escrevia em qualquer lugar, até em mesas de bar, mas sou mais para Montaigne, que se refugiava na torre de seu castelo, ou para Proust, que fez forrar com cortiça as paredes de seu quarto para se cercar de silêncio absoluto, ou ainda como Kafka, que imaginou como o cenário ideal uma caverna com uma lamparina.

O escritor constrói sua própria cela – real ou imaginária – e enclausura a si mesmo, prisioneiro que é de sua arte. Da mesma forma que a boa leitura distancia o leitor do mundo, a boa escrita brota melhor no exílio. Exílio forçado e penoso como o de Ovídio, que, desterrado para os confins do Império, teceu suas *Tristezas* longe do bulício e dos prazeres de Roma, ou o de Dante, que criou *A divina comédia* longe de sua amada Florença. Ou exílio voluntário – se não insano – como o de Emily Dickinson, que passou trinta anos sem sair da casa onde escreveu 1.700 poemas arcanos, só descobertos após sua morte.

Para o escritor prisioneiro, a cela individual é um estímulo à grafomania. Gramsci urdiu seus *Cadernos do cárcere* na solidão de sua cela. Verlaine, na prisão, e Ezra Pound, no manicômio judiciário, criaram alguns de seus melhores poemas. O inspirado opúsculo *Viagem ao redor do meu quarto* foi escrito pelo tenente Xavier de Maistre durante o confinamento disciplinar em sua própria alcova. O. Henry produziu muitos de seus contos numa cela individual dotada de certo conforto. Boécio, na torre da prisão em que seria executado, escreveu *A consolação da filosofia*, uma das obras mais lidas na Idade Média. E a prisão mais famosa do *ancien régime* abrigou alguns dos escritores mais excêntricos da França: Voltaire, Marquês de Sade e Marquês de Pelleport faziam alta literatura nas celas da Bastilha.

Mas a maioria dos relatos autobiográficos sobre prisão foi escrita muito tempo depois do enclausuramento. É o caso de *Recordações da casa dos mortos*, de Dostoiévski, *Memórias do cárcere*, de Graciliano Ramos, *Papillon*, de Henry Charrière. A par da dificuldade – quando não da impossibilidade – de escrever na prisão, muitas vezes o autor só consegue apreender e elaborar sua experiência distanciando-se dela no tempo e no espaço. Somente o olhar retrospectivo será calmo e frio o suficiente para uma visão ponderada do cárcere. Talvez por isso *De profundis*, que Oscar Wilde escreveu no cárcere de Reading, pareça um livro um tanto afetado, enquanto os relatos – beirando o inverossímil – do Holocausto, como *É isto um homem?*, de Primo Levi, *A noite*, de Elie Wiesel, e *Em busca de sentido*, de Viktor Frankl, sejam tão genuínos e pungentes.

Já se tornou um truísmo a ideia de que boa literatura é fruto de infortúnio. As raras exceções confirmam a regra. A matéria-prima da arte são os sentimentos de incerteza, angústia, fracasso, nostalgia, culpa, tristeza, revolta... Só cria quem está ferido; a musa do artista é a dor. "Nenhuma pena pode escrever nada de eterno, se não for mergulhada na tinta das trevas", escreveu Chapman. A escrita – como também, a seu modo, a leitura – é busca de sentido, de iluminação. Só quem está nas trevas encontra dentro de si a ânsia e a coragem necessárias para tal aventura.

A escrita literária – como a arte em geral – tem um efeito catártico, sendo, portanto, potencialmente terapêutica para o escritor ao conjurar os fantasmas que perseguem sua consciência. Ela também pode abrigar um ideal de superação quando o autor nutre a esperança – consciente ou não – de que a sua obra venha a ser melhor do que ele próprio foi ou consegue ser. (Às vezes tenho a sensação de que todo o meu esforço literário tem por objetivo construir um epitáfio redentor. Talvez por isso o medo de morrer é, para mim, antes de tudo o medo de não ter tempo para concluir a escrita.)

A escrita também é uma luta, um acerto de contas. O escritor é um rebelde, insatisfeito com o mundo e consigo próprio, revoltado contra o destino. As palavras são seu escudo e seu punhal. Camus dizia que "não há arte onde não há nada a ser vencido". Se há, para o escritor prisioneiro, alguma promessa de libertação na literatura, ela emana desse combate.

6

Hoje, na idade em que as metáforas da vida começam a ganhar sentido, penso que minha prisão atual reeditou, de certa forma, a outra – tão antiga, que me parece congênita –, e de novo me afogou em palavras para que nelas buscasse a redenção.

Eu tinha 3 anos quando, de um dia para outro, fui acometido de uma terrível gagueira, que me atormentaria por toda a vida, mas sobretudo durante minha infância e adolescência. É uma cruel injustiça, para uma criança que começa a descobrir o mundo e tem tantas coisas a dizer, ver sua expressão tolhida de forma tão vexatória. Minha devoção à literatura nasceu nesse terreno de mágoa, humilhação e inveja. Na escola sempre fui o melhor aluno em língua e literatura russas. Lembro que uma redação que escrevi na quinta série foi lida pela professora para os alunos do ensino médio como exemplo de uma redação perfeita. Ler e escrever eram meu refúgio, meu palco, meu campo de batalha. Aprisionado em minha gagueira, eu me redimia escrevendo, e ao fim de cada poesia, cada redação, antecipava com deleite libertador e vingativo a admiração de meus mestres e colegas. Eu sonhava ser escritor. (O destino atrapalhou meus planos. Em 1969, quando eu tinha 15 anos, meus pais resolveram que nos mudaríamos para o Brasil. Passei muitos anos sem acreditar que algum dia me seria possível escrever em português com a mesma destreza com que dominava minha língua natal. Ainda duvido de a ter alcançado...)

Certo dia, decorridos já alguns meses de prisão, eu estava lendo um romance de Antonio Skármeta, quando topei com uma frase que me fez estacar: "P. era uma fera enjaulada e só conseguia a liberdade através das suas palavras". *Liberdade através das palavras* – a ideia me penetrou como um raio de luz que atravessa a escuridão. Aquele momento de epifania foi o início de minha libertação.

Hoje me revejo, pelos olhos da memória, como o menino que a gagueira cercou de grades invisíveis por todos os lados. Ainda que àquela idade eu não colocasse a situação nesses termos, agora, como prisioneiro, vejo-a como uma autêntica experiência de prisão. Hoje, rodeado de grades reais, volto a usar o mesmo sortilégio para dissolvê-las.

A literatura, para algumas pessoas "estranhas" e avessas à multidão (como eu), é uma espécie de religião. Como já disse Baudelaire, vida literária é o "único meio onde conseguem respirar certos seres desclassificados".

Bloom dizia ter feito dos críticos literários seu Talmude e dos poetas sua Bíblia. Contou também que certa vez, doente, às portas da morte, recitava mentalmente trechos de seus autores prediletos, feito um crente que orava a seu Deus.

Malcolm X relata, em sua autobiografia, como a descoberta da literatura o levou a viver a prisão como uma experiência libertadora. Ele começou lendo o dicionário, copiando palavra por palavra, para ampliar seu vocabulário. Quando dispunha de livros, lia até altas horas, à parca claridade que vinha do corredor. A leitura o levou – como a Salvatore – a uma ilha bem distante. Ele lembra: "Meses se passaram sem que eu sequer pensasse sobre estar preso. Na verdade, até aquele momento, eu nunca tinha sido tão verdadeiramente livre na vida".

Duas janelas em Amsterdã

Quase quatro décadas se passaram desde que conheci o Museu Van Gogh, em Amsterdã, e ainda permanecem em minha memória alguns quadros que mais me impressionaram. *Os comedores de batata*, de tons escuros, uma visão sombria da vida. *O quarto em Arles*, o silêncio da solidão, a prisão que vem de dentro. Hoje, no cárcere, revejo essas telas como diferentes representações da prisão humana.

Van Gogh teve uma vida curta e atormentada, à qual tentou pôr fim com um tiro no peito; levou dois dias para morrer. Segundo seu irmão Theo, suas últimas palavras foram: "A tristeza vai durar para sempre". Angústia e tristeza impregnam toda sua obra.

Foi com essa sensação no espírito que deixei o museu. Depois de almoçar num restaurante próximo, saí pela cidade à procura da Casa de Anne Frank. Eu havia lido seu *Diário* alguns anos antes e tinha curiosidade de conhecer o lugar em que fora escrito.

É uma daquelas construções seiscentistas tão típicas de Amsterdã, de fachada austera de tijolos aparentes escuros, numa rua que margeia um dos charmosos canais que recortam a cidade. Ao me deparar com a casa, tive dificuldade, num primeiro momento, de situar a tragédia de Anne naquele cenário bucólico.

Casa de Anne Frank, Amsterdã

Em meio a um punhado de turistas, subi a escada interna que conduz ao esconderijo, o qual consiste em alguns pequenos cômodos atrás de uma estante removível. Os móveis foram retirados; só havia, fixadas nas paredes, ilustrações de revistas recortadas por Anne.

A sensação é claustrofóbica: cinco adultos e três adolescentes viveram escondidos ali por mais de dois anos; não podiam fazer barulho, não podiam ser vistos na janela... No quarto em que foi escrito o *Diário*, olhando para a foto de Anne num folheto destinado aos turistas, me senti invadido por uma tristeza imensa. Olhei pela janela que dá para o pátio interno: era verão, e havia muita vida fora daquele cubículo.

À noite daquele mesmo dia eu me perdi em Amsterdã. O bonde que tomei para voltar ao hotel era de uma outra linha. Só me dei conta do engano quando o bonde parou no terminal e todos os poucos passageiros desceram. Eu estava numa praça mal iluminada e quase deserta, provavelmente em algum ponto do perímetro urbano. Àquela hora tardia não havia mais transporte público que me levasse de volta ao centro; tampouco avistei algum táxi.

Embora a situação fosse desagradável, não havia motivos para medo. Amsterdã é uma cidade bastante segura; o pior que podia me acontecer era passar a noite vagando a esmo ou esperar o amanhecer num banco da praça. Mesmo assim, por alguns minutos intermináveis fui tomado de pânico. Parecia-me estar dominado por algum temor difuso, primitivo, como o de alguém fraco, desamparado diante de um mundo hostil em que nenhum lugar lhe pertence, nenhum lugar o acolhe. Era como se toda a insegurança que por vezes experimentei durante aquelas semanas em que cruzava a Europa – natural em um jovem tímido viajando sozinho e sem dominar as línguas locais, e certamente atenuada pelos prazeres e descobertas da viagem –, era como se toda essa insegurança se condensasse subitamente num terror infundado, infantil. Talvez fosse um sentimento atávico da minha herança de judeu errante. Teriam os quadros de Van Gogh e o esconderijo de Anne Frank me predisposto àquela reação?

Às vezes, quando passo dias a fio agoniado por não conseguir escrever, basta evocar a imagem de Anne, debruçada sobre seu caderno, para me encher de vergonha por botar a culpa na ansiedade, no barulho, na cela superlotada, na escassa iluminação...

A escrita, para Anne, é uma alegria, ainda que ela a encare como uma tarefa muito séria. Às vezes, parece mesmo ser sua razão de ser. A escrita também lhe traz um vislumbre da imortalidade. Em 05/04/1944 ela escreve:

> [...] agora me sinto felicíssima por saber escrever. E, se não tiver talento para escrever livros ou artigos de jornal, sempre posso escrever para mim mesma. [...] Não quero que minha vida tenha passado em vão, como a da maioria das pessoas. Quero ser útil ou trazer alegria a todas as pessoas, mesmo àquelas que jamais conheci. Quero continuar vivendo depois da morte! [...] Quando escrevo, consigo afastar todas as preocupações. Minha tristeza desaparece, meu ânimo renasce!

Anne estabelece com seu diário uma relação muito pessoal. Ela o personifica como Kitty, amiga a quem pode confidenciar tudo, seu *alter ego*. Esse recurso despretensioso, raramente utilizado na literatura "séria", nas mãos dessa escritora em brotação resultou num milagre literário. Lembra Montaigne, encerrado em sua torre, escrevendo sobre si mesmo.

O recurso é despretensioso, mas Anne parece pressentir a promessa de transcendência guardada nas profundezas da literatura. Da escrita não como passatempo ou veleidade de diletante, nem como apenas superação ou sublimação – mas, acima de tudo, como missão, destino.

Há, talvez, nessa consagração à literatura, alguma inspiração da herança judaica. O apego obstinado dos judeus aos textos sagrados e sua exegese é um dos fatores que explicam o milagre da sua sobrevivência como um povo a dois mil anos de diáspora e perseguição. Judeus são "o povo do livro". Se para os pitagóricos o Universo era feito de números, para os cabalistas ele foi criado com as letras do alfabeto hebraico. O texto é a matriz da existência. A salvação – também para Anne – está no texto.

Anne escreve para si mesma e para todos. Poucos livros, além da Bíblia, foram tão populares e perenes. A qualquer instante, em algum canto da Terra, alguém deve estar lendo o *Diário de Anne Frank*. Existe imortalidade melhor do que essa?

A popularidade conquistada pelo *Diário* não pode ser creditada tão só à curiosidade que o Anexo Secreto desperta nos leitores. O milagre que mantém Anne Frank viva – mais viva do que se estivesse viva – é uma epifania que só uma boa obra de arte ou literatura é capaz de realizar. O relato de Anne, simples e denso ao mesmo tempo, é uma bela lição de vida em todos os seus aspectos: moral, espiritual, existencial.

Anne-prisioneira é uma pessoa livre. Essa liberdade incondicional faz com que ela encare a prisão como *uma aventura*. Esta anotação é de 03/05/1944:

> Eu costumo me sentir mal, mas nunca me desespero. Vejo nessa vida no esconderijo uma aventura interessante, cheia de perigo e romance, e cada privação é algo divertido a acrescentar no diário. [...] A cada dia penso em como essa aventura é fascinante e divertida. Com tudo isso, por que deveria me desesperar?

O "truque" de Anne lembra o filme *A vida é bela*, de Roberto Benigni, em que o pai, para poupar seu filhinho do sofrimento, convence-o de que o campo de concentração onde estão é um grande jogo, cheio de perigos e privações, mas com uma fantástica recompensa final para o vencedor. Contudo, a proeza de Anne de travestir a clausura em aventura não é um faz de conta infantil. Anne tem plena consciência dos perigos que rondam o esconderijo. (Se descobertos, todos eles serão fuzilados ou enviados a algum campo da morte; os amigos holandeses que os escondem correm o mesmo risco.) Anne não vive um autoengano – ela vive uma escolha.

A garota vivencia intensamente a aventura da prisão. A vida deve ser vivida com plenitude, tanto na bonança quanto na tormenta. Como todos no anexo, ela acompanha as notícias da guerra, vibra com cada avanço dos aliados, aguarda ansiosamente a vitória. Mas, para essa garota inquieta, é inconcebível que a vida no esconderijo se reduza à expectativa da libertação, à espera do futuro. A adolescência que pulsa dentro dela não admite espera. E ela vive a adolescência na plenitude que é possível naquelas circunstâncias. Seu corpo muda; sua sexualidade aflora; ela se apaixona por Peter.

O tempo é ocupado criativamente; com Anne, tédio não tem vez. Ela lê, escreve, estuda. Gosta em especial de mitologia e de história. Até o Brasil desperta sua curiosidade.[9] O *carpe diem* horaciano é levado à sério.

E, por fim, a lição mais radical do *Diário* – já no limite do crível – é que é possível ser feliz na prisão. Mais do que isso: *deve-se* ser feliz na prisão. Esta nota é de 23/02/1944:

> Hoje de manhã, quando estava sentada diante da janela e olhando longa e profundamente para Deus e para a natureza, fiquei feliz, simplesmente feliz. Peter, enquanto as pessoas sentirem esse tipo de felicidade interior, a alegria da natureza, a saúde e muito mais, sempre poderão resgatar essa felicidade. [...] Sempre que estiver sozinho ou triste, tente ir para o sótão num dia lindo e olhar para fora. Não para as casas e os telhados, mas para o céu. Enquanto puder olhar sem medo para o céu, saberá que é puro por dentro, e encontrará a felicidade outra vez.

Para Anne, o sentimento de felicidade não deve depender do lugar ou das circunstâncias, mas sim de um certo olhar, uma certa disposição de espírito. Não depende do que vemos, mas de como olhamos.

A exortação de Anne parece amparada em alguma espécie de fé. A inspiração dela é o céu (não "as casas e os telhados": não coisas terrenas) e a certeza de ser pura. Não se trata, porém, propriamente de uma fé religiosa. Anne não está em busca de um abscôndito deus pessoal – ela *olha* "para Deus e para a natureza". É um deus que lembra mais o Deus de Spinoza que o de Moisés. De qualquer maneira, a fé de Anne na felicidade incondicional, aqui e agora, é um mistério de caráter mais místico que teológico, ou talvez místico-teológico, como o dos enlevos de Teresa d'Ávila. Os gregos chegaram a um sentimento semelhante pelo caminho rebuscado da eudaimonia. Mas Anne não filosofa, para ela tudo isso é simples e intuitivo.

---

[9] "Depois terminei no Brasil, lendo sobre o fumo da Bahia, a abundância de café, o milhão e meio de habitantes do Rio de Janeiro, de Pernambuco, São Paulo, sem esquecer o rio Amazonas. Depois sobre negros, mulatos, mestiços, brancos, a taxa de analfabetismo – mais de 50% – e malária" (*Diário de Anne Frank*, nota de 20/04/1944).

....
Recentemente me deparei, na biblioteca do presídio, com um livro de Paul Auster que ainda não conhecia, *O inventor da solidão*. É um registro de memórias afetivas de um escritor ainda jovem, narrado, grande parte, em terceira pessoa. O livro guardava algumas surpresas para mim.

A primeira foi que Auster, quando viajou pela primeira vez a Amsterdã, em dezembro de 1979 (portanto três anos e meio antes da minha viagem), havia feito um itinerário muito semelhante ao meu e vivenciado sentimentos também parecidos.

Ele descreve sua visita ao Museu Van Gogh. O quadro que mais lhe chama atenção é *Quarto em Arles*. Van Gogh pintou essa tela em 1888, quando morava em Arles, no sul da França. O quadro "deverá sugerir a ideia de calma", diz o pintor em carta ao irmão. Mas *Quarto em Arles* passa uma outra sensação. Tudo nele é um tanto estranho, distorcido; parece ilustração para algum texto de Kafka. As tábuas do piso como que sobem em direção à janela; os quadros estão quase despencando da parede; as duas portas estão bloqueadas, uma pela cama, a outra por uma cadeira... Duas portas, duas cadeiras, dois travesseiros – tudo sugere uma pungente expectativa de companhia; mas o vazio é absoluto, a solidão é invencível.

Vincent Van Gogh. *Quarto em Arles* **(1888)**
Museu Van Gogh, Amsterdã

"A primeira impressão de A. foi de fato uma sensação de calma, de 'repouso', como descreve o artista", diz Auster.

> Mas aos poucos, ao tentar habitar o quarto mostrado na tela, ele começou a senti-lo como uma prisão, um espaço impossível, uma imagem não tanto de um lugar para se morar, mas da mente que foi obrigada a viver ali. [...] O homem nesse quadro [...] ficou sozinho demais, debateu-se demais nas profundezas da solidão.

Paul Auster, filho de judeus europeus emigrados para os Estados Unidos, também não deixou de visitar a Casa de Anne Frank. E ele igualmente se viu tomado de emoção no quarto da jovem.

> Ele subiu a escada íngreme e estreita dentro da casa e chegou ao anexo secreto. Quando entrou no quarto de Anne Frank, o quarto onde o diário foi escrito, hoje vazio, com as fotografias desbotadas de estrelas de Hollywood que ela colecionava ainda coladas nas paredes, ele subitamente se viu chorando.

E – mais uma coincidência – Auster também se perdeu em Amsterdã.

> Vagou. Caminhou em círculos. Permitiu-se ficar perdido. [...] E, se Amsterdã era o inferno, e se o inferno era a memória, então ele percebeu que talvez houvesse alguma razão para estar perdido. Isolado de tudo o que lhe era familiar, incapaz de descobrir um único ponto de referência, viu que seus passos, em vez de levá-lo a lugar nenhum, apenas o levavam para algum lugar dentro de si mesmo. Estava vagando em seu próprio interior, e estava perdido.

Havia ainda uma outra surpresa para mim no livro de Paul Auster.

Ele conta que da janela do anexo secreto que dá para o pátio interno é possível ver, no lado oposto do pátio, a janela de trás da casa onde, no século XVII, morou René Descartes.

Segundo Auster, no quarto daquela casa, Descartes escreveu para um amigo na França: "Existe algum país em que se possa desfrutar a liberdade de maneira tão enorme quanto aqui?".

Em *Discurso do método,* num trecho um pouco anterior ao famoso "penso, logo existo", Descartes discorre sobre seu exílio voluntário na Holanda, onde viveu por vinte anos e produziu a maior parte de sua obra:

> Há exatos oito anos [...] [resolvi] mudar-me de qualquer lugar onde tivesse conhecidos e me retirar para este país [...]. Vivendo aqui, em meio a essa grande massa de pessoas atarefadas, mais preocupadas com seus afazeres que curiosas a respeito dos outros, fui capaz de ter uma vida tão solitária e recolhida quanto se estivesse no mais remoto deserto, enquanto não me faltaram os confortos encontráveis nas mais populosas cidades.

A Holanda de então vivia sua época de ouro: por algumas décadas do século XVII foi o país mais tolerante e progressista da Europa. Ciência, filosofia, artes e comércio prosperavam; o território foi o berço do Iluminismo. Judeus desfrutavam ali de uma liberdade incomparável. Muitos deles eram imigrantes que haviam fugido da perseguição em suas nações de origem. Spinoza (que começou a estudar filosofia lendo Descartes) é um exemplo: nascido na Holanda, era filho de um casal de judeus que fugiu da Inquisição portuguesa.

Na Holanda protestante, Descartes estava a salvo do Santo Ofício. Mesmo assim, ao saber que Galileu fora condenado, na Itália, por afirmar que a Terra se move, deixou de publicar seu *Tratado do mundo,* com receio de desagradar a Igreja. Ironicamente, alguns anos depois de sua morte, toda sua obra foi incluída no *Index*.

Descartes deixou escrito seu próprio epitáfio: "Aquele que se escondeu bem, viveu bem".

....
    Poucos metros separam o "esconderijo" voluntário de Descartes, lugar que para ele representava a liberdade, do esconderijo forçado de Anne – uma prisão. As janelas de um e de outro, que se encaram há quatro séculos, parecem guardar histórias diferentes. Mas quem lê o *Diário de Anne Frank,* encontra nele o triunfo da liberdade. Se Descartes encontrou a liberdade naquele lugar, Anne a encontrou dentro de si.

Kafka,
o prisioneiro

1

Se eu pudesse ir a Praga, não deixaria de fazer uma visita ao cemitério judaico para depositar uma bela rosa encarnada (e um seixo, como manda a tradição judaica) no túmulo de Franz Kafka.

À semelhança dos cabalistas que passam a vida debruçados sobre a Torá em busca de revelação, passo meus dias de cárcere lendo e relendo Kafka em busca de lucidez. O poço é fundo; quanto mais se desce, mais denso o mistério, e mais próximo o céu.

A obra polissêmica de Kafka é terreno fértil para interpretações de toda ordem. Enfoques hermenêuticos os mais variados – semântico, psicanalítico, teológico, metafísico, marxista, existencialista –, alguns complementares entre si, outros divergentes, geraram uma fortuna crítica imensa. Qualquer novo ensaio pareceria predestinado à redundância. Mas seria supérflua mais uma rosa no túmulo de Kafka?

Um pretexto possível para revisitar Kafka é o fato de uma grande obra literária ser única para cada leitor e, ainda, a cada releitura. Esse milagre da literatura na vida dos homens é ainda mais formidável quando lemos e relemos Kafka.

Penso também que em alguns leitores (entre os quais me incluo) a empatia chega a tal nível de reverberação e tensão, que necessita de uma catarse, a exemplo do próprio Kafka, o qual só podia viver vertendo seus dramas ao papel.

Um outro motivo, mais místico, talvez seja o mistério existente na obra de Kafka – mistério que, passado um século, ainda se furta à luz e que não nos cansamos de perscrutar. Podemos entrever suas pegadas, mas não discernimos o fim do caminho. Se cada leitor acredita ver coisas diferentes, é porque a verdade cifrada por Kafka não deve ser de todo acessível. Sua obra está sempre em aberto. "O destino, e provavelmente a grandeza desta obra, é oferecer tudo e não confirmar nada", escreveu Camus.

Meio século atrás, escrevi uma resenha sobre *A metamorfose* para a revista do Centro Acadêmico da faculdade. Eu estava fascinado com a descoberta de Kafka; fazia apenas três ou quatro anos que havia emigrado da União Soviética, onde suas obras eram proibidas.[10] Em meio às agruras da assimilação, as ressonâncias daquele judeu-tcheco – judeu "hifenado" como eu, judeu errante como todos os judeus – me fizeram sentir no meu elemento nas páginas de *A metamorfose*.[11] Kafka me compreendia. Eu me compreendia em Kafka.

Lembro que pouco depois publiquei um pequeno artigo sobre o existencialismo. Se para Kafka a vida era uma prisão, Sartre sustentava que o homem estava condenado à liberdade. Hoje, tendo adquirido, graças ao cárcere, uma sensibilidade mais aguçada em relação a essa temática, pergunto-me se (e por que) àquela época ela já exercia sobre mim um certo fascínio.

---
10 Aquele meu primeiro livro de Kafka (edição de 1969 da Civilização Brasileira, que trazia também *O artista da fome* e *Na colônia penal*) acabaria por migrar da estante da minha casa até a biblioteca do presídio. Ele me foi enviado para cá alguns anos atrás, junto com vários outros livros que pedi. Depois de relê-lo, doei-o à biblioteca; agora o pedi emprestado para uma nova releitura, já com vistas a este ensaio. Nas páginas amarelecidas pelo tempo, reencontrei Gregor Samsa, que já não era o mesmo, e a mim mesmo, também um outro.
11 A expressão "judeu hifenado" foi cunhada pelo filósofo judeu-alemão Franz Rosenzweig (1886-1929) em referência à origem dúplice dos judeus da diáspora.

Capa do livro de Franz Kafka
Arquivo pessoal

2

Nós, os prisioneiros que lemos Kafka, podemos imaginá-lo, jovem, ilhado em sua própria casa, mergulhado na leitura dos clássicos. Talvez já então, com o vago sentimento de que este mundo era (ou seria para *ele*) uma prisão, Franz tivesse vislumbrado nos livros uma fuga possível, nas palavras a única liberdade a que teria direito. Mais tarde, confessaria: "Troquei a vida pelas palavras", frase lapidar que bem lhe poderia ter servido de epitáfio.[12]

---
12 Kafka é um estrangeiro em sua própria casa: "[...] em meio à minha família, [...] vivo mais alheio do que um estranho. No decorrer destes últimos anos, não troquei vinte palavras por dia com a minha mãe, não troquei senão cumprimentos com o meu pai. [...] Tudo quanto não seja literatura enjoa-me e torna-se detestável para mim porque me importuna ou entrava [...]" (*Diários*, 21/08/1913).

O pacto de Kafka é o de Fausto, mas também é o de Dom Quixote. Trocar a prisão da vida pela liberdade da palavra é aceitar a loucura, com todos os seus riscos.[13] Vender a alma para a literatura é embrenhar-se num labirinto infindo que só a sabedoria da insanidade pode degustar como libertação. Dom Quixote, gênio da imaginação que também enlouqueceu saturado de leitura, alcançou essa sabedoria. E Kafka?

Kafka mais parece um Dom Quixote infeliz. Gênio da palavra, viveu acorrentado até o fim, sem se dar conta de que esta o havia santificado. Só a morte o libertou, e ele a desejou para isso. Esse Prometeu judeu é mais trágico que o grego, pois morreu ignorando tanto a razão do seu castigo quanto o seu triunfo sobre ele.

Ambos, Dom Quixote e Kafka, distorcem a realidade, mas de forma diferente. Para Dom Quixote, cristão, a realidade tem a exuberância de uma representação barroca, e os inimigos imaginários são concretos como moinhos de vento. Já Kafka, implacavelmente judeu, vê a realidade decomposta por um prisma místico; só uma aguçada exegese talmúdica poderia tentar penetrá-la. Se o cavaleiro da triste figura via (o que achava que via) em pleno sol, o bruxo de Praga enxerga, na escuridão, o que ninguém vê.

O personagem de Cervantes desprendeu-se do seu criador e ganhou a eternidade. Tem vida própria, tanto que já mal lembramos o nome de seu pai, nem o procuramos nos traços do filho ilustre. Já os heróis de Kafka são todos, cada um a seu modo, um e o mesmo: o próprio Kafka. Não sabemos o que de Cervantes há em Dom Quixote, nem nos preocupamos com isso, mas não podemos deixar de adivinhar o próprio Kafka em cada

---

13 Kafka se sente aprisionado pela obrigação de trabalho. Formado em Direito, ele é funcionário de uma companhia de seguros. A burocracia o oprime como a seus personagens. "O meu emprego é-me insuportável pelo fato de contrariar o meu único desejo e a minha única vocação que é a literatura. Como eu sou somente literatura, e como não desejo nem posso ser coisa diversa, o meu emprego jamais poderá atrair-me, apenas poderá ao invés disso destruir-me inteiramente" (*Diários*, 21/08/1913). O antagonismo entre o emprego, que representa a alienação do mundo administrado, e a criação literária, que transforma essa alienação em arte, é torturante para Kafka, que não encontra um ponto de equilíbrio, de conciliação: "[...] para mim trata-se de uma dupla existência efetivamente terrível que não tem na verdade outra saída senão a loucura" (*Diários*, 19/02/1911).

herói criado por ele. Até o nome K. de dois de seus personagens mais notáveis concorre para nos induzir a isso. Não por acaso quis Kafka parafrasear Flaubert quando escreveu "eu sou minhas histórias". Há uma dose de exibicionismo em todo sofrimento.

3

Em *Carta ao pai*, o exibicionismo é assumido em primeira pessoa. Não é um personagem que nos fala desta vez, mas é como se fosse. Kafka, que se desnuda na carta, é personagem de si mesmo.

Sempre é possível reconhecê-lo em seus heróis, e é lendo *Carta ao pai* que compreendemos melhor a lógica desta criação, a ontogenia do personagem kafkiano. Está lá a semente que germinou em frondosa árvore: identificamos o pai como figura central na arte do filho, seja em forma de personagens-pais, seja em forma abstrata de diversas instâncias do poder.

Carta ao pai é uma autobiografia sentimental, uma dolorosa vivissecção da relação entre pai e filho. Foi escrita como uma peça de autodefesa de um homem que tenta explicar seus fracassos e, quem sabe, melhorar o convívio com o pai. Está cheia de "manhas advocatícias", nas palavras do próprio Kafka (que era, afinal, formado em Direito). O pai é o juiz, mas nesse embate insólito o acusado espera que o juiz assuma boa parcela da culpa que julga caber ao réu. À distância, rimos da ingenuidade de Kafka.

Mas podemos entendê-lo. A nossa compaixão é pelo réu-menino. Se ele escreve, é porque não consegue falar, jamais conseguiu. "Meus escritos tratavam de você, neles eu expunha as queixas que não podia fazer no seu peito", diz Kafka. Ele é, ainda e sempre, um menino inseguro e envergonhado que emudece na frente do pai. Quando tenta falar, gagueja. E como falar se o pai não ouve? "Da sua poltrona você regia o mundo. Sua opinião era certa, todas as outras disparatadas, extravagantes, *meshugge* [malucas, em iídiche], anormais".

A impossibilidade de comunicação e de empatia marca toda a obra de Kafka. Josef K., de *O processo*, e K., de *O castelo*, desperdiçam pateticamente seu tempo e seus esforços na esperança de serem ouvidos, compreendidos e aceitos – tudo em vão. O exemplo extremo é Gregor Samsa: metamorfoseado em inseto e privado da linguagem humana, não consegue se fazer entender pelos sons desesperados que emite. Ninguém consegue se explicar no mundo de Kafka, ninguém entende ninguém. Nesse mundo de incomunicabilidade também não há compaixão nem amizade verdadeira. Mesmo quando alguém se dispõe a ajudar, a oferta é falaz ou inútil. O mundo de Kafka é de solidão absoluta.

A nêmesis do Kafka emudecido será a escrita. Ele só alcança eloquência escrevendo, a literatura é seu escudo e sua espada. Ainda assim, o autor é inerme diante do pai. O comerciante Hermann Kafka nunca se interessou pelos escritos do filho; ele o menosprezava, assim como as suas veleidades literárias. Não nos deve admirar que o pai Samsa – *alter ego* de Hermann – quase não tenha demonstrado surpresa ao ver o filho transformado em inseto: é como se já o considerasse repulsivo e imprestável antes disso.

Ungeziefer (inseto daninho) é o epíteto pejorativo com que o pai de Kafka taxou o amigo do filho que frequentava sua casa. Kafka, ofendido, veste a carapuça. *A metamorfose* nasce na ferida que não cicatrizou. "Quando certa manhã Gregor Samsa acordou de sonhos intranquilos, encontrou-se metamorfoseado num inseto (*ungeziefer*) monstruoso".

Kafka não tem forças para superar tanto repúdio. Primogênito e único homem entre quatro filhos (dois irmãos morreram antes dele, ainda bebês), Kafka sofre por ser permanente fonte de frustração para o pai. Ele nunca se sentirá à altura das expectativas paternas, nem a salvo de seu peso esmagador. Podemos entrever, em *Carta ao pai*, o nascedouro dos sentimentos incapacitantes de fracasso, culpa e rejeição que marcaram tão a fundo sua vida e sua arte.

À semelhança de Hamlet, assombrado pelo espectro do pai que o instiga a vingar seu assassinato, Kafka vive entrevado pelo olhar paterno sempre à espera de que ele seja o que não é. Ambos os pais exigem demais de seus filhos; a diferença é que o rei Hamlet confia no filho, já Hermann não espera nada de Franz. Se o pai morto se intromete como fantasma na vida de Hamlet, Hermann se torna para o filho um fantasma em vida; sua efígie acusadora é internalizada no inconsciente de Franz desde cedo e para sempre. Hamlet, angustiado até o âmago, acaba por vingar a morte do pai, ainda que às custas da própria vida. Kafka, que jamais foi o que deveria ser, morre em falta com o pai, sem saber que com a sua obra havia se vingado dele.

De todo modo, o filho está sempre condenado. O adolescente Karl Rossmann, do conto *O foguista* (que também é o capítulo inicial do romance *O desaparecido)*, é despachado para os Estados Unidos por ter engravidado a criada. Mas o exílio, em Kafka, é a menor das punições – daí em diante elas recrudescem. No filho-inseto de *A metamorfose* o pai raivoso atira uma maçã que, cravada em sua carne, acabará por levá-lo à morte. O destino fatal é mais peremptório em *O veredicto*: o pai de Georg Bendemann o sentencia à morte por afogamento. As três novelas são de 1912.

Em 1914 Kafka escreve a maior parte de *O processo*, cujo herói termina sua saga executado por dois funcionários da Justiça, e no conto *Na colônia penal*, os condenados são punidos com uma morte lenta numa bizarra máquina de tortura. Nessas obras mais tardias o pai-juiz doméstico foi impessoalizado e institucionalizado, e agora domina, como Leviatã, o próprio Estado. A origem da alegoria kafkiana está na sensibilidade ferida e no pensamento mágico do Kafka-menino. Na imaginação de Franz, o pai é tão gigantesco, que ocupa todas as esferas da existência. O pai que julga e condena o filho dentro de casa é também o tribunal que confirma o veredicto e o carrasco que se incumbe da punição. Como bem observou Walter Benjamin, "o mundo dos funcionários e o mundo dos pais são idênticos em Kafka".

A presença do pai é tão avassaladora e sua censura tão destrutiva para Kafka, que nem na maturidade sua autoestima consegue se libertar dela. A lembrança que o escritor guarda do menino raquítico humilhado pelo corpanzil paterno não esmaece na perspectiva do tempo, o pai é sempre o gigante que o apequena.[14] "Eu, magro, fraco, franzino, você forte, grande, largo. [...] Já estava esmagado pela simples materialidade

---

14 Kafka será sempre um menino. Segundo Max Brod, ele conservou a fisionomia de adolescente por toda a vida. Numa ocasião, teria dito ao amigo: "Nunca atingirei a maturidade, tornar-me-ei logo de uma criança num ancião de cabelos brancos" (*Franz Kafka*).

do seu corpo", lembra Kafka. A imago opressiva do pai que se formou desde cedo na mente do filho seria para sempre um estorvo para o seu crescimento. Mas seria um reducionismo ingênuo culpar somente o pai pelos efeitos que a sua personalidade e modo de ser produziram na psique de Kafka. Ainda que com alguma reticência, o escritor tenta, de fato, relativizar a culpa do pai.

Franz Kafka em 1923, um ano antes de sua morte

Podemos entender por que Kafka nunca decidiu entregar a carta ao destinatário.

Nada em Kafka é o que parece ser. Qualquer coisa pode ser muitas coisas. *Carta ao pai* acaba por não ser uma carta ao pai. Desafogo estéril, arroubo de autopiedade, catarse confessional, arenga edipiana, monólogo hamletiano – ela foi tudo menos uma carta ao pai. Escrever uma carta a Hermann Kafka seria como escrever a Deus: ela jamais chegaria ao destino. Seu destino tinha de ser praça pública. (Não por acaso, Max Brod, amigo e testamenteiro de Kafka, a inseriu no *corpus* de sua obra ficcional, não epistolar.)

No jogo de espelhos que é a vida de Kafka na obra de Kafka, surpreendemos Josef K., o infeliz herói de *O processo*, a planejar longamente um escrito que seria sua autodefesa perante o tribunal. O plano nunca é levado a cabo. A defesa é impossível, mesmo para um inocente.

4

O herói de *Um artista da fome*, que passa a vida numa jaula exibindo ao público sua arte de jejuar, é Kafka, que se assume prisioneiro e do seu cárcere declama para nós sua elegia da solidão.

Instantes antes de morrer, o artista da fome tenta explicar ao guarda, com a voz quase extinta, que passa fome porque não pode viver de outro modo. "E por que não?", pergunta o guarda. "Porque não consegui encontrar a comida que me agrada" são as últimas palavras do moribundo.

Gregor Samsa, o monstruoso inseto aprisionado em seu quarto, é outro personagem que recusa o mundo. Ao assumir sua condição não humana, ele denuncia – e renega – o mundo que desumaniza o homem. A metamorfose de Samsa e o jejum do artista da fome são ao mesmo tempo lamento e revide, recusa e protesto, martírio e suicídio.

Kafka e seus personagens são estranhos neste mundo, não conseguem encontrar um lugar que sintam como seu, nem alimento que os sustente. Como o judeu errante condenado a ser um eterno exilado na terra que não é a dele, ou como K., o estrangeiro malquisto na aldeia do castelo, e como tantos outros personagens, desterrados não se sabe de onde (pois nem memória eles têm), Kafka é o judeu-estrangeiro que nunca está em sua pátria (que ele nem sabe qual é).[15] O prodígio desse judeu

---

15 Kafka não pertence nem à família, nem à comunidade judaica, nem à mulher que ama, nem tampouco a si próprio. Seu senso de estranhamento é total. "Que possuo de comum com os judeus? Apenas dificilmente possuo qualquer coisa de comum comigo mesmo [...]" (*Diários*, 08/01/1914). Kafka é um exemplo de "judeu não judaico", expressão com que Isaac Deutscher designava judeus não praticantes e meio assimilados da Europa Central.

sem pátria foi ter criado uma obra de alcance universal. Se Kafka real era apátrida, Kafka imortal é cosmopolita.

No conto *O grande nadador*, o recordista mundial, ao retornar das Olimpíadas, é homenageado em sua cidade natal (que ele diz não lembrar mais onde fica). O seu discurso é desconcertante. Para começar, confessa que não sabe nadar. Em seguida, diz que não compreende uma só palavra do que é dito ao seu redor e que, apesar de aparentemente ter voltado ao seu país, não está em sua pátria.

> A coisa mais óbvia seria acreditar em um engano, mas não há engano, eu bati o recorde, voltei a meu país, meu nome é aquele que os senhores chamam, até este ponto está tudo certo, mas daí em diante nada mais está certo, eu não estou em meu país, não conheço e não compreendo os senhores.

Sabemos que Kafka foi um ótimo nadador, mas para ele era muito difícil ter uma opinião favorável a respeito de si mesmo. Segundo Max Brod, "Kafka via as suas faltas como que ao microscópio". Ele dizia sentir-se frequentemente dominado por um "sentimento de nulidade", por uma "imperfeição berrante", "tinha propensão, mais por intuição do que por raciocínio, para me desprezar a mim mesmo". É dele próprio esta estranha explicação:

> Sei nadar como os outros, só que tenho uma memória melhor do que os outros, e não esqueci o não-saber-nadar de outrora. Mas como não o esqueci, o saber-nadar em nada me ajuda, e eu, ao fim e ao cabo, não sei nadar.

Esse senso de inépcia também impediu Kafka de se casar. Ele almejava formar uma família, ter filhos, mas acabou desfazendo quatro noivados no decorrer de uma década e morreu solteiro. O exemplo de vida familiar que Kafka vivenciou na própria casa não representava, em absoluto, um estímulo para casamento. Além do mais, ele temia que o matrimônio viesse a ser um estorvo para sua dedicação à literatura. "Impossibilidade de aturar a vida em comum com quem quer que seja. Não lastimo isso; lastimo a impossibilidade de não estar sozinho." Mas talvez o motivo principal tenha sido, de novo, o pai. Constituindo uma família, Kafka estaria se equiparando a ele, e esse passo lhe parecia grande demais.

Os personagens masculinos de Kafka são, na maioria, solteirões como ele. Não encontramos intimidade genuína em suas histórias. Não há ternura, não há amor verdadeiro. O sexo é grotesco, ou violento. Kafka via "o coito como um castigo da ventura de viver em comunhão". "Viver no mais alto ascetismo possível mais asceticamente do que um solteirão, é para mim a única possibilidade de poder aguentar o matrimônio." Kafka taxava sua sexualidade de "doentia". Ele atraía mulheres, e parece ter tido inúmeros relacionamentos carnais, inclusive com prostitutas. É possível que tenha gerado um filho, um menino que teria morrido aos 6 anos e de cuja existência o escritor nunca veio a saber.

Parece que no universo kafkiano tudo começa e termina sob o signo da impossibilidade.[16] A vida é frustração, fiasco, um eterno vir a ser que não chega a nada. E essa sina nefasta parece ser inata, incondicional, como se fosse maldição ou profecia. A convicção de fracasso é inelutável; o derrotismo sempre prevalece sobre qualquer realização efetiva, qualquer evidência em contrário. Ser bem-sucedido, em Kafka, é ser um farsante prestes a ser desmascarado. Não há escapatória para o ser humano. A vida não tem solução, é um labirinto sem saída.

Não há esperança nem final feliz nas histórias de Kafka. Seus heróis vivem um eterno e tedioso presente, exaurido na expectativa que se perpetua em constante procrastinação e jamais se realiza. Kafka não lhes concede nenhuma nostalgia do passado, nenhum conforto da fé, nenhum lampejo de otimismo. É tudo uma longa espera, opaca, estéril e sem esperança. "Há esperança, mas não para nós", disse Kafka.

Josef K. passa o último ano de sua vida tentando provar sua inocência, sem sequer vir a saber do que é acusado. O agrimensor K. não faz

---

16 De novo, a inspiração de Kafka é ele próprio. "O futuro afigurava-se-me quase sempre de tal modo irrealizável", escreve Kafka no *Diário*, "que o menor passo dado em frente me parecia assentar em falso". Max Brod relata a observação irônica de Kafka com referência à bengala de Balzac, que tinha a inscrição "Venço todos os obstáculos": "A minha divisa seria, antes: 'Todos os obstáculos me vencem'".

outra coisa senão tentar por todos os meios ser admitido no misterioso castelo, cuja burocracia não admite que o contratou. Que outra obra de literatura, além de *O processo* e *O castelo,* consegue nos arrastar para uma atmosfera tão opressiva e angustiante de espera e de adiamento?

Essa vida suspensa que perde seu sentido na espera vimos em Tchékhov, com o tédio e a melancolia tipicamente russos. Depois de Kafka, e muito provavelmente influenciados por ele, Buzzati volta ao tema em *Deserto dos tártaros*, plantando seu herói em um forte militar de fronteira, onde passará a vida esperando por uma invasão que nunca acontece, e Beckett, em *Esperando Godot*, põe no palco dois vagabundos que esperam infinitamente a visita de um personagem misterioso que nunca aparece e que não sabemos quem é (ou sequer se existe). Mas em nenhum outro autor a espera é tão tensa e tão desprovida de esperança como em Kafka.

5

A passividade é um dos traços mais perturbadores do herói kafkiano.

Georg Bendemann, de *O veredicto*, se submete de imediato à sentença de morte proferida pelo pai, atirando-se ao rio: nenhuma palavra de autodefesa, de contestação, de súplica. (Quem se revolta é Kafka, ao retratar o pai-juiz como um velho ridículo e insano.) Em *Na colônia penal*, o condenado é descrito como homem de "sujeição canina"; apesar de estar todo acorrentado, se fosse solto viria ao primeiro assobio. (Também neste conto a vingança é do autor: quem acaba sendo executado no lugar do pobre condenado é o seu carrasco, o oficial, e a máquina assassina se autodestrói.)

O leitor inconformado não entende por que os mártires de Kafka são tão submissos diante de tanta opressão, humilhação e injustiça. Ainda que demonstrem, aqui e ali, alguma irritação e impaciência para com a burocracia em que se veem enredados, eles não se insurgem contra o *establishment* que os escraviza, não protestam contra as regras do jogo, pelo contrário, são seus partícipes alienados e obedientes (Gregor Samsa e o artista da fome são *quase* exceções: a metamorfose de um e o jejum do outro são formas de protesto, mas é um protesto suicida).

A pusilanimidade dos protagonistas kafkianos já foi comparada à de milhões de judeus europeus ao serem marcados com a estrela amarela, confinados em guetos, deportados para os campos de extermínio durante a Segunda Guerra. Seria esta mais uma premonição profética de Kafka?

Em defesa dos judeus acossados pelos nazistas, há de se reconhecer que qualquer reação significaria suicídio (e mesmo assim essas reações, ainda que isoladas, ocorreram, como o levante heroico no gueto de Varsóvia e as revoltas nos campos de Treblinka, de Sobibor e de Auschwitz).

Mas há um outro aspecto que não se deve perder de vista. Os judeus que viveram dois mil anos na diáspora, ilhados em pequenas comunidades, guetos e *shtetlech* dispersos pelo mundo, tiveram de desenvolver recursos de sobrevivência muito diferentes daqueles que conheceram nos tempos bíblicos, quando formavam uma nação aguerrida que defendia e expandia seu território (condição rediviva no moderno Estado de Israel).

O milagre da sobrevivência dos judeus como um povo – único exemplo de uma nação que, dispersa pelo mundo por dois mil anos, conseguiu conservar sua identidade, língua e religião – se deve a seu apego obstinado ao texto sagrado (é "o povo do livro"), mas também ao preconceito e à perseguição que se opunham à sua assimilação no seio das nações gentias. Num círculo vicioso, a rejeição levava ao isolamento, e o isolamento acirrava a rejeição. A esperança de Paulo de que no futuro não houvesse mais judeus nem gentios jamais se realizou. Para os cristãos, os judeus teriam para sempre o estigma do povo deicida. Essa é a origem do antissemitismo, que em épocas mais recentes agregou também o sentimento antissionista e anti-israelense.

Esse judeu rejeitado, "o estranho" que sonha ser aceito pelo mundo, vive nas páginas de Kafka. Ele é, por exemplo, Graco, alegoria do judeu errante, ou ainda o grande nadador que "aparentemente" está em seu país, mas não o reconhece como sua pátria, e também K., que peleja para ser acolhido, mas é sempre lembrado de ser um estrangeiro na aldeia do castelo.

Uma piada que circulava nos *shtetlech* da Europa Central ilustra esse senso apátrida entre os judeus. Moishe encontra seu amigo Jacó. "Estou de partida para a América", diz Jacó; "logo estarei bem longe". Moishe provoca: "Longe do quê?".

Judeus, sempre "diferentes", suspeitos, serviam muitas vezes de bodes expiatórios. Na Idade Média, eram acusados de toda sorte de traições e perversidades, como sacrificar crianças cristãs em rituais religiosos, causar incêndios e envenenar rios e poços, trazendo a peste. Em época mais recente tornaram-se históricos os casos de Dreyfus, na França, e de Beilis, na Rússia tsarista.[17] O culpado inocente é personagem emblemático na obra de Kafka.

Os judeus sobreviviam graças à fé, à teimosia e à esperteza. De nada lhes serviria a beligerância; era preciso adquirir habilidades de adaptação como humildade, versatilidade, astúcia, dissimulação, diplomacia. Muitos dos que tiveram de se converter para salvar sua pele mantinham a prática do judaísmo em segredo – davam a Deus o que era de Deus e a César o que era de César. O tino comercial e o apego ao dinheiro, traços marcantes dos judeus que o antissemitismo caricaturou em estereótipos pejorativos, eram, em essência, estratégias de sobrevivência para uma população sem terra firme sob os pés.

Os judeus indefesos que fugiam dos pogroms ou se comprimiam em vagões de carga rumo a Auschwitz não tinham escolha, por isso lembram tanto os personagens desamparados de Kafka, cujo trágico e inescapável destino parece traçado de antemão. Esse escritor, que soube captar a essência do judaísmo europeu, prefigurou a desoladora impotência de sua sabedoria milenar diante da sanha nazista. Não há como ignorar as profecias de Kafka.

Como assistir à máquina mortífera em ação em *Na colônia penal* sem associá-la às câmaras de gás, ou o rastelo que grava a sentença nas costas do condenado ao tatuador que marcava um número no antebraço

---

17 O capitão do exército francês Alfred Dreyfus foi injustamente acusado, em 1897, de espionagem em favor da Alemanha. Menahem Mendel Beilis, judeu ucraniano, foi preso em 1911 por ter supostamente assassinado um menino cristão. Após vários anos de prisão e de pressões internas e internacionais, ambos foram inocentados.

dos judeus? O condenado não podia compreender a inominável sentença. "Seria inútil anunciá-la", diz o oficial. "Ele vai experimentá-la na própria carne".

A execução de Josef K. é uma antevisão da execução de milhões de judeus e ciganos, culpados da própria existência. Ele morre "como um cão" e "é como se a vergonha devesse sobreviver a ele". A advertência de Kafka é que esse seria o destino de muitos. Ele pressentiu o Holocausto e a vergonha que há de lhe sobreviver para sempre.

6

Não é de se esperar encontrar humor em páginas tão sombrias. No entanto, apesar dos pesares, o senso de humor jamais abandona Kafka. Os prisioneiros sabem que não se sobrevive sem humor; judeus sempre o souberam. Kafka é herdeiro da longa tradição que criou um humor todo singular – o famoso *humor judaico* –, sutil, irônico, inteligente, temperado de sabedoria talmúdica. Para o judeu, rir da própria desgraça é uma catarse consoladora.

Kafka ri de seus personagens. (Sabemos que, de fato, ele ria às gargalhadas ao ler certos trechos para seus amigos.) E como não rir com ele? Como não achar cômico Gregor Samsa preocupado em não se atrasar para o serviço enquanto avalia seu novo corpo de barata? Ou Josef K. visitando a pocilga do pintor Titorelli, na qual os juízes a serem retratados entram por uma portinhola oculta atrás da cama? Ou os dois ajudantes-palhaços do agrimensor K., ao fazerem mais uma de suas travessuras?

Acompanhamos as desventuras dos heróis de Kafka como crianças que alternam lágrimas e riso ao assistir a uma tragicomédia de fantoches. A tragédia kafkiana sempre tem um quê de pastelão. Seus personagens são patéticos, mas não deixam de ser engraçados, um pouco como Carlitos, o desastrado e ingênuo vagabundo de Chaplin.

Se rimos com alegria com Dom Quixote, que é hilariante em sua sábia loucura, rimos com azedume com os atores de Kafka, que são cômicos em sua desventura trágica. Kafka tem senso de humor, seus heróis não.

Eles são obstinados, e nisso reside sua força, se há alguma. A teimosia, tão característica dos heróis de Kafka (e do judeu exilado), é o contrapeso possível a sua impotência e servilidade. De fracasso em fracasso, eles perseveram em sua jornada, ainda que esta se feche em círculo. O herói kafkiano, mesmo quando a morte o aguarda ao fim do caminho, jamais joga a toalha. O artista da fome teima em jejuar até a morte; Josef K. não desiste de tentar provar sua inocência até o último suspiro; K. se consome em sua obsessão por ser admitido no castelo; Graco não descansa em sua busca do além... Essa obstinação é a única forma de protesto que eles conseguem oferecer em réplica ao mundo que os aniquila. E é nesse protesto que está a sua dignidade, o seu único orgulho.

Somos tentados a supor que por trás dessa espantosa perseverança há uma fé religiosa igualmente inquebrantável. Mas Kafka não fala em Deus. Ou fala?

7

Kafka é todo mistério.

Não é possível ler Kafka ignorando o que não é dito. O silêncio dele é mais eloquente que o seu discurso.

O silêncio teológico de Kafka é a pergunta que ele faz a cada um de nós. De pouco adianta conhecer sua crença pessoal (a respeito da qual, aliás, ele também não nos deixou nenhuma certeza): o prodígio de uma grande obra é transcender seu autor, além de ser única para cada leitor.

Não encontramos alusões diretas a Deus na obra de Kafka, e talvez por isso mesmo ela pareça tanto uma parábola teológica. Borges dizia que o Corão era um livro tão genuinamente árabe porque não fazia nenhuma menção a camelos. Pode-se dizer o mesmo da obra de Kafka, profundamente judaica e teológica sem jamais se referir a judeus ou a Deus de maneira direta.

Paradoxo semelhante é o da inevitabilidade do sentimento religioso em qualquer judeu, mesmo no ateu e no agnóstico. Se esse sentimento não se eleva a Deus, é invocado em louvor da história e tradição do povo de Abraão, pela qual todo judeu sente uma reverência mística. Nenhum judeu escapa à tão poderosa herança da lei, da aliança com Deus, de séculos de perseguição e isolamento, em que a coesão e a sobrevivência não poderiam prescindir de uma identidade religiosa unificadora. O judeu descrente entra na sinagoga, põe o kipá obrigatório e reza o *kadish*, sem ver nisso nenhum contrassenso.

Mas para Kafka, quem sabe, a contradição de ser um judeu sem Deus tenha sido um dilema sem solução. Para Günther Anders, Kafka foi "um ateu que fez do seu ateísmo uma teologia". Se era mesmo um "ateu envergonhado", na expressão de Anders, ou, mais provavelmente, um agnóstico, Kafka, de todo modo, fez – como pretendia – da sua escrita uma forma de oração. A literatura foi a sua religião, o seu diálogo (ou a sua contenda) com Deus, talvez a sua busca por um deus. À semelhança de Jacó, Kafka sai desse embate ferido, marcado e santificado.

A busca por Deus parece ser quase explícita em *Graco, o caçador*. O herói desse conto morre numa queda acidental, mas seu bote da morte errou o caminho e passa a vagar por águas deste mundo em busca do além. "Estou sempre em movimento", diz Graco. "Mas quando tomo o grande impulso e já consigo ver o portão lá em cima, desperto em meu velho bote, enfiado em alguma erma água terrena".

Deus – ou o que quer que se entenda por "o portão lá em cima" – está inacessível ao homem. Para Josef K., essa entidade inalcançável é o tribunal superior, instância abstrata e distante aonde seu processo nunca há de chegar; para o agrimensor K. é o castelo, sobranceiro no alto da encosta. Há talvez nessas duas histórias um sentido complementar: a esperança mundana de Josef K. se esgota na impossibilidade da absolvição, para renascer em K. como ânsia do absoluto.

A quem Kafka culpa pela solidão do homem?

"Deus meu, Deus meu, por que me desamparaste?" é a pergunta de todos os heróis torturados de Kafka. O que em Jesus é lamento – que ecoa até Auschwitz –, em Kafka parece ser acusação, mas é provavelmente um sentimento misto. "Desde o livro bíblico de Jó", diz Max Brod, "nada foi tão furiosamente discutido com Deus como n'*O processo* e n'*O castelo* ou na *Colônia penal*, de Kafka".

Esse Pai ausente, Kafka o conhece na figura do próprio pai, que para ele é a teofania do Deus do Antigo Testamento. Hermann Kafka é imagem e semelhança do Todo-Poderoso. Sua exigência de perfeição condena Kafka e todos os homens ao fracasso e à culpa.

A vida é um eterno julgamento com o veredicto previsível. "Só a nossa concepção do tempo nos faz nomear o Juízo Final com essas palavras; na realidade ele é uma corte permanente", diz Kafka em um de seus aforismos.

A ferida em Kafka é perene. Como amar e temer o mesmo pai – o mesmo Deus? Kafka anseia se aproximar dele (Dele?), e ao mesmo tempo deseja fugir, livrar-se de sua (Sua?) influência. Toda possível teodiceia em Kafka é minada por essa ambivalência.

A quem Kafka culpa pelo absurdo da existência: a Deus ou à ausência de Deus?

Kafka provavelmente conhecia as ideias de Spinoza, que havia solapado a fábula de Deus antropomórfico, assim como o legado de Marx, Darwin e Nietzsche, que decretaram a morte de Deus. Além disso, era contemporâneo de Freud e Einstein, que simplesmente prescindiram da ideia de um criador. Esses gênios apostaram tudo no *Übermensch*, o "além-do-homem" que se supera constantemente e se orgulha do seu poder. Mas Kafka não é um deles. Ele tenta reencontrar esse Deus desacreditado e abscôndito, mas em vão. Deus pode estar morto, mas não há como saber. E o herói kafkiano, fraco e oprimido, é um "aquém-do-homem", o oposto do *Übermensch* nietzschiano.

O silêncio de Kafka sobre Deus é resposta ao silêncio do próprio Deus.

A ideia que afligia Dostoiévski ("se Deus não existe, tudo é permitido") não é estranha a Kafka, mas, ao contrário do mestre russo, ele não a compartilha com o leitor, que tem que intui-la no subtexto. Kafka, de fato, parece inverter a pergunta-afirmação de Dostoiévski e torná-la mais complexa. Ele não está focado nas escolhas morais do homem, mas no que o poder faz com o homem, ou, em outras palavras, o que o Estado faz o homem fazer com o homem. Se a injustiça e o absurdo são permitidos, é porque Deus não existe. Ou, se Deus existe, Ele condenou a humanidade ao flagelo eterno, ou a abandonou à própria sorte; portanto, a bondade de Deus só pode ser um sofisma. Mas esse enigma é insondável; a Kafka interessa mais o sentimento do homem em face desse mistério, o mistério de Deus que é ausência e presença, silêncio e condenação.

Kafka raramente nos leva para dentro de uma igreja, mas eis que no penúltimo capítulo de *O processo* acompanhamos Josef K. em sua visita à catedral. A casa de Deus é sombria, imponente, opressiva. Parecia a K. "que o tamanho da catedral se situava exatamente no limite do que ainda era humanamente suportável".

Surge um sacerdote. Inexplicavelmente, ele sabe o nome de K. e conhece seu processo. Admite que é capelão do presídio e que "pertence" ao tribunal. O capelão conta a K. a parábola *Diante da lei*, sobre um homem do campo que passa anos, até morrer, à entrada da porta da lei esperando a permissão de transpô-la. O cerne da história é, de novo, a expectativa frustrada do homem de conseguir acesso a algo essencial, mas incognoscível. Está aí, outra vez, o malogro do adiamento e da eterna espera.

A parábola evoca a condição do próprio Josef K. em sua busca infrutífera de justiça. O toque perverso é ela lhe ser contada por um padre tão promiscuamente envolvido com o sistema penal, que até parece ser seu porta-voz. Mas o enfoque não é a relação espúria entre a Igreja e o Estado. A catedral é casa do Senhor, e o sacerdote é o mandatário. A conversa na catedral é sobre crime e castigo; e, se Deus é o juiz, sua justiça é iníqua.

O padre adverte K. de que seu caso deve terminar mal, o tribunal já considera provada sua culpa. K. não cometeu crime algum, mas a condição de culpado parece transcender a isso. A réplica de K. é tão radical quanto o seu status incondicional de culpado. "É um equívoco", diz. "Como é que um ser humano pode ser culpado? Aqui somos todos seres humanos, tanto uns como outros."

Ora, se nenhum ser humano pode ser culpado, sobre quem há de recair a culpa pela sua condição de pecador? Kafka olha inconformado para a porta da lei.

8

Algum erro inexplicável sempre marca o destino do herói kafkiano. Isso me lembra a frase trágica de W. G. Sebald: "Cometi um erro e agora vivo uma vida que não é a minha" (*Austerlitz*). A diferença é que, em Kafka, a vítima que paga pelo erro não é responsável por ele.

Um erro bizarro da natureza faz o burocrata Gregor Samsa acordar como inseto. Um erro do barqueiro, algum Caronte desorientado, impede que o caçador Graco, depois de morto, encontre o caminho do além. Josef K. é vítima de um erro judiciário que o leva ao calvário de uma defesa impossível, e K. é submetido a uma espera sem fim em consequência de um erro da burocracia do castelo.

Os erros nas narrativas de Kafka são de natureza obscura; dificilmente se sabe a quem atribuí-los, mas quem paga o pato é sempre o pobre herói kafkiano. Mesmo sem ter culpa alguma, é ele quem sofre todas as consequências. Quem realmente tem culpa não aparece, é incógnito, inalcançável, abstrato demais. O erro e a culpa, em Kafka, têm dimensão mística. Haveria uma falha ancestral que selou para sempre o destino de todos os homens?

9

A culpa imerecida é o *leitmotiv* da ficção de Kafka. Seus heróis são culpados inocentes. Não como Édipo, que cometeu crimes sem saber que eram crimes, mas como seres humanos que não cometeram crime algum. Devido a um absurdo (que é o grande mistério em Kafka), a condição de inocentes não os isenta de culpa.

Em sua conversa com o pintor Titorelli, Josef K. se diz "completamente inocente". Mas isso não o anima muito. "Minha inocência não simplifica o caso", lamenta ele. "Depende de muitas coisas sutis, nas quais o tribunal se perde. Mas no fim emerge, de alguma parte onde originalmente não existia nada, uma grande culpa." A grande culpa, em Kafka, emerge como atributo inerente à própria existência. O homem é culpado não até a prova em contrário, mas apesar de toda e qualquer prova em contrário. Como assegura o oficial da colônia penal, "a culpa é sempre indubitável".

Desde Jó, o homem se revolta contra o destino injusto. Jó chega a amaldiçoar o próprio nascimento: "Por que se concede luz ao homem, cujo caminho é oculto, e a quem Deus cercou de todos os lados?". O lamento de Jó prenuncia a sentença de Calderón de la Barca: "A maior ofensa do homem foi ter nascido".

Os heróis mais trágicos de Kafka – Gregor Samsa, Georg Bendemann, Josef K. – morrem sem entender do que são culpados e por que são punidos. É como se a vida fosse um castigo. Que culpa é essa, primordial e desconhecida, que trazemos ao mundo? "O estado em que nos encontramos é pecaminoso independentemente de culpa". Às vezes, como nesse aforismo, Kafka parece se render à fábula bíblica da queda do homem.

Josef K. e milhões de judeus exterminados tiveram seu infame decreto de morte selado por uma culpa inominável, a culpa por existir. Eles são acusados por um mundo absurdo, hostil e injusto, mas a pergunta inevitável é se essa acusação não encontra ressonância em algum sentimento de culpa que eles próprios talvez ocultassem em seu espírito. Seria a culpa ancestral pelo pecado de Adão e Eva, ou a culpa apontada pelos profetas bíblicos que vaticinaram castigos terríveis para seu povo por suas faltas de outrora?

10

"Ah", disse o rato, "o mundo torna-se a cada dia mais estreito. A princípio era tão vasto que me dava medo, eu continuava correndo e me sentia feliz com o fato de que finalmente via à distância, à direita e à esquerda, as paredes, mas essas longas paredes convergem tão depressa uma para a outra, que já estou no último quarto e lá no canto fica a ratoeira para qual eu corro" – "Você só precisa mudar de direção" disse o gato e devorou-o.

Nessa pequena fábula, Kafka parece nos dizer que a liberdade é uma ilusão. Qualquer que seja a nossa escolha, acabamos nos dando mal. A lucidez, somos levados a crer, consiste em entender que o mundo é uma prisão.

A ilusão inicial do rato lembra a do cão do conto *As investigações de um cão*. Esse cão-filósofo observa e interpreta o mundo à sua volta com a presunção de um cientista, mas a sua objetividade é risível, pois ele simplesmente não enxerga qualquer ser humano. Pelo visto, Kafka quer nos advertir de que a liberdade que pensamos desfrutar nesta vida é um engano: na verdade, não enxergamos as cordinhas que nos movimentam. Ou, se cremos em Deus, exageramos a extensão do livre-arbítrio que Ele nos deu. Assim como o cão não é de todo livre porque depende do homem, o homem não pode ser inteiramente livre sob o olhar vigilante de Deus.

Mais explícito e acusador é o macaco que fala aos homens em *Um relatório para uma academia*: "[...] é muito frequente que os homens se ludibriem entre si com a liberdade. E assim como a liberdade figura entre os sentimentos mais sublimes, também o ludíbrio correspondente figura entre os mais elevados".

No conto *Um artista da fome* encontramos uma parábola mais sutil sobre prisão e liberdade. Um homem se deixa trancar numa jaula e oferece seu jejum em espetáculo. Gregor Samsa lhe seria um vizinho de jaula se a sua metamorfose também fosse explorada pelo circo. Ambos recusam o que o mundo tem a lhes dar. Samsa se nega a continuar sendo o burocrata alienado e materializa a sua desumanização. O artista da fome só suporta viver através de sua arte, que é a ética da renúncia.

O gesto de recusa é a ascese que os liberta. Mas libertar-se das coisas do mundo significa libertar-se do mundo. A liberdade é suicida – só a morte liberta o homem.

O artista da fome é enterrado, e a jaula passa a ser habitada por uma jovem pantera, cheia de vida e apetite. O animal, que não tem consciência de sua prisão, é livre – livre em qualquer lugar.

Se é a consciência que aprisiona o homem, então o judeu, eleito para ser a consciência do mundo, é o maior dos prisioneiros. (Uma das acusações de Hitler era justamente a de que a consciência humana é "uma invenção dos judeus".) Kafka sabia disso. Todas as *dramatis personae* criadas por ele são judeus. Edgar Morin propõe que a eleição não seria "privilégio ontológico do povo judeu, mas missão para tornar-se 'nação de sacerdotes' que ilumine as nações". A julgar pela vida e obra de Kafka, não há contradição entre missão e prisão, entre consciência e tormento.

Essa consciência leva o herói de Kafka a se oferecer em sacrifício, como fazem Gregor Samsa e o artista da fome, como faz Jesus, o maior entre os judeus e os prisioneiros, como faz o próprio Kafka. E quem não o faz por não alcançar essa lucidez, por não ser capaz desse protesto, terá o mesmo destino: será oferecido em holocausto, como o foram Josef K. e os milhões de judeus da Shoah.

Como para o rato da parábola, que morreria ou na ratoeira ou nas garras do gato, não há escolha para o homem, que vive entre a cruz e a espada. Se o homem morre ao se submeter à punição por uma culpa injusta, como Josef K. e seus irmãos de Auschwitz, ele também morre quando se rebela contra essa culpa, como o homem-inseto e o herói anoréxico.

11

Toda a obra de Kafka é uma parábola da prisão humana, do exílio do homem em sua própria casa. A genialidade trágica de Kafka está indissoluvelmente ligada à sua condição de prisioneiro.[18]

A primeira experiência de prisão é o lar paterno. O pai é o tirano que tolhe sua liberdade de ser. Kafka se sente um escravo. Na imaginação

---

18 Kafka explicita essa condição em diversas passagens dos *Diários*. "Tudo é fantasia, a família, o escritório, os companheiros, a rua, tudo é fantasia; e fantasia mais distante ou mais próxima, a mulher: ora a verdade mais chegada, é que apertas a cabeça contra a parede de uma cela sem janela nem porta" (*Diários*, 21/10/1921). A vida é uma prisão, e é uma prisão sem saída. A prisão, real ou simbólica, em que Kafka coloca seus personagens, é a dele próprio. Certa vez, ele começou a esboçar a ideia para um romance sobre dois irmãos, um dos quais vai para a América, enquanto o outro permanece preso na Europa. Ele fala (adrede ou por ato falho) sobre a prisão do personagem como se tratasse da prisão dele próprio: "[...] pus-me a escrever qualquer coisa a respeito de minha prisão. [...] Nessas poucas linhas cuidava-se sobretudo do corredor da prisão, principalmente de seu silêncio e da sua frialidade [...]" (*Diários*, 19/01/1911).

sensível do menino, o pai se agiganta como um juiz implacável e um déspota cruel, que a imaginação do escritor estenderá para as esferas abstratas da Justiça e do Estado.

Os heróis de Kafka sempre padecem de uma sorte injusta. São presas de algum decreto misterioso de culpa e punição injustificadas, que a alguns deles levará à aniquilação. Eles vivem suas vidas sem sentido em um mundo impessoal e hostil, onde são joguetes de forças poderosas e ocultas que eles não compreendem nem são capazes de controlar.

Esses personagens solitários e impotentes se veem enredados em uma intrincada malha de burocracia estatal – de natureza jurídica em *O processo*, ou trabalhista em *O castelo* – que os apequena, submete e aprisiona. O labirinto burocrático é cheio de armadilhas e sarcasmos, parece uma brincadeira de mau gosto, um jogo sádico. O percurso não tem fim – o homem perde a esperança. Transformado em peça de engrenagem, ele perde também sua identidade, sua humanidade. Capturado na teia de uma organização misteriosa, esse ser desumanizado se perde na hierarquia capilarizada de funcionários igualmente desumanizados, que executam de modo mecânico e obediente tarefas cujo sentido ignoram.

A linguagem oficial que permeia essas relações – o melhor exemplo é o jargão jurídico de *O processo* (que remete ao linguajar político e jornalístico de hoje) – está longe de expressar a verdade; ao contrário, mantém o homem preso a falsos significados e estereótipos pasteurizados.

Como em qualquer prisão, no mundo de Kafka o homem perdeu toda a privacidade e é um solitário no meio da multidão. O agrimensor K. nunca está só, nem durante o encontro sexual. Josef K., enredado em seu processo, não pode mais contar com uma vida privada; desconhecidos revelam saber sobre seu caso mais até do que ele próprio.

Esse mundo administrado que aliena o ser humano já havia sido denunciado por Marx e retratado por Balzac, Gogol, Dickens. Mas ninguém antes de Kafka penetrou de forma tão arguta na dimensão absurda da realidade. Também escritor algum, antes ou depois dele, enxergou tão longe. Kafka profetizou (com assombrosa precisão de detalhes) não só os totalitarismos genocidas do século XX, mas também o mundo que habitamos hoje. Um século depois de Kafka, o homem da pós-modernidade líquida é um autêntico personagem neokafkiano.

O nosso mundo, que olha com horror para o Holocausto – tão recente, que ainda sentimos o rescaldo dos fornos crematórios –, continua muito parecido com o mundo que o engendrou. Se as profecias de Kafka tiverem alcance tão longo quanto as dos profetas bíblicos, estamos condenados à danação.

12

"Ei, será que estamos em um conto de Kafka? Eureca!" Essa *trouvaille* genial é de um amigo, prisioneiro como eu.

O prisioneiro é o leitor ideal de Kafka. Culpa, punição, burocracia judiciária, erro, injustiça, falta de privacidade, solidão, espera, protelação, opressão, medo... – todos os temas kafkianos encontram ressonância na aventura carcerária.

A prisão, hoje mais do que nunca, é uma instituição fossilizada e carente de sentido. Todo o universo prisional, desde os pressupostos falaciosos usados para legitimar sua perpetuação até o cenário pavoroso das fortalezas penais, evoca a atmosfera onírica e o absurdo que são as marcas mais características do universo kafkiano. Todas as incongruências, distorções e violações sociais que permeiam nosso cotidiano, todos os pequenos absurdos de que mal nos damos conta, alcançam seu potencial máximo no pesadelo da prisão. O cidadão comum se habituou a aceitar a ilegitimidade e os absurdos do sistema penal com a mesma naturalidade com que os personagens de Kafka se submetem à burocracia estatal que os aliena e aprisiona.

O presidiário encontra a si mesmo nas histórias de Kafka. Não é ele o monstrengo preso no quarto de Gregor Samsa? O lugar é esvaziado de todos os móveis e objetos que possam lembrar ao prisioneiro a sua humanidade. Como não se comover com a corrida desesperada de Gregor parede acima para tentar salvar do confisco pelo menos um pequeno quadro que lhe traz boas recordações? Conheço prisioneiros – já despojados, como todo prisioneiro, de tudo o que era seu – que associam esta cena a fotografias que eles colam furtivamente na parede do próprio catre e recolhem rapidamente em dias de blitz, para não serem arrancadas pelos guardas. E que prisioneiro, rechaçado pela sociedade como inimigo público, não se identificará com Gregor ao ouvir as invectivas de sua irmã: "Esse bicho nos persegue, expulsa os inquilinos, quer ocupar a casa inteira e fazer-nos dormir na rua"?

A identificação (no sentido psicanalítico) e a catarse (no sentido aristotélico) são terapêuticas para o prisioneiro. Mas ele não encontra só a si nas páginas de Kafka. O *mundo* é uma prisão. Quem aliena também é alienado; quem acusa também é culpado; quem prende também é prisioneiro. A visão que Kafka desenvolveu desse mundo-prisão lembra, de alguma forma, o olhar crítico que certos prisioneiros e exilados lançam ao mundo que os baniu. Longe desse mundo, com o passar do tempo eles começam a vê-lo cada vez mais como estranho, grotesco, absurdo – ou seja, kafkiano. A apreensão do mundo como prisão não só relativiza o cárcere físico, mas também legitima o desprezo do prisioneiro a esse mundo, que deixa de ser visto como a antítese idílica da prisão. O desprezo não é um sentimento edificante, mas pode servir de consolo, o que para o prisioneiro não é pouca coisa.

O prisioneiro que lê Dom Quixote aprende que pode ser livre e feliz em qualquer lugar e circunstância, ainda que para isso tenha que enlouquecer. Em Kafka, porém, não há margem para liberdade, felicidade ou loucura, somente para a lucidez. Se esta leva à libertação, é uma questão que cada um responderá a seu modo.

O mantra que Kafka repetia a si mesmo era "escrever como forma de oração". Ele chegou a comparar sua criação a "uma nova doutrina santa, uma cabala". Talvez devamos mesmo ler essa obra alegórica e visionária como se devem ler os livros sagrados, como humildes exegetas em busca de sabedoria. Em Kafka certamente encontramos mistério, talvez a possibilidade de iluminação, mas nunca a redenção.

Com todo esse peso, a leitura de Kafka pode não ser uma experiência inócua. Kafka queria que sua literatura ferisse o leitor, que o despertasse de seu sono. "Um livro tem de ser o machado para o mar congelado do nosso interior", escreveu.[19] Pode uma obra de arte aspirar a um ideal mais elevado que esse?

A obra de Kafka é simples e hermética ao mesmo tempo.

Judeu assimilado, nascido na Boêmia e cidadão do Império Austro-Húngaro, Kafka, mesmo sendo igualmente fluente em tcheco, escolheu escrever na língua de Goethe, da qual se serviu com parcimônia, quase como se a tomasse em empréstimo. Seu vocabulário é magro, preciso, próprio de quem persegue *le mot juste*. O estilo é seco, cartorial. O *tour de force* do autor não está na linguagem, mas ele a usa com maestria. Kafka é um chef talentoso, capaz de criar pratos exóticos a partir de ingredientes triviais.

A mágica de sua receita está na deformação que ele impõe à realidade. A imagem do real é narrada como se refletida em um espelho côncavo que o distorce de uma forma cômica e bizarra. As histórias de Kafka são estranhas, cheias de situações implausíveis – ou até impossíveis –, personagens esquisitos, diálogos *nonsense*. No entanto, essas histórias absurdas são narradas de modo inteiramente realista. A narrativa híbrida de Kafka combina o comum e o inacreditável, o grotesco e o trágico, o sensato e o irracional. Sabemos que nenhum tribunal de justiça poderia se situar no sótão de um pardieiro qualquer, mas a descrição detalhada, naturalista que Kafka faz do lugar visitado por Josef K. é absolutamente convincente – esse lugar *existe*. A metamorfose de Gregor Samsa é uma impossibilidade, mas o inseto em que ele se transforma é absolutamente real. E a família reage ao fato insólito de modo tão natural, que nos leva a crer que ela sempre conviveu com o absurdo sem se dar conta dele – a mutação de Gregor é apenas o aflorar de uma consciência.

---

19 Theodor Adorno comenta a respeito de Kafka: "Por meio de choques ele destrói no leitor a tranquilidade contemplativa diante da coisa lida. Seus romances, se é que de fato eles ainda cabem nesse conceito, são a resposta antecipada a uma constituição do mundo na qual a atitude contemplativa torna-se um sarcasmo sangrento, porque a permanente ameaça da catástrofe não permite mais a observação imparcial, e nem mesmo a imitação estética dessa situação" (*Notas de literatura I*).

A distorção que Kafka opera no mundo visível não é aleatória, mas feita na medida exata que nos permita perceber, no absurdo do irreal, o absurdo da nossa própria realidade. Não descobrimos algo novo, mas algo que podemos ver com novos olhos.

Os personagens de Kafka são planos, opacos, sem identidade, a narrativa é linear, restrita ao presente, não sabemos em que época ou lugar estamos, e o narrador não sabe muito mais que os personagens. E, no entanto, ao seguirmos a prosa árida, vemos surgir, como se de um quadro *trompe l'oeil*, um relevo inesperado.

Em um de seus contos filosóficos, Borges menciona uma suposta conversa que teria tido com o amigo Bioy Casares sobre a elaboração de um romance "cujo narrador omitisse ou desfigurasse os fatos e incorresse em diversas contradições, que permitissem a alguns poucos leitores – a muito poucos leitores – adivinhar uma realidade atroz ou banal" (*Ficções*). Teria sido esta uma alusão a Kafka?

As histórias de Kafka têm uma qualidade onírica. Cícero poderia estar falando dele: "Apesar de serem a criação de um poeta, não diferem muito, contudo, da matéria comum dos sonhos".

Kafka sonhou suas histórias.[20] De que outra forma apreciar, por exemplo, *Um médico rural*, o pequeno conto que é puro delírio? A criada do médico sinaliza que estamos no terreno do inconsciente: "Não se sabe nem das coisas que se tem guardadas na própria casa". A respeito de um outro conto, o escritor anota no diário: "Ontem escrevi 'O professor de aldeia' quase inconscientemente".

A prosa ilusionista de Kafka é a "matéria comum dos sonhos" na mesma medida em que a essência dos sonhos é a matéria comum da realidade. À semelhança das narrativas kafkianas, a fantasmagoria dos sonhos é feita de imagens distorcidas do mundo real. Nós, os leitores devotados de Kafka, o lemos sem estranhamento, da mesma forma que

---

20 Kafka também vive como num sonho. Em 19/01/1911, anota no diário: "[...] o ano que passou não estive desperto mais do que cinco minutos". Em 06/08/1914, escreve que sua vida "está aparentada ao sonho".

os nossos próprios sonhos nos parecem muito reais enquanto os sonhamos, só os achamos estranhos ao despertar. Só estranha Kafka quem não consegue sonhar.

Assim como Alice atravessa o espelho para viver, com a maior naturalidade, uma aventura surreal no mundo dos sonhos, o leitor de Kafka é capturado pela narrativa onírica para viver, nesse faz de conta absolutamente realista, uma experiência mística, potencialmente anagógica.

Na obra de um grande escritor sempre há muito mais do que ele desejou ou pensou ter escrito. O escritor escreve mais do que sabe, mais do que entende. Uma obra repleta de simbolismos como a de Kafka fez surgir tantas interpretações diferentes, que ainda continuamos a nos perguntar o que será que o próprio Kafka quis dizer. Às vezes, no meio da leitura experimento a impressão de que ele talvez não soubesse o que exatamente estava querendo dizer, como se a escrita surgisse *através* dele. Estaria ele como que psicografando, sem ter a total consciência do significado subjacente ao texto?

Kafka, todavia, deixou indícios de que sabia muito bem o significado do que produzia, como neste aforismo: "Nós somos demasiado fracos para reconhecer sempre este mundo verdadeiro. Em toda parte se vê a verdade. É visível através das malhas da chamada *realidade*".

O autor de fato enxergava a verdade através das malhas do mundo aparente. Milena Jesenska, a mulher que ele amou, afirma numa carta a Max Brod: "Ele sabe dez mil vezes mais do mundo do que todas as pessoas do mundo". Numa outra carta, ela diz que Kafka "está exposto a tudo de que nós somos protegidos. Ele é como alguém nu entre os que andam vestidos". O dom de Kafka era um fardo, a missão que lhe foi dado cumprir o consumia aos poucos. Milena prossegue dizendo que Kafka não construiu sua ascese como se escolhesse um meio para um fim, mas que foi "obrigado à ascese por sua terrível vidência, pureza e incapacidade de fazer compromissos" (*Franz Kafka*).

A "terrível vidência" a que Milena se refere parece ser um dom sobrenatural. Para George Steiner, o último dos grandes críticos literários, algumas passagens em Kafka só poderiam ter vindo à luz através de revelação. Steiner fala em "indecifrável intimidade entre a imaginação e a antevisão". Para ele, Kafka foi o maior profeta desde os tempos bíblicos.[21]

A obra visionária de Kafka antecipou as grandes distopias, como *Nós*, de Zamiátin (1921); *O admirável mundo novo*, de Huxley (1932); *1984*, de Orwell (1949); *Fahrenheit 451*, de Bradbury (1953); *O conto da aia*, de Atwood (1985). Todas essas antiutopias futuristas prenunciam um Estado totalitário onisciente e onipresente em que o homem, privado de sua identidade, liberdade e privacidade, é constantemente vigiado e controlado. O herói de Kafka é em tudo semelhante a esse homem, mas o escritor não está tentando imaginar o futuro. Ao contrário, o olhar dele está cravado no presente, que retrata de forma absolutamente realista, embora visto por uma lente deformadora. As profecias de Kafka foram tão assombrosamente exatas, porque ele enxergou o germe da catástrofe futura no absurdo do presente. A profecia já estava ali, latente, na imagem distorcida da realidade. Por isso, a obra de Kafka não é uma distopia, é realismo profético.

13

Há uma nota de autodestruição na vida e morte de Franz Kafka.[22]
Ele acreditava ter previsto sua doença no conto *Um médico rural*: a ferida sangrenta cheia de vermes no ventre do menino enfermo teria

---

[21] O próprio Kafka acredita reconhecer, em seus melhores insights literários, uma qualidade algo religiosa, quase sobrenatural: "[...] eu tenho, efetivamente, experimentado estados (em pequeno número) que, no meu entender, são muito próximos dos estados iluminatórios [...], estados no decorrer dos quais eu não apenas residia total e de forma absoluta em cada ideia, porém ainda executava cada uma delas, ao passo que sentia ter chegado não apenas às minhas fronteiras individuais, porém às fronteiras daquilo que é geralmente humano. Apenas a quietude do entusiasmo, provavelmente natural ao iluminado, faltava ainda a estes estados, ainda que não faltasse de todo. Chego a esta conclusão pelo fato de que foi somente em estados tais que escrevi o melhor dos meus trabalhos." (*Diários*, 28/03/1911) Kafka também relatou a Max Brod experiências "muito similares aos estados visionários" que às vezes vivenciava durante seu trabalho.
[22] "Se eu tivesse de morrer muito breve ou tornar-me incapaz de viver [...], diria que a mim mesmo me dilacerei", escreve Kafka (*Diários*). "A sistemática destruição de mim mesmo no decorrer dos anos é estupenda, idêntica ao descalçamento da rua que se faz com lentidão, uma ação cheia de intenção" (*Diários*, 17/10/1921).

sido a antevisão da tuberculose que o mataria.²³ Há nessa fatalidade um tom de entrega.

Não deixa de ser um triste paradoxo que um homem que alcançou uma visão tão perspicaz do seu tempo e foi capaz de profetizar o futuro não tivesse a menor noção de sua genialidade. O artista é mesmo míope para avaliar a própria obra, mas em Kafka essa miopia era agravada pelo mito do fracasso.

O pedido (felizmente não atendido) que Kafka fez ao amigo Max Brod para que destruísse, após sua morte, todos os seus manuscritos se assemelha a um pedido de eutanásia. A literatura é sua vida; renegar seus escritos e decretar-lhes a morte equivaliam a augurar a própria.

De onde vem esse impulso para a morte?

Estaria Kafka cumprindo o veredicto paterno? Depois de dois irmãos falecidos, ele, o primogênito que falhou em realizar as expectativas do pai, não teria direito à vida? Ou talvez ele enxergasse na morte a sua chance de comover o pai, despertar sua piedade ou culpa?

Enquanto podia viver, Kafka matava seus personagens. Os principais entre eles tiveram esse destino: Georg Bendemann, Gregor Samsa, o artista da fome, Josef K. Até K. morreria ao fim de *O castelo* (romance que ficou inacabado), conforme o plano que Kafka confidenciou a Max Brod.

A relação do escritor com seus personagens evoca a curiosa lenda de Golem, surgida, coincidentemente, na mesma Praga, no século XVI. O famoso rabino Löw teria criado, a partir do barro, um ser semelhante ao homem. Ele escreveu na testa da criatura a palavra *emet* (verdade, em hebraico) e ele insuflou vida soprando em seu ouvido a palavra mágica

---

23 Kafka, um arguto analista de si mesmo, compreende o significado metafórico de sua doença: "[...] a lesão pulmonar não é senão um símbolo, [...] símbolo de uma ferida cuja pústula se chama F... e cuja profundidade tem o nome de justificação [...]" (*Diários*, 15/09/1917). Devemos entender justificação no sentido teológico, como redenção, retorno à inocência. F. é Felice Bauer, com quem Kafka logo romperia o noivado de três anos e meio. "O mundo (F. é que o representa) – e o meu ser, comprometidos em conflito insolúvel, estão quase para dilacerarem o meu corpo" (*Diários*). Kafka interpreta a tuberculose, uma doença infecciosa, como uma doença psicossomática. Max Brod anota em seu diário, na ocasião das primeiras hemoptises do amigo: "Medidas contra a doença de Franz. Ele explica-a como psíquica, como salvação do casamento" (*Franz Kafka*).

que seria o verdadeiro nome de Deus que Löw decifrara em seus estudos cabalísticos da Torá. Golem era destinado a servir a seu amo, mas com o tempo o rabino foi perdendo o controle sobre ele. Golem se tornara desobediente e agressivo, e Löw decidiu tomar-lhe a vida de volta. Para isso, bastou apagar o *álef*, a primeira letra da palavra *emet*. *Met*, a palavra que sobrou na testa do Golem, significa morte: Golem voltou ao pó de onde veio.

Se o mito de Golem pode ser visto como uma parábola da criação artística, toda a constelação de personagens a quem Kafka deu vida é o Golem que arruinou a sua própria. Havia tanto do criador em cada uma de suas criaturas que a existência delas foi consumindo a dele.[24] Criadas como prisioneiras de um mundo absurdo, elas exacerbavam a prisão do próprio Kafka e tornavam-lhe o absurdo da vida cada vez mais insuportável. Ele tentou matar esse Golem portentoso, mas era tarde demais: o Golem de Kafka já se tornara imortal.

Todos os heróis kafkianos foram mártires, mas é de Kafka, que suportou ser todos eles, o maior martírio. "Vive com tão tremenda intensidade que morreu mil mortes durante a sua vida", observou Dora Diamant, mulher com quem Kafka viveu em seus últimos meses de vida.

Quando penso no martírio de Kafka, me vem à mente a imagem de Cristo carregando a cruz no quadro homônimo de Hieronymus Bosch. O sofrimento de Cristo, que tem a expressão triste e resignada, é realçado pela turba de rostos grotescos e repulsivos que se comprimem à sua volta. Ele está só – puro, incompreendido, injustiçado – em meio à feiura e corrupção do mundo.

A solidão, a pureza e o sacrifício de Kafka lembram os de Jesus. Ambos foram gênios trágicos, santos e profetas.[25] Ambos, profundamente judeus e místicos, ensinavam por meio de parábolas. E foram ambos também prisioneiros e suicidas.

---

[24] "O prodigioso mundo que eu tenho na cabeça. Como, entretanto, me libertar e libertá-lo sem me espedaçar? E de preferência ser mil vezes espedaçado do que conservá-lo em mim ou enterrá-lo. Estou aqui para tanto, inteiro-me perfeitamente disso" (*Diários*, 21/06/1913).

[25] "A categoria da santidade (e não a da literatura) é a única sob a qual a vida e a obra de Kafka podem ser avaliadas corretamente", diz Max Brod (*Franz Kafka*).

Hieronymus Bosch. *Cristo carregando a cruz* **(circa 1500)**
Museum voor Schone Kunsten, Ghen, Bélgica

Se Jesus (como Sócrates) conheceu as grades, para Kafka e Hamlet eram os seus "maus sonhos", na expressão deste último, que faziam do mundo uma prisão.

Esses homens, dotados como qualquer outro de livre-arbítrio, viveram, no entanto, presos a um dever que os levou a se darem em sacrifício. Jesus pode fugir do Monte das Oliveiras antes que os guardas venham prendê-lo; Sócrates pode fugir de Atenas (seus amigos até já providenciaram tudo); Hamlet pode sair da Dinamarca para fugir da missão que seu pai lhe destinou.

Mas não. Como ficamos sabendo por Platão, Sócrates recusa a ajuda dos amigos, a quem explica serenamente por que decidiu cumprir o injusto veredicto do tribunal. Jesus, no Getsêmani, Deus-homem em um momento de fraqueza demasiado humana, suplica ao Pai que afaste de si esse cálice; mas Ele se rende, ao fim, ao desígnio do Pai: "não seja como eu quero, mas sim como tu queres".

"Ser ou não ser?", a pergunta radical de Hamlet, também é a de Jesus e Kafka. Eles não estão diante de uma encruzilhada, mas num beco sem saída. Têm uma missão sublime a cumprir – como poderiam se furtar a ela?

Kafka faz uma escolha trágica e original: ser *e* não ser. Ele é seus personagens ("eu sou minhas histórias"); ele próprio passa pela vida como uma sombra. Vive de modo mais ascético possível, se anula o quanto pode; a vida é *Der Prozess* em que ele se julga um nada, culpado da própria existência – existência que se consome na de seus personagens.

A doença lhe vem como cura, como libertação desta *Weltschmerz*, a dor de existir. Podemos ver o coro grego entrando em cena, a entoar "o homem só é feliz ao morrer".

Mas estará ele seguro de que o calvário termina com a morte? Kafka, que já divagou sobre isso em *Graco, o caçador*, volta ao tema neste aforismo:

> Um primeiro sinal do início do conhecimento é o desejo de morrer. Esta vida parece insuportável, a outra inatingível. A pessoa já não se envergonha mais de querer morrer; pede para ser levada da velha cela que ela odeia para uma nova, que só então aprenderá a odiar. Persiste um resíduo de fé durante a transferência se o senhor casualmente passar pelo corredor, avistar o prisioneiro e disser: "Este homem vocês não podem prender outra vez. Ele vai para a minha casa."

Não escapa ao leitor o *s* minúsculo do *senhor*, nem a natureza casual de sua intervenção.

14

Steiner, como eu, vê em Kafka um prisioneiro: "O círculo se fechava ao redor de Kafka e ele se sentia como um prisioneiro eternamente a dar voltas no pátio da prisão" (*Nenhuma paixão desperdiçada*).

Somadas todas as caminhadas diárias que fiz ao redor do pátio da prisão durante os últimos 21 anos, o percurso perfaz mais de vinte mil quilômetros. Gosto de pensar que cheguei à minha cidade natal, no leste europeu – todo exilado sofre de uma nostalgia incurável.

Gosto mais, porém, de contabilizar os mais de 1.600 livros que li nesse período, o suficiente para, a exemplo de Dom Quixote, alcançar a loucura (que é uma forma de clarividência). Nessa biblioteca, Kafka ocupa um lugar especial.

Com Kafka – ao lado de outros mestres – aprendi que esse itinerário aparentemente circular e sem destino é o próprio destino, que sua forma real é a de um labirinto, e que este, como todo labirinto, deve ser trilhado em busca de saída, a despeito de não existir alguma. Entendi que todo martírio é um mistério a ser investigado, ainda que não possa ser decifrado.

Com Kafka, sei que a espera é longa e sem final feliz, a esperança é uma quimera, e a única liberdade a que o homem pode aspirar é a lucidez.

Celan e eu

"Era um lugar onde viviam homens e livros", escreveu Paul Celan a respeito de Tchernovtsí, cidade onde nascemos (ele em 1920, eu em 1954).

Estranha definição, mas verdadeira. Tchernovtsí era uma cidade culta, literária; e, quanto aos livros, eles vivem de fato. Viviam na biblioteca de meu pai, povoando minha infância e adolescência de histórias e personagens marcantes, que me acompanhariam por toda a vida. Viviam na biblioteca de Celan, em cinco mil volumes que guardam, nas anotações feitas nas margens, seus diálogos com cada um deles.

Tchernovtsí (ou Tchernovítsi), como era chamada em russo, tinha o nome alemão de Czernowitz quando fazia parte do Império Austro-Húngaro. Quando Celan nasceu, a cidade já pertencia à Romênia, sob o nome Cernăuţsi. Ele ainda a veria adotar o nome russo, ao ser anexada pela União Soviética, após a Segunda Guerra Mundial. Hoje está na Ucrânia e se chama Tchernívtsi.

Esparramada num bucólico vale ao sopé dos Cárpatos, a cidade herdou do período imperial a arquitetura neoclássica de suas belas fachadas, que lhe valeu o título de "a pequena Viena". Foi talvez uma das cidades menos "soviéticas" da Ucrânia, de tão impregnada do etos ocidental e da cultura judaica (tinha uma das maiores comunidades judaicas da Europa oriental). Era uma cidade de alma cosmopolita, uma babel de línguas: ali se falava alemão, romeno, iídiche, hebraico, russo, ucraniano.

Tal como sua cidade natal, o poeta – um dos maiores de língua alemã – teve vários nomes. Filho de judeus que falavam alemão, ele nasceu como Paul Antschel. Aos 13 anos, seu nome foi acrescido do prenome hebraico que o confirmava irremediavelmente como judeu: Paul Pessach Antschel. Após a guerra, ele mudou Antschel para Ancel. Mais tarde, adotou o pseudônimo literário de Celan, anagrama de Ancel.

As sucessivas mutações da cidade e de seu filho ilustre são reflexo de uma história conturbada, em que o destino dos judeus sempre foi incerto. Os pais de Celan morreram num campo de concentração nazista. O jovem Celan sobreviveu num campo de trabalho. Depois da guerra, viveu por um curto período em Bucareste, depois em Viena, antes de se estabelecer definitivamente em Paris. Lá, em 1970, aos 49 anos, impelido pelo agravamento de um transtorno psíquico, pôs fim à vida, atirando-se ao rio Sena.

O salto da ponte Mirabeau foi a precipitação final de uma queda em que a vida lançara o poeta havia muitos anos. Sobreviver a um lager nazista não significava exatamente continuar vivendo. Seus pais foram mortos, seis milhões de seus irmãos foram mortos – como continuar vivendo no mundo que tornou isso possível? Talvez o suicídio de tantos sobreviventes do Holocausto (Jean Améry, Tadeusz Borowski, Primo Levi, Bruno Betelheim e Paul Celan são apenas alguns exemplos notórios dessa recusa final) tenha sido a resposta deles a essa indagação.

Mas a pergunta anterior que esses homens de letras se faziam enquanto levavam a vida adiante era se seriam capazes de contar o que viveram.

Theodor Adorno sentenciou que escrever poesia se tornara impossível depois de Auschwitz. O horror não poderia ser traduzido para uma experiência estética.

Celan o contrariava, fazendo poesia não só depois da Shoah, mas sobre a Shoah. Ele não podia viver senão como poeta, ainda que os versos que saíssem de sua pena beirassem o silêncio, a impossibilidade de expressão. A poesia de Celan, oblíqua, metafórica, hermética, nasce e termina com a morte. "[...] em Celan o suicídio é o remate inelutável do poema", diria Pierre Assouline.

Todesfuge, o título do seu poema mais conhecido, foi vertido para o português de diversas formas: como "Fuga da morte", "Fuga fúnebre", "Fuga sobre a morte", "Funesfuga"... Não há um modo único de ouvir o poema, que ora parece um réquiem ou um *kadish* do Holocausto, ora se fecha num mistério fúnebre. Os versos compõem como que uma melodia polifônica, uma espécie de fuga, e por isso talvez devam ser mais sentidos que compreendidos. Celan dizia que um poema se assemelha a um aperto de mão: ele queria que o leitor o apreendesse de forma mais física e afetiva do que intelectual. Sua poesia é visceral, nasce no coração e fala ao coração, nasce na dor e provoca dor.

O que significa *Todesfuge*, palavra simples que, à tradução, se revela tão polissêmica? O que Celan queria dizer com *Schwarze Milch* (leite negro), expressão que se repete várias vezes no poema? "Leite negro da madrugada bebemos-te de noite bebemos-te pela manhã e ao meio-dia bebemos-te ao entardecer bebemos e bebemos."

O oxímoro "leite negro" talvez seja o paradoxo que impregna toda a existência, marcada por aporias e contradições insolúveis. É a vida cujo destino é morte; é a terra natal que jamais será pátria; é a poesia que é grito e silêncio; é a língua de Goethe que também é a de Hitler.

Celan podia escrever em sete línguas; além do alemão, pelo menos o romeno e o francês ele dominava com perfeição. Mas como poeta ele só conseguia se expressar em alemão – uma condição trágica, pois é a um só tempo a língua de sua mãe e a do assassino de sua mãe. A língua sobreviveu ao horror, mas carregará para sempre sua herança funesta. Em cada poema de Celan, a lírica está impregnada de assassínio e morte. "Ontem veio um deles e matou-te outra vez no meu poema" (*Wolfsbohne*, Grão-de-lobo).

Somos, Celan e eu, filhos de uma cidade que mudou tantas vezes de nome, de língua, de país. Uma cidade que amamos, mas que não seria nossa. Nós a deixamos ainda jovens, essa cidade tão judaica, mas onde judeus sempre sentiram – ali e por toda parte – estar de passagem, sempre foram estrangeiros. O exílio e a nostalgia seriam o destino de todos. A consciência de que a nossa terra natal não era nossa pátria plantou em todos nós uma ferida incurável. Celan, apátrida, era tão estrangeiro na rua Kobiliánskaia como na ponte Mirabeau.

Eu nasci poucos anos depois de Celan ter deixado Tchernovtsí. Nós dois certamente percorremos as mesmas ruas, cruzamos as mesmas praças, olhamos para as mesmas fachadas. Talvez as livrarias da rua Kobiliánskaia que frequentei na adolescência já existissem no tempo dele e ele as visitasse movido pelo mesmo amor aos livros que me atraía para lá.

Tenho a mesma idade de Eric, filho de Paul Celan. Tínhamos, ambos, 15 anos quando a nossa adolescência foi interrompida por uma perda dolorosa: ele perdia o pai, eu perdia meu torrão natal, a escola, os amigos, a língua que eu amava. O pai dele e o meu nasceram ambos na Romênia, com poucos meses de diferença. Nossos avós morreram em campos de concentração. Eu fui preso com aproximadamente a mesma idade em que Celan se suicidou, e em que meu pai começava uma vida nova no Brasil.

Ressonâncias curiosas, enigmáticas; mas o elo maior é Tchernovtsí.

Celan e sua poesia despertam em mim uma sensação parecida à que eu às vezes experimentava ao passar em frente à maternidade onde nasci. Minha mãe contava, em tons dramáticos, o demorado e sofrido trabalho de parto que quase a matou, e também a mim. Guardo uma pequena cicatriz no canto do olho esquerdo, marca do fórceps, da luta sangrenta entre a vida e a morte que passei a associar àquele prédio. Ali se nascia e se morria. Minha mãe e eu por pouco não nos matamos um ao outro. Oito anos antes de eu vir ao mundo, minha irmãzinha, nascida na mesma maternidade, morrera de pneumonia com poucos dias de vida. Viver e morrer eram coisas tão próximas. A alegria e a dor, a vida e a morte se misturavam dentro daquele prédio misterioso de uma forma que escapava à minha compreensão de menino.

Os versos de Celan me levam de volta à nossa cidade. E no meio de tantas ruas, vivas e mortas em minha memória, reencontro aquela, e sou de novo aquele menino. E o meu olhar, dissolvido em lágrimas sobre o poema de Celan, encontra os olhos do menino, turvados de lágrimas diante do mistério, da dor, da injustiça da morte.

Memento mori

Coisas estranhas acontecem nestes tempos de pandemia. Algumas são boas. Por exemplo: as pessoas estão lendo mais. Com as livrarias de portas fechadas, as vendas pela internet dispararam. E as listas dos livros de ficção mais vendidos, normalmente lotadas de literatura comercial, passaram a exibir clássicos como *A divina comédia, O processo, O morro dos ventos uivantes, Orgulho e preconceito* e, sobretudo, as famosas distopias: *1984, A revolução dos bichos, O admirável mundo novo, O conto da aia.*

Se os clássicos imortais ganharam o merecido espaço nas preferências do leitor comum, é porque talvez saibam – diferentemente dos livros de mero entretenimento – fazer as perguntas essenciais e propiciar respostas inteligentes, o que não é pouco nesses dias de incerteza, em que a banalidade e a insensatez ameaçam triunfar sobre a razão e a sensibilidade. Bons livros estimulam o pensamento reflexivo: não há bastião melhor contra a ignorância e a desesperança.

Já o interesse despertado pelas sombrias antiutopias totalitárias de Orwell, Huxley e Atwood até parece ser de mau agouro, mas pode ser tão só a busca de catarse. Se tem mais a ver com a pandemia em si ou com as inclinações despóticas do presidente que a menosprezou, só o tempo dirá. De qualquer modo, sério ou irrelevante o risco de uma nova ditadura, a sociedade se viu de repente tiranizada pelo novo coronavírus.

Atemorizadas, submetidas a obrigações e interdições inusitadas, as pessoas se sentem oprimidas como num regime de exceção. Elas dizem sentir-se "presas". Ainda que não saibam o que realmente significa viver numa prisão, conviver com a pandemia de alguma forma as aproximou da condição de prisioneiro.

"Impacientes com o presente, inimigos do passado e privados do futuro, parecíamo-nos assim efetivamente com aqueles que a justiça ou o ódio humano fazem viver atrás das grades", diz o narrador de *A peste*, de Albert Camus.

A peste bubônica que assola a cidade de Orã (estamos na Argélia, nos anos 1940) não é apenas o protótipo de uma epidemia mortífera, mas a metáfora da própria condição humana. Como todas as calamidades públicas, a peste ficcional de Camus e a pandemia real de Covid-19 acentuam o senso de fragilidade do ser humano diante das forças cegas da natureza e sua impotência diante do destino. A catástrofe – castigo injusto – parece zombar da liberdade dos homens e ameaça tornar suas vidas uma prisão.

As pessoas de Orã sentiam "que estavam condenadas, por um crime desconhecido, a uma prisão inimaginável". Como os heróis de Kafka, culpados por existir, ou como o povo de Tebas, punido com a peste pelos crimes involuntários de Édipo, os personagens de Camus vivenciam, com a peste, o absurdo da existência em que são joguetes do infortúnio.

A famigerada Peste Negra (como era chamada a peste bubônica), que, de tempos em tempos, devastava a Europa na Idade Média, era interpretada ora como castigo de Deus, prenúncio do Juízo Final, ora como obra de Satã. Bruxas eram queimadas na fogueira por terem parte com o demônio; judeus, acusados de envenenar poços, eram massacrados aos milhares.

As pandemias mais recentes trouxeram de volta a sombra do Apocalipse, a insegurança, a caça às bruxas, mas ao homem de hoje não é mais possível esquivar-se de sua culpa, artífice que é da própria desventura. Às Grandes Guerras, ao Holocausto, à Guerra Fria e à ameaça nuclear no século XX segue-se, pelo século XXI adentro, a irrefreável degradação suicida da natureza. O homem está destruindo a própria casa. A peste ressurge, outra vez, como o lembrete do fim dos tempos.

A Morte, que o homem sempre tentou empurrar para as coxias, força sua entrada em cena. No teatro da peste, é a personagem central. A peste é apenas o paroxismo do embate imemorial do homem com a Morte, um embate infindo.

Quando Antonius Block, o herói de *O sétimo selo* (Ingmar Bergman, 1957), regressa das Cruzadas para sua terra natal, ele a encontra arrasada pela peste. Enquanto descansa numa praia, a Morte aparece para buscá-lo. Na tentativa de salvar a pele, Block a desafia para uma partida de xadrez que, com várias interrupções, se estenderá por dias. É o tempo que ele tem para uma patética reflexão sobre o sentido da vida e da morte.

**Dança da morte. Cena do filme *O sétimo selo*,
do diretor Ingmar Bergman (Suécia, 1957)
Moviestore Collection / Easy Mediabank**

A morte sempre triunfa. A cena emblemática em que um grupo de pessoas executa uma espécie de dança ao ser levado pela Morte é o símbolo do destino inescapável do homem e, talvez, a sugestão de que deva ser encarado com serenidade.

E a morte, como a culpa, iguala a todos. "Já não havia então destinos individuais, mas uma história coletiva que era a peste", diz Camus. Contudo, estar no mesmo barco à mercê da intempérie não torna as pessoas necessariamente mais altruístas e solidárias. "Havia os sentimentos comuns, como a separação e o medo, mas [os concidadãos] continuavam a colocar em primeiro plano as preocupações pessoais."

Essa face egoísta do sofrimento não escapou também à pena de Daniel Defoe. "Estávamos num tempo em que a segurança pessoal de cada um era sempre tão presente que não havia espaço para se sentir piedade pelo sofrimento dos outros", escreve ele em *Um diário do ano da peste* (1722), relato sobre a peste bubônica que dizimou Londres em 1665.

> Todo mundo tinha a morte à sua porta, muitos na sua própria família, sem saber o que fazer ou para onde fugir. Isso acabou com toda a compaixão. Autopreservação, na verdade, parecia ser a primeira lei. [...] o perigo da morte imediata nos tirou o sentido do amor e de toda consideração para com o próximo.

Em Camus, escritor e filósofo são inseparáveis. *A peste* é um romance filosófico; a epidemia é apenas um cenário peculiar que enseja a reflexão sobre a existência.

Defoe, que nasceu em Londres, tinha 4 anos quando a peste levou cerca de um terço da população da cidade. Ele viria a ser um mestre tanto na ficção quanto no jornalismo, atividade que vivia então seus primórdios. *Um diário* é um romance-reportagem, uma obra *avant la lettre* do que no século XX viria a ser chamado de "jornalismo literário". Embora escrito em formato ficcional, o relato se baseou em fatos e estatísticas reais. É uma descrição naturalista, exaustiva, por vezes prolixa, mas que lemos – notadamente agora, prisioneiros da pandemia – com a paciência e o fascínio de um arqueólogo, intrigado com os traços da modernidade que reconhece nos artefatos milenares encontrados na escavação. A essência do ser humano permaneceu a mesma por toda a história.

Lendo Defoe, nós, que graças à ciência avançamos no conhecimento sobre o novo coronavírus, ficamos surpresos ao constatar que reagimos à epidemia de modo quase igual ao dos londrinos do século XVII, que nada sabiam sobre *Yersinia pestis*, o bacilo transmitido pela pulga do rato. Curiosamente, o bacilo da peste, ao que tudo indica, originou-se também na China.

Uma outra analogia curiosa é que os ingleses da época já supunham que o contágio ocorria pelo ar, por meio do hálito, de "vapores pestilentos", "eflúvios", "miasmas", além do contato com as secreções do doente ou suas roupas, de modo que as medidas de prevenção impostas pelas autoridades eram em tudo semelhantes às que se prescrevem hoje no controle do novo coronavírus.

As pessoas eram forçadas a permanecer dentro de suas casas; foram proibidas as aglomerações; o comércio fechou as portas; as ruas ficaram desertas. As casas onde alguém adoecia ou morria eram isoladas em quarentena. A doença se espalhou mais entre os pobres, que não podiam se dar ao luxo de ficar em casa.

A propagação através de portadores assintomáticos já era reconhecida à época: "[...] a epidemia se propagou insensivelmente através de pessoas não visivelmente contaminadas, que não sabiam que contaminavam nem que foram contaminadas", diz Defoe.

E, à semelhança do tratamento precoce – o famigerado "kit anticovid" –, tão propagado e consumido na pandemia atual a despeito de sua ineficácia, também durante a peste de Londres faziam sucesso tratamentos milagrosos:

> [...] o povo andava feito louco atrás de curandeiros, charlatões e de toda velha benzedeira em busca de remédios e tratamentos [...]. Com medo do veneno da infecção, preparavam seu corpo para a peste, em vez de se protegerem contra ela. [...] os postes das casas e das esquinas ficaram recobertos de receitas de médicos e reclames de sujeitos ignorantes, práticos e amadores em medicina, convidando as pessoas a vir vê-los atrás de remédios [...].

Podemos retroceder para tempos ainda mais remotos e encontraremos narrativas idênticas. "Tornara-se enorme a quantidade de curandeiros assim como de cientistas. Contavam-se entre eles homens e mulheres que nunca haviam recebido uma lição de medicina", conta Boccaccio no primeiro capítulo de *Decamerão*, ao descrever a epidemia de peste da qual foi testemunha, em Florença, no ano de 1348.

Toda tragédia pessoal é única, todas as tragédias coletivas se parecem. As pessoas se tornam insensíveis às notícias de mortes, tendem a achar que a desgraça só atinge os outros. Como diz Camus, "um homem morto só tem significado se o vemos morrer, cem milhões de cadáveres semeados ao longo da história [vítimas de todas as pestes] esfumaçam-se na imaginação".

O narrador de *Um diário*, que é um sobrevivente da peste, fala com indignação sobre a falta de cooperação da maioria da população com as medidas de isolamento. As pessoas teimavam em se aglomerar, apesar das proibições. "[...] foi surpreendente como se formavam multidões dentro das igrejas." À semelhança do que se vê na pandemia da covid-19, as autoridades de então também tiveram de envidar esforços insistentes – em grande parte baldados – para convencer os cidadãos de que a morte era uma possibilidade real para todos, e muito mais próxima de cada um do que eles tendiam a acreditar. *Memento mori*, o lema do ascetismo cristão medieval, encimava, em meio a caveiras, esqueletos e foices, a capa do *Bills of Mortality*, boletim de óbitos publicado pela Prefeitura de Londres ao fim da epidemia. *Memento mori*: lembra-te de que vais morrer.

E houve, também naquela epidemia, o que hoje chamamos de "segunda onda".

> As criaturas audaciosas estavam tão possuídas pela primeira alegria e tão surpresas com a satisfação de ver uma grande redução nos registros semanais de óbitos, que ficaram insensíveis a qualquer novo terror [...]. Abriram as lojas, saíram para as ruas, fizeram negócios, conversaram com qualquer um [...]. O resultado disso foi que os registros de óbitos aumentaram outra vez [...].

A conclusão que Defoe extrai da tragédia e a advertência que faz para as gerações futuras são proféticas. O agente infeccioso não é o único culpado por tantas mortes.

> [...] foi por falta de medidas e providências em tempo hábil, tanto públicas quanto privadas, que aconteceu toda aquela confusão entre nós, com uma quantidade tão grande de gente sucumbindo nessa tragédia que, com medidas apropriadas e ajuda da Providência, poderia ser evitada. A posteridade, se assim quiser, poderá acatar isso como aviso e advertência [...].

Quando lemos *Decamerão* ou *Robinson Crusoé*, não podemos esquecer que devemos esse prazer à sorte que Boccaccio e Defoe tiveram de sobreviver à terrível Peste Negra. Essa é a herança mais luminosa daqueles tempos sombrios.

Ars longa, vita brevis.

Se o homem descobriu um talismã contra a finitude, esse talismã é a arte. Block, homem de pouca fé, nos últimos instantes apela para Deus. Mas os únicos personagens de *O sétimo selo* que escapam à Morte são os artistas mambembes.

GRADES

A decisão

O desenho acabou. O menino mudou de canal. "Liberdade de expressão", alguém dizia, "é um dos pilares do estado demo...". Outro canal, comercial de carro: "Liberdade para voar" – e o carro se desprendia do chão, saía voando.

O menino largou o controle, correu para o quarto do velho.

"Vô, o que é liberdade?"

"Liberdade? Puxa, guri. Pergunta difícil essa..."

"Mas o que é, vô? Fala, vôoo", insistiu o menino, impaciente.

"Liberdade, bem, é ser livre, é você poder fazer o que gosta, né... Ir aonde quiser, falar tudo que pensa. Mas liberdade também..."

Satisfeito, o menino já tinha chispado.

Passou a tarde brincando, mas de quando em quando a palavra lhe voltava à cabeça. Veio-lhe à memória a mãe dizendo "livre como um passarinho", a respeito de sabe-se lá o quê.

Pensou em seus canários. Foi até o quintal. Eles estavam quietos, aconchegados um ao outro. Pela primeira vez, lhe pareceram tristes. Ele passou o dedo pela grade. Um dos canários pulou para outro poleiro.

"Cantem, canarinhos! Por favor, cantem!"

O menino sentiu um aperto no coração. A tristeza dos passarinhos só podia ser a falta de liberdade. Eles não eram livres. Não podiam voar para onde quisessem, nem fazer tudo o que gostariam de fazer, como os pássaros livres podiam.

O menino abriu a portinha da gaiola.

"Se vocês preferem a liberdade...", disse com lágrimas nos olhos.

Os passarinhos saltitaram pela gaiola. Um deles pousou sobre o limiar da portinhola, olhou para todos os lados, voltou atrás. Mas, passados alguns instantes, que ao menino pareceram intermináveis, o canarinho voltou a pousar no mesmo lugar e, dessa vez, alçou voo para a liberdade. Ele voou meio desajeitado até um galho da imensa figueira que sombreava o quintal, depois pulou de galho em galho até sumir na folhagem.

O menino voltou a olhar para o outro passarinho. Ele dava pulinhos pela gaiola, como que indeciso.

O menino correu para o quarto do velho. Este estava afundado em sua cadeira de balanço, de olhos fechados. Parecia encolhido, menor do que quando o neto o vira pela manhã.

"Vô", falou a criança, baixinho. Queria contar ao avô o que tinha feito, saber se era coisa certa. Sentia um nó na garganta, mas não ia chorar. Como o velho não dava sinais de tê-lo ouvido, deixou o quarto.

O velho não estava dormindo. Estava remoendo o passado, que é o que os velhos mais fazem. Não eram, contudo, lembranças doces. A pergunta do neto mexeu numa antiga ferida. Pensar naquilo doía, mas o velho não podia evitar.

"A nossa luta é para devolver a liberdade ao povo, e, se for preciso, daremos a vida por essa causa." A voz rouca era do R., seu amigo. R. fumava muito.

E em seguida suas lembranças o arrastavam para aquela sala escura, para as cenas de tortura, o homem de bigode, o pau de arara, os choques no saco, no cu, dor insuportável, os chutes, as pontas de cigarro em brasa... e medo de falar, medo de morrer...

E ele falou.

Entregou a vida do amigo para resgatar a sua.

Sua liberdade, sua vida – oh, Deus, toda sua vida! – foram frutos da traição.

A noite foi intranquila para o velho. Não conseguia conciliar o sono, apesar do comprimido que tomou. O céu começava a clarear quando foi até o quintal fumar um cigarro. Fazia frio. Sentou-se no banquinho ao pé da figueira, riscou o fósforo, deu algumas baforadas.

Foi então que viu o canário, no chão, bem perto de onde estava. Sobressaltou-o a visão da morte, como se fosse a resposta às suas reminiscências. Seu coração se contraiu. Mas era preciso poupar o menino. Apanhou o pássaro, envolveu-o num lenço que encontrou no bolso. Meteu, dentro da cesta de lixo, o cadáver com a mortalha. Experimentou uma pontada de culpa por aquele ato profano.

O disco manchado da Lua ainda luzia no céu lúgubre, sem estrelas. *Elas deviam estar lá*, pensou, *invisíveis acima da poluição*. Sentiu-se tomado de nostalgia. Quando jovem, gostava de contemplar a imensa abóbada coalhada de estrelas e cismar com o infinito. O mundo era menor agora, e mais sujo.

Ao despertar, o menino se lembrou do outro canário. Correu para o quintal. O passarinho continuava dentro da gaiola, apesar da portinhola que o menino esquecera aberta. Esse fato inusitado justificava uma nova incursão ao quarto do velho.

"Vô, o outro canarinho não quis a liberdade. Que coisa esquisita, vô..."

"Não quis a liberdade?"

"A portinha ficou aberta o tempo todo, mas ele não quis ir embora. Eu não entendo, vô."

"Hum. É uma decisão estranha mesmo. Por que será?"

"Por que será, vô?"

"Vamos pensar juntos, meu pequeno. O que você acha?"

"Ah, vai ver essa liberdade não é uma coisa tão boa assim. Na gaiola ele tem ração, tem água, tem...", o menino se deteve, desconcertado.

"É, parece que não tem tanta coisa assim..."

O velho fechou os olhos, pensativo. Não ouviu mais a voz do neto, este já deixara o quarto. Mas um ar de decepção permanecia lá.

Decepção do menino com ele, que não conseguiu dissipar suas dúvidas, ou com o passarinho que recusou a liberdade? Ou decepção do velho consigo mesmo? Com a vida, o mundo? Que escolha ele faria se pudesse voltar no tempo? Teria recusado o chamado de R. para integrar o grupo de luta armada? Os outros que lutassem pela liberdade. Ele não tinha raça para tanto. E para quê? O povo não merecia que tantos jovens sacrificassem suas vidas por esse ideal. As pessoas pouco ligam para essa liberdade. Votam em ditadores e demagogos, trocam sua liberdade por segurança e emprego. As pessoas só querem ter a liberdade de comprar. O paraíso delas é o shopping center.

Nos dias que se seguiram, a atenção do menino foi absorvida por outras coisas, e ele não se deu conta de que seu canário definhava, até que o encontrou morto no meio da serragem que forrava a gaiola, bem junto da portinhola (*como se morresse arrependido de não a ter aproveitado aberta para ganhar a liberdade*, pensou).

O menino, que nunca pôde segurar um canário, agora o tinha ali, inerte e duro, enchendo a pequena mão. Parecia empalhado. Não era o seu canarinho. Mais que a dor da perda, sentia o espanto ante aquela transformação insólita. Feria seu senso de justiça. Seus olhos inocentes se encheram de lágrimas diante da descoberta.

O velho morreu poucos dias depois. Todos os velhinhos vão embora um dia, vão morar com Deus, diziam ao menino. Mas longe dele cochichavam sobre um frasco de comprimidos encontrado vazio. Não lhe deixaram ver o avô, nem ir ao enterro. Imaginou-o encolhido em sua cadeira de balanço, duro e frio como o canarinho no meio da serragem. Sentiu medo, e raiva, e pena, e saudade. Mas não chorou.

O vovô agora está livre, lá no céu, disse a mãe; virou uma estrelinha. O menino sabe que não poderá vê-la, por causa da poluição.

A liberdade de Sísifo

1

> *Estou convencida de que precisamos*
> *conhecer profundamente essa prisão.*
> OLGA TOKARCZUK, *SOBRE OS OSSOS DOS MORTOS*

Ultraje... dor... desespero...
A transformação de um homem em prisioneiro é como uma descida aos infernos.

Mas hoje, 21 anos depois, não é daquele tempo dantesco que quero falar. Interessa-me mais o que veio depois – uma longa vigília.

Vista agora em retrospecto, minha vida anterior à prisão parece ter sido mais sonhada que vivida. O personagem principal – o *eu* que mais me parece um *ele* – e o enredo, que me é tão familiar quanto estranho, são como os de um sonho já meio esquecido, uma lembrança pálida, turva de incertezas, cheia de lacunas. Como pude viver uma vida tão alheio a mim mesmo?

Já a vida que passei a viver no cárcere é como uma longa insônia. Para preenchê-la, só pude contar com a própria alma. A memória não me foi de muita serventia – era preciso viver de novo. Pétala por pétala desabrochei dentro de mim o sentido desta noite sem fim. Não poderia atravessá-la sem ter um porquê.

O que me distinguiu da maioria dos prisioneiros foi que desde cedo encarei a prisão como um enigma. Enquanto eles amaldiçoavam o lugar e invocavam seus deuses, eu farejava sinais, como em busca de revelação.

A prisão levou cada um de nós a alguma espécie e algum grau de loucura. A mim coube esta, mas creio que foi, em certa medida, fruto de escolha. Talvez eu deva a ela o fato de ter atravessado a prisão em estado de alerta, não em sonho.

Eu tentava compreender a prisão, compreender a mim mesmo na prisão. Tratava-se, obviamente, de um lugar físico, real. Estava no mapa, com sua latitude e longitude (aliás, curiosamente, cortado pelo Trópico de Capricórnio, que passa pela cidade de Sorocaba). Mas era uma realidade muito estranha.

A minha loucura me levava a pressentir outras coisas, coisas que não estavam à vista, indícios de uma outra dimensão que se ocultava por trás da realidade aparente.

Um dia me veio à memória o mito da caverna, de Platão, e pensei comigo: *é isso, estou tentando sair da caverna*. A verdade não está aqui dentro, está tudo distorcido, é um engodo. Nada é o que parece.

Imbuído dessa convicção, conjecturei que a prisão, como tal, não existe, não é nada senão um mito.

A prisão é um templo mítico. Deuses criados por mitos e religiões podem não existir, mas os templos erguidos em seu nome resistem por séculos. Quem é o deus que inspira esse enorme e sangrento altar de sacrifícios?

Recusar a prisão, com toda sua pesada concretude, parecia uma ideia absurda, mas havia nela um presságio de libertação que me enfeitiçou. Passei a investigá-la sob os mais variados ângulos.

As alegorias iam surgindo, uma após a outra, compondo imagens cambiantes e fugidias da prisão, como se eu a observasse em um caleidoscópio.

A prisão era sempre uma outra coisa. E, assim como a liberdade, não estava no mapa.

2

Falarei da prisão como *naufrágio*. Foi assim que ela se me afigurou no início.

Eu me sentia, então, de fato, como um náufrago, e a prisão era uma ilha em que eu estaria para sempre longe do mundo. Eu perdera tudo o que tinha e tudo o que era. Na solidão dessa ilha de concreto, chorei minha ruína. Por muito tempo me pareceu irreal continuar vivendo. A única certeza que resistia ao desespero era a de estar vivo.

Então a máxima dos estoicos acudiu-me à memória: *vita dum superest, bene est* – enquanto resta vida, vai tudo bem. Eu estava vivo, o que já era um milagre.

Tudo estava perdido, sim, mas na verdade nada fora perdido. *Eu poderia sobreviver por mim mesmo*, pensei, *viver do que sou e do que sei*. Eu tinha de me salvar – não *da* prisão, mas salvar a mim mesmo *na* prisão.

Como a tempestade atira o náufrago, nu, a uma ilha desconhecida, são jogados ao cárcere os prisioneiros, despidos de tudo o que é supérfluo, para que se voltem apenas ao essencial. Não têm mais nada a não ser a si mesmos. Terão de aprender a viver do que são, não do que possuem. Prisão é a dignificação da nudez.[26]

A renúncia tem de ser radical. É preciso deixar de lado inclusive a memória, sobretudo aquela que provoca mais dor e lamúria que alento e coragem. Nostalgia e autopiedade paralisam o homem.

O mais sábio dos náufragos foi minha melhor inspiração. Robinson Crusoé amava sua ilha e sua nova vida. Ele por vezes julgava estar melhor ali do que se voltasse ao mundo. Crusoé encontrou paz e felicidade na solidão. Existe liberdade maior do que essa, a de não se sentir mais ligado ao que quer que seja? Todo prisioneiro deveria incluir as aventuras de Robinson Crusoé entre os seus evangelhos.

O homem abriga dentro de si o germe da própria ruína. Não foi diferente comigo. Sou o único culpado pelo meu naufrágio. Cultivei essa

---

[26] "A boa coisa quanto a este lugar é que o homem sente que não é nada além de uma alma nua", escreveu Andrei Siniávski em suas memórias do *gulag* (*A voice from the chorus*).

culpa com o zelo necessário, mas não deixei que transformasse o meu naufrágio em derrota – de que serve a culpa que aniquila o homem? Lembrei-me do que escreveu Zeno: "A mais lucrativa das minhas viagens foi aquela em que naufraguei".

3

Também pensei na prisão como *exílio*.

O exilado não pertence mais a lugar algum, nem àquele onde tem de viver. Será sempre um estrangeiro e tem de se aceitar como tal.

A sensação já me era familiar, apenas se intensificou. Havia um encadeamento entre a minha condição inata de estrangeiro por ter vindo ao mundo como judeu (reforçada depois pela emigração da União Soviética para o Brasil) e a minha atual condição de prisioneiro. Essa prisão, portanto, não é mais do que um exílio dentro do exílio dentro do exílio.

Talvez por isso me tenha sido, de certa forma, mais fácil que para outros prisioneiros construir, nesse último e radical exílio, uma utopia pessoal da liberdade. Parece que me preparei para isso a vida inteira, pois toda minha vida, agora sei, foi de escravidão.

Dizem que a utopia de todo desterrado é a utopia do retorno. Mas eu superei a nostalgia. Minha pátria não está mais no mapa. Hoje, persigo o intangível.

Tudo no exílio perde seu caráter de realidade. Tudo é estranheza, deslocamento, ausência, despojamento, solidão. Sobretudo solidão. Mas é essa nova vida, meio fantasmagórica, suspensa no irreal, que oferece ao homem banido as possibilidades de ascensão.

(Gosto desta fábula, sobre a solidão e tenacidade: um garoto judeu passava todas as aulas de alfabetização desenhando somente o *álef*, a primeira letra do alfabeto hebraico. A professora suspeitou de que ele tivesse alguma deficiência e o mandou para casa, instruindo seus pais para que o matriculassem de novo no ano seguinte. O garoto passou aquele ano treinando em casa, sozinho. Quando voltou à escola, desenhou no muro um *álef* tão perfeito, que o muro desmoronou.)

Bendita seja a minha ilha deserta. Não sei se sou um fantasma no meio de uma turba de prisioneiros ou se todos eles são fantasmas que povoam esta minha ilha; mas a minha solidão é real e absoluta, abençoada seja. Aprendi a amá-la.

4

Ninguém pensa muito na liberdade até o momento em que a perde, assim como ninguém se aflige com a saúde até o dia em que adoece. Ambos, o prisioneiro e o doente, passam a desejar ardentemente um bem precioso que até então negligenciavam. Foi mais ou menos nesses termos que comecei a comparar a prisão com a *doença*.

O homem acometido por uma doença séria costuma encará-la como ofensa, humilhação. Ele se sente ora traído pelo seu corpo, ora conspurcado por um mal que lhe é estranho. Curar-se, para ele, é voltar a ser como antes. Não é assim que pensa também o prisioneiro: para voltar a ser livre, basta sair da prisão?

Os prisioneiros renegam todos os seus dias de cárcere; para eles é um tempo perdido, um tormento inútil que tentam mitigar com orações e sonhos de liberdade. Fazem o mesmo os enfermos que abominam suas dores; se pudessem, riscariam do calendário todos os seus dias de enfermidade.[27] Só a expectativa de cura é capaz de lhes trazer algum alívio. Ambos, o prisioneiro e o doente, recusam o sofrimento.

A quem entre eles faria sentido um conselho que os exortasse a render-se ao sofrimento, a aceitar suas dores como necessárias? Não temos vocação para mártir, dirão; não aspiramos à santidade. Mas todos querem ser felizes, todos aspiram àquela felicidade mundana

---
27 Goffman comenta, em *Manicômios, prisões e conventos,* sobre este "[...] intenso sentimento de que o tempo passado no estabelecimento [prisão ou hospital psiquiátrico] é tempo perdido, destruído ou tirado da vida da pessoa; é tempo que precisa ser 'apagado' [...]. Este tempo é algo que foi posto entre parênteses na consciência constante, e de uma forma que dificilmente se encontra no mundo externo. Por isso, o internado tende a sentir que durante a sua estada obrigatória – sua sentença – foi totalmente exilado da vida".

– Nietzsche a chamou "felicidade de rebanho" – que exclui a dor e a miséria.

A dor para eles é um estorvo à vida. Esquecem que vieram ao mundo e sairão dele em meio a sangue, gemidos e lágrimas. Se nascemos e vivemos sob o signo da dor, por que passamos a vida tentando fugir dela? A dor é a própria vida!

Se soubessem os homens quantas preciosidades se revelam àquele que se abandona ao martírio, se não com a paixão dos santos, ao menos com a resignação dos sábios...

A prisão e a doença conduzem o homem à concentração interior. É uma jornada de aprendizado. Não há sabedoria sem autoconhecimento. A doença desperta no corpo uma eloquência desconhecida. O enfermo, que pouco atentava no seu corpo saudável, agora é instado a ouvir seus protestos, a decifrar sua linguagem.

Mas o que poderia ser o caminho para a plenitude é rejeitado como um desvio inoportuno, perigoso. O ser humano não aceita a doença. Ele a encara como perda da normalidade. Em vez de ambientar-se ao novo cenário, ele se enluta pelo cenário desfeito do ato anterior. Todo doente, assim como prisioneiro, é um ser tomado de luto.

Porém, a troca de cenário é necessária.

"A doença torna a saúde boa e amável", escreveu Heráclito. A superação da moléstia é o caminho para a saúde mais plena. A ascese carcerária é o embrião de uma nova – e mais genuína – liberdade.

A perda pode ser um ganho. A cegueira – que é ao mesmo tempo doença e prisão – é um bom exemplo disso. Pessoas que perderam a visão costumam desenvolver novos – e às vezes mais perfeitos – modos de percepção. Os gregos já falavam de seres humanos que os deuses haviam privado de visão, mas recompensado com algum dom divino. Tirésias, o vidente de Tebas, ganhou de Zeus o poder da clarividência depois de Atena cegá-lo, por ele espiá-la banhando-se no rio, nua. A Demódoco, o bardo feácio, as musas tiraram a visão, mas dotaram-no de um canto incomparável. E Demódoco talvez seja o *alter ego* de Homero, o lendário – e supostamente cego – autor da fabulosa poesia épica formadora do etos grego.

Sasuke, o personagem de *Retrato de Shunkin,* de Jun'ichiro Tanizaki, "sabia que ganhara uma visão interna para substituir a externa, que havia perdido". Sasuke diz:

> Consigo enxergar coisas que não via quando tinha visão [...]. Mesmo que as divindades oferecessem minha visão de volta, eu teria recusado. Alcançamos a felicidade que é desconhecida para alguém que enxerga justamente por sermos cegos.

Em meu romance *Inimigo íntimo,* inventei uma lenda que teria se originado em Praga no início do século XVIII. Meninos que estudavam violino com um certo professor vienense (que acabaria misteriosamente assassinado) iam perdendo a fala à medida que se aprimoravam na arte de tocar. Por fim, alcançada a perfeição que os tornou famosos, os pequenos virtuoses estavam todos completamente mudos.

Se parece possível que os mudos alcancem um modo perfeito de expressão e os cegos passem a enxergar o que os outros não veem, talvez o enfermo possa, através da doença, tornar-se mais são do que jamais foi, assim como o prisioneiro encontrar, no cárcere, a liberdade que jamais conheceu.

5

O homem que regressa de uma longa viagem não é mais aquele que partiu. O mundo não lhe parecerá mais o mesmo, não só porque conheceu novas terras, mas sobretudo porque passou a ver sua terra natal com novos olhos.

Eu pensava na prisão como uma metáfora de *viagem.* Viagem pode não ter nada a ver com prisão, porém prisão tem muito a ver com viagem.

O prisioneiro capaz de se desprender de seu passado e encarar o cárcere como uma experiência fecunda será como o viajante que se distancia de sua pátria para explorar novos mundos, o que é também, a um só tempo, explorar a própria alma. Prisão como metáfora de viagem reproduz a ideia da viagem como metáfora de amadurecimento espiritual que encontramos na literatura. Conhecer o mundo também é conhecer a si mesmo; desbravar o desconhecido é aprofundar o autoconhecimento.

Não é, obviamente, uma viagem programada, mas uma peregrinação ao sabor dos ventos. "Toda jornada tem um destino secreto do qual o viajante não se apercebe", escreveu Martin Buber.

O peregrino não se detém com a nostalgia do lar nem com os anseios do porvir. Seu compromisso é com a viagem em si. Vive cada momento do presente na intensa expectativa da descoberta, ávido por aprender.

Sua jornada é cheia de privações, percalços e perigos. Muitas vezes ele se sente como se percorresse um intrincado labirinto, ou como se remasse um barco à deriva em um mar revolto. Ainda assim, o peregrino ama sua viagem.

Ele ama a viagem como ama a vida. E o que é a vida senão uma grande viagem? E o que é a prisão senão a vida intensificada?

O prisioneiro que não quer desperdiçar sua temporada no cárcere deve amar a enrascada – ele a chamará de *aventura* – na qual se meteu. Isso não significa criar afeição pelo cativeiro, mas aproveitá-lo para fortalecer o espírito. Como foi Ulisses em sua longa odisseia, o prisioneiro terá de ser paciente, tenaz, destemido e astuto.

Não é preciso dizer que na travessia do cárcere o território percorrido é o da própria alma. O prisioneiro parte em busca de si mesmo. Não há itinerário mais difícil e impactante, nem mais solitário. Haverá, porventura, solidão maior que essa solidão forçada do prisioneiro, um solitário no meio da multidão?

A ninguém, senão a esse *homo clausus,* uma cela pareceria lugar próprio para uma viagem de exploração. Somente *ele* terá sentido a liberdade – sua antiga liberdade no mundo dos livres – como uma âncora que o prendia à estagnação. Agora, içada a âncora, o argonauta está livre para zarpar rumo ao desconhecido, livre para aprender.

Quem viveu sob a tirania sabe que os suplícios da servidão levam ao conhecimento. Conhecimento de si e do mundo.

Imre Kertész, sobrevivente do Holocausto, pôs esta afirmação na boca de um de seus personagens: "É possível conhecer o mundo até da cela de uma prisão; aliás, de lá, ainda melhor" (*O fiasco*).

Victor Hugo assim pondera sobre o infortúnio de Jean Valjean, o herói de *Os miseráveis*: "Sua condenação, como um profundo abalo, de algum modo abriu, ao seu redor, algumas frestas no véu que nos oculta o mistério das coisas e que nós chamamos de vida".

Essas são lições extraídas da ficção, mas elas são tão verdadeiras quanto os testemunhos reais.

Lao-Tsé afirmava que: "Sem sair pela porta, conhece-se o mundo; sem olhar pela janela, veem-se os caminhos do céu".

Uma sobrevivente do *gulag* deu este depoimento à escritora Svetlana Aleksiévitch: "é o que sente uma pessoa que passou muitos dias numa cela. O mundo para ela se revela em infinitos detalhes. Nuances. Quer dizer que o mistério pode ser acessível, como um objeto físico [...]" (*O fim do homem soviético*).

Xavier de Maistre contava que a prisão domiciliar lhe abrira as portas do Universo: "das profundezas dos infernos à última estrela fixa para lá da Via Láctea, aos confins do universo, às portas do caos, eis o vasto campo por onde passeio em extensão e largura, e ao meu bel-prazer; pois não me faltam nem tempo nem espaço", diz ele em *Viagem ao redor do meu quarto*, escrito em 1794, durante os 42 dias que passou recluso em seu aposento, em punição por ter se envolvido num duelo.

Longe da sociedade, na solidão de sua viagem ao redor da cela, o prisioneiro começa a compreender o mundo. E, quanto mais compreende, mais se desilude e mais se decepciona. Passa mesmo a repudiá-lo. Mas ele não rejeita o mundo porque este o rejeitou; ele o rejeita pelo que o mundo é. Seu sentimento – que é mais do que misantropia, é náusea – se assemelha ao dos viajantes ilustres que tanto nos divertiram em nossa infância e tanto nos ensinam na prisão. Gulliver, vivendo no país dos Houyhnhms, e Crusoé, em sua ilha deserta, passam a desprezar a civilização e quase perdem o desejo de voltar para ela. Xavier de Maistre lamenta sua libertação: "O jugo das relações humanas há de pesar novamente sobre mim; não darei nem mais um passo que não seja medido pelo decoro e pelo dever". É mais fácil ser feliz vivendo sozinho ou entre os cavalos que no meio dos homens.

"Não há destino que não possa ser superado com o desprezo", disse Camus.

6

A prisão é um começo, não é um fim.
ALBERT CAMUS, *A PESTE*

Hoje consigo revisitar aquela cena com uma certa frieza, como se olhasse para a cicatriz de um antigo ferimento que fora quase fatal.

Eu vivi minha prisão como uma *morte*.

Na primeira noite me deixaram sozinho numa pequena cela nos fundos da delegacia. Tomaram-me o relógio, os óculos, o cinto, os cordões dos sapatos. "É capaz dele querer se matar", diziam. "A vida dele acabou".

Deitei-me de lado, de costas para a grade, sobre um colchonete imundo que havia no chão. Ali transnoitei, num torpor de morte.

Durante toda a noite, passos se aproximavam e se afastavam da jaula. Eu ouvia insultos, socos na grade; alguém cuspiu em minha direção. Em algum canto distante da delegacia a TV cuspia invectivas contra mim.

Um homem pode ser expulso do mundo num piscar de olhos.

Eu me sentia um morto-vivo. Com a minha alma ferida de morte, eu já não passava de um corpo. Ele seguia sua existência fisiológica, estranhamente alheio, impassível, ileso. A respiração era regular, o coração pulsava tenso, mas compassado, os músculos estremeciam sob o frio da madrugada. Mas e a mente?

Oh, minha mente havia submergido para uma profundeza turva... Eu podia pressentir o limiar da extinção.

Hoje sei que, assim como os meus músculos tiritavam para me aquecer, minha mente buscava no estupor a anestesia contra a dor e o desespero. Sem saber, eu lutava para viver. Mas naquela noite a sensação era de aniquilamento irremediável; a estranha dissociação entre a mente e o corpo parecia ser um augúrio da morte.

A prisão é uma morte moral e social (embora acarrete também um risco concreto de morte física).[28] O condenado, execrado e banido da sociedade, continua no mundo dos vivos, mas como um fantasma. Tudo o que lhe acontece – a desonra, a ausência, o degredo –, tudo concorre para excluí-lo do mundo. "Todo o sistema penal, no fundo, está orientado para a morte e é regido por ela", ensinava Foucault (*A sociedade punitiva*).

Doctorow havia dito o mesmo, em *O livro de Daniel*:

> [...] uma verdadeira prisão é uma metáfora da morte e quando se coloca um homem numa cela sugerem-se os graus da morte possíveis antes que a vida se esgote realmente. Ele é forçado a começar a morrer. Todas as limitações à liberdade sublinham as condições de morte. O castigo da prisão inflige na vida a corrupção da morte.

A prisão como metáfora da morte não é uma ideia nova. Tchékhov, ao indagar homens que viviam o degredo na ilha de Sacalina sobre seus planos para o futuro, recolheu depoimentos como este: "Mortos não voltam do cemitério" (*A ilha de Sacalina*). Dostoiévski chamou de "a casa dos mortos" a prisão siberiana em que cumpriu a pena de trabalhos forçados.

Dostoiévski se revelou um gênio da literatura depois daquela experiência radical. Em toda morte há um germe de renascimento. É preciso peneirar tudo o que é velho, encontrar a semente da nova vida, reconhecê-la, acreditar nela, cultivá-la.

---

28 Estatísticas revelam que, no Brasil, um homem encarcerado corre o risco de morte seis vezes maior do que quando estava livre. As condições degradantes dos presídios favorecem a morbidade e a mortalidade: superlotação, ambiente insalubre, promiscuidade, falta de água, alimentação deficiente, alto nível de estresse, ansiedade, depressão e outros transtornos mentais, sedentarismo, uso de drogas, maior propagação de doenças transmissíveis como tuberculose, hanseníase, hepatite C, HIV, Covid-19 etc., precária assistência médica dentro do presídio e fora dele (onde, além da demora na remoção, os presos são muitas vezes atendidos com má vontade, medo e repulsa, como categoria inferior de ser humano), conflitos cruentos entre presos e entre facções rivais, rebeliões, violência policial... As prisões brasileiras matam – matam e deixam morrer.

O prisioneiro é, como o Enforcado das cartas de tarô, um morto prenhe de possibilidades.

7

A verdadeira liberdade, eu só a conheci mesmo na prisão.

Não sei se a descobri ou a inventei, mas pouco importa. A descoberta, que é conhecimento, e a invenção, que é imaginação, se entrelaçam e se complementam até se tornarem uma só e a mesma coisa.[29]

"A semente só pode germinar na obscuridade", diz um provérbio árabe. Clausura é solo fértil para o pensamento. Ali onde a liberdade de ação foi reduzida ao restolho, a liberdade do espírito pode florescer, altiva e tenaz.

Cogito ergo liber sum – penso, logo sou livre – quem sabe não teria sido esta a famosa máxima de Descartes se ele tivesse escrito seu *Discurso do método* numa prisão.

Para o prisioneiro que dominar a arte de cultivar a liberdade interior, esta será a mais cara, a mais preciosa das liberdades, não tanto por ser

---

29 Nesta bela passagem de *O milagre da rosa,* romance de fundo autobiográfico escrito no cárcere, Jean Genet fala da imaginação que o salvou, povoando sua prisão de "aventuras consoladoras": "O desespero era tão profundo que, para viver (continuar a viver era o grande negócio), a minha imaginação de início, primeiro, organizou um refúgio para mim na minha própria alma, e criou-me uma vida belíssima. Como a imaginação vai depressa, isso aconteceu rapidamente. Rodeou-me uma multidão de aventuras destinadas talvez a suavizar o meu encontro com o fundo desse precipício – pois eu acreditava que ele tivesse um fundo, mas o desespero não tem –, e à medida que eu caía, a velocidade da queda acelerava-me a atividade cerebral, a minha imaginação incansável tecia. Tecia outras aventuras e mais novas e sempre mais rápido. Por fim, transportada, exaltada pela violência, pareceu-me em diversas ocasiões que ela já não era imaginação, mas outra faculdade, mais alta, uma faculdade salvadora. Todas as aventuras inventadas e esplêndidas adquiriam cada vez mais uma espécie de consistência no mundo físico. [...] Ainda, de alguma forma, essa faculdade nova, surgida da imaginação, mas mais alta do que ela, mostrava-as a mim, preparava-as, organizava-as, todas prontas a receber-me. Bastava pouca coisa para que eu abandonasse a aventura desastrosa que o meu corpo vivia, para que eu abandonasse o meu corpo (tive razões, então, ao dizer que o desespero faz a gente sair de si) e me projetasse naquelas outras aventuras consoladoras que se desenrolavam paralelamente à minha pobre aventura".

a única que lhe resta e que não lhe será tomada, mas sobretudo porque só pode se desenvolver como criação sua.

Todo prisioneiro começa sua peregrinação tolhido pela dor da liberdade perdida. Como a dor de um membro fantasma, ela lhe rouba toda a atenção, toda a energia. Entretanto, o tempo atenuará a dor. O prisioneiro talvez se dê conta então de que sua liberdade não foi extinta – foi cindida. Resta-lhe ainda sua liberdade interior, como resta ao amputado o membro vicariante, em que a vida lateja cheia de saúde, de potencial e expectativa.

Para mim, o passo inicial desta aventura consistiu em me desvencilhar do conceito usual e estéril da liberdade e da prisão como condições antípodas, homogêneas e mutuamente excludentes, definidas por leis e territórios.

As pessoas "livres" tendem a acreditar que são efetivamente livres, além de ter uma disposição pouco piedosa para desejar a perda dessa liberdade àqueles que elas temem ou odeiam. A rua é o terreno da liberdade, o Éden das ovelhas disciplinadas – a cadeia é o enclave da servidão, a danação dos lobos maus.

Esse maniqueísmo é tolo e perverso. Assim como não existe homem perfeitamente bom ou inteiramente mau, também não existe homem que desfrute de liberdade plena ou que possa ser totalmente subjugado.

O homem "livre" ignora a real extensão da sua liberdade, tampouco distingue nela as marcas da opressão. Não sabe até onde vai sua autonomia e onde começa a submissão. Mas a obscura zona de transição em que ambas se mesclam e se confundem é o palco onde se desenrola a maior parte de sua vida. Como disse René Girard, "Existe aí uma prisão da qual eles não veem os muros, uma servidão tanto mais total por se tomar como liberdade, uma cegueira que se crê perspicácia" (*O bode expiatório*). Boécio, referindo-se sobretudo à servidão dos vícios, responsabilizou as pessoas por serem "prisioneiras de sua própria liberdade" (*A consolação da filosofia*).

Mesmo na melhor das democracias a liberdade é normatizada, vigiada, administrada. Além de estar à mercê de acasos e determinismos em que não pode influir, o homem tem suas escolhas e sua conduta moldadas por toda sorte de condicionamentos e ditames sociais.[30] A sujeição à lei o ajuda a domar as forças irracionais que habitam dentro dele e lhe garante a proteção da qual necessita para viver em segurança. A liberdade que lhe é concedida – e exigida – em contrapartida pelo contrato social é uma liberdade disciplinada, responsável. É uma liberdade relativa, mas é a única possível. Em um Estado ideal, supõe-se, é a melhor possível.[31]

O oxímoro de Rousseau – o homem deve ser coagido à liberdade – revela a natureza frágil e ambígua da liberdade humana, sujeita ao domínio da vontade coletiva e dos poderes do Estado.

Dizer que o homem nunca esteve tão livre como hoje é uma meia-verdade. É uma alusão à liberdade de ação, liberdade do corpo, liberdade de ter – mais do que à liberdade de ser, à liberdade da alma. A alma do homem segue tão aprisionada e angustiada como a que nos foi revelada nas páginas da Bíblia ou nas tragédias de Sófocles.

E, ainda assim, o homem comum parece fazer pouco caso da liberdade, ou mesmo querer se ver livre dela. Ele se incomoda cada vez menos com o ubíquo panoptismo moderno que devassa sua privacidade, quando não é ele mesmo que a expõe narcísica e despudoradamente nas redes sociais. O mundo de hoje é um espetáculo para *voyeurs* de todo gênero, um grande reality show em que a aparente liberdade de se mostrar e se expressar convive com o exibicionismo, a ignorância, o mau gosto e a futilidade que aprisionam o espírito humano. Enquanto a massificação leva as pessoas a construir suas identidades de forma cada vez mais estereotipada e heterônoma, sua intimidade vai perdendo o caráter sagrado de inviolabilidade.

---

30 Escreveu Spinoza: "Os homens enganam-se quando se consideram livres, e esta opinião depende somente do seguinte: de que eles são conscientes de suas ações e ignorantes das causas pelas quais elas são determinadas. Esta, portanto, é a sua ideia de liberdade: que eles não conhecem as causas de suas ações" (*Ética*).
31 Émile Durkheim resumiu assim: "O indivíduo submete-se à sociedade e essa submissão é a condição de sua libertação. Pois a liberdade do homem consiste na libertação face às forças físicas cegas, irracionais; ele a alcança opondo a estas a grande força inteligente da sociedade, sob cuja posição se abriga. Colocando-se sob a asa da sociedade, ele se torna também, em certa medida, dependente dela. Mas trata-se de uma dependência libertadora; não há contradição nisso" (*As regras do método sociológico*).

Desde os tempos imemoriais, a preocupação do homem com a sua segurança e seu bem-estar material tem sobrepujado seu anseio de liberdade. Indignamo-nos, assim como Moisés, com os protestos que os hebreus lhe lançavam por tê-los tirado do Egito, onde, não obstante a escravidão, não passavam fome e sede que agora tinham de amargar no deserto (e isso logo após a milagrosa travessia do Mar Vermelho!). O povo romano, como os césares bem o sabiam, também era facilmente apaziguado com pão e circo.

A história mostra que os povos, quando conquistam a liberdade, não sabem bem o que fazer com ela, e muitas vezes a deitam a perder. Os russos, por exemplo, parecem ter uma propensão atávica a viver sob o manto paternalista e autoritário; dissolvida a União Soviética, elegeram e seguem reelegendo um ditatorial ex-agente da KGB para governá-los. Grande parte deles tem saudade do comunismo, quando a vida era mais segura e previsível, ainda que com bem menos liberdade do que hoje.

Liberdade, igualdade, fraternidade, o fragoroso lema da Revolução Francesa é letra morta em boa parte do mundo atual, que vem dando uma temerária guinada para o populismo nacionalista e a extrema direita. Será tão curta a nossa memória das desastrosas aventuras totalitárias do século passado?

Paradoxalmente, a liberdade, tão desejada pelo homem, também é um fardo. Ele, que tanto se sacrificou para conquistá-la, muitas vezes parece querer se desembaraçar dela.

O primeiro casal vivia feliz no Paraíso enquanto não sentia necessidade de escolha. A maldade da serpente não foi ter mentido para Eva – pois o que ela lhe pregou foi mais um sofisma que uma mentira –, mas tê-la incitado a usar do livre-arbítrio. Desde então, toda escolha humana carrega o estigma do pecado original, a culpa do erro primordial.

Seria então o livre-arbítrio não uma dádiva, mas um castigo para a espécie humana – um presente de grego? Como no bojo do cavalo de Troia, toda liberdade parece trazer oculta dentro de si a angústia da escolha. Nas palavras de Sartre, o homem é "condenado à liberdade".

Talvez o ser humano fosse mais feliz sem essa liberdade. Talvez fosse até mais livre se não tivesse de carregar o peso do livre-arbítrio. Esta seria uma *reductio ad absurdum,* não fosse o conceito de liberdade tão dúbio.

John Gray leva essa ideia ao extremo ao sustentar, em *A alma da marionete,* que o homem verdadeiramente livre não é o que exerce plenamente sua liberdade de escolha, mas aquele que se libertou da escolha. Assim, animais e marionetes, privados do pensamento autorreflexivo, seriam mais livres que o homem.

Rilke, certa vez, diante da jaula de um leão, perguntou-se onde estaria a liberdade, à frente ou atrás das grades. Podemos adivinhar a resposta do poeta.

Depois que li este trecho em *De amor e trevas*, de Amós Oz, pouca coisa me restou a dizer sobre o livre-arbítrio sem incorrer em plágio:

> [...] a hereditariedade e o meio que nos alimenta, assim como a nossa classe social, são como cartas do baralho que nos são distribuídas aleatoriamente, antes de o jogo começar. Até aí não há nenhuma liberdade de escolha – o mundo dá, e você apenas recebe o que lhe foi dado, sem nenhuma outra opção. [...] a grande pergunta é o que cada um de nós consegue fazer com as cartas recebidas. Pois há os que jogam muito bem com as cartas nem tão boas, e há, pelo contrário, aqueles que desperdiçam e perdem tudo, mesmo com cartas excepcionais! E esta é toda a nossa liberdade: a liberdade de jogar com as cartas que nos foram dadas. Mas mesmo a liberdade de escolher o nosso jogo [...] depende, por ironia, da sorte de cada um, da paciência, da sabedoria, da intuição, do arrojo. Mas essas também não são cartas que nos foram ou não nos foram dadas antes de o jogo começar, e sem nos perguntarem nada? E então, se for assim, o que é que sobra, afinal, para o nosso livre-arbítrio? Não muito,

> [...] talvez nos tenha restado apenas a liberdade de rir da nossa situação, ou lamentá-la, participar do jogo ou cair fora, tentar entender mais ou menos o que existe e o que não existe (o que temos e o que não temos), ou desistir e não tentar entender nada. Em resumo – a alternativa é entre passar alerta por esta vida ou numa espécie de letargia.

O rebanho humano passa pela vida na letargia da ilusão, do conformismo, da repetição. A verdadeira liberdade é para poucos, como defendia Nietzsche. Seu *Übermensch*, o homem superior, movido pela vontade férrea de autossuperação, conquista a liberdade longe da multidão (o alto da montanha é o topos predileto do filósofo). "Todos os meus sentimentos sofrem em mim e estão aprisionados, mas o meu querer chega sempre como libertador." A libertação é a vitória da vontade.

A quem desagrada a empáfia do *Übermensch*, Spinoza oferece uma outra perspectiva de libertação. A vontade livre é impossível, ele diz; o homem não tem como escapar à realidade física, à cadeia da causalidade. A única liberdade à qual ele pode e deve aspirar é aquela que se pode alcançar pelo conhecimento, pela compreensão do mundo e de si mesmo como parte nisso. A liberdade, para Spinoza, reside em um "ponto de vista", um modo particular de apreender a realidade. Só o conhecimento e a reflexão podem conduzir o homem a essa lucidez e à reconciliação com o seu destino. Sartre diria o equivalente, numa frase lapidar: "Querer ser o que sou, eis a liberdade que me resta".

A libertação pela gnose é uma ideia sempre renovada, dos gnósticos a Sócrates, dos estoicos a Spinoza, de Nietzsche a Freud, de Sartre a Foucault. Todos eles, de uma forma ou de outra, concordavam que a liberdade que realmente importa é a do espírito, e que ela não é uma condição decorrente de relações entre os homens, mas uma escolha pessoal que implica conhecimento, atitudes e prática. É, talvez, o que Amós Oz quis dizer com "passar alerta por esta vida".

8

Servi-me de muitos mestres em minha peregrinação, mas, curiosamente, o primeiro deles não foi nenhum escritor ou filósofo, e seus conselhos não estavam em nenhum livro.

Eu estava preso havia poucas semanas, quando meu filho (então com 10 anos), ao nos despedirmos ao fim de uma visita, estendeu para mim uma folha de caderno dobrada várias vezes: "Fiz pra você, pai". Depois que ele foi embora, li o seguinte:

> "Como você acha que a vida já começou sem você estar acordado? Se você não tentar, nada vai conquistar. Se você não dominar sua vida, nada vai ter.
> "O mundo começou, você está no jogo. Jogue o dado certo, que você ganhará. Se você não tentar, não vai poder continuar a jogar. Olhe à sua volta, que você descobrirá.
> "O cérebro tem o poder da imaginação. Mesmo que você esteja infeliz, a sua imaginação pode fazer você sair voando, fazer você ser feliz.
> "O tempo está passando. Acabando ou apenas começando? Você está destruindo o seu tempo ou aumentando sua glória, tendo mais poder e mais força? Tendo mais coragem ou sendo destroçado pelo seu inimigo? O perigo é grande e a trilha é curta."

Guardei o bilhete como uma relíquia. Tenho-o relido de quando em quando, e a cada vez que o faço surpreendo-me com novas nuances, novos significados que fluíram do inconsciente do meu menino como que por obra de alguma misteriosa epifania (porque ele mesmo não saberia explicar o que havia escrito; tempos depois, nem sequer se lembrava de tê-lo feito).

Estava tudo lá, tudo de que eu ia precisar para iniciar a travessia.

9

*Só esta liberdade nos concedem
Os deuses: submetermo-nos
Ao seu domínio por vontade nossa.
Mais vale assim fazermos
Porque só na ilusão da liberdade
A liberdade existe.*
Fernando Pessoa

Sonhei com ninguém menos que Virgílio. O poeta guiava-me – como guiara Dante – pelas brenhas do Inferno. A certa altura passamos por um grupo de infelizes que entoavam cânticos ao Salvador. "Esses foram castigados pela fé insincera", disse-me Virgílio; "hão de cantar pela eternidade". Ouvi-o ainda dizer, a meia-voz, como para si mesmo: "A única salvação para os vencidos é não esperar nenhuma salvação".

A sentença – reconheci ao despertar – está em *Eneida*. *Una salus victis, nullam sperare salutem*. É um paradoxo, mas não para mim, não para os homens que encontram redenção na renúncia – eles inventam a própria salvação.

Se a prisão é uma derrota, o prisioneiro é um ser duplamente vencido: primeiro, por ele mesmo, artífice que é da própria desgraça; depois, pelo mundo, que o pôs de joelhos e cobriu de infâmia. Existe, porém, um refúgio onde essa derrota não se consumou – o refúgio da própria alma. Ali se trava ainda o último combate. Ali, no território de sua alma, homem algum pode ser derrotado, a não ser por si mesmo.

A prisão deixa o homem terrivelmente só e desolado, mas, em contrapartida, o desembaraça dos sutis controles sociais e relações de poder, amarras invisíveis que tolhiam sua autonomia e autenticidade no mundo administrado em que vivia. Na prisão, caem as máscaras, fenece a hipocrisia, as verdades se liquefazem. A liberdade outrora desfrutada revela-se um engodo.[32]

Em vez de lamentar a perda dessa liberdade, o prisioneiro sagaz renunciará a ela – ele tratará de inventar a sua. Ao mesmo tempo que se vê privado dessa pseudoliberdade social – a dita liberdade de ação, liberdade de ir e vir –, ele ganha uma inaudita oportunidade de assenhorear-se de si mesmo, de autogovernar-se. O paquidérmico código disciplinar do presídio não lhe será obstáculo.

Ele sabe que nada que é do mundo lhe pertence mais. Remoer a nostalgia das antigas glórias ou a esperança de reaver o passado faria dele um fantasma inconformado, uma alma penada.

Se há um futuro para ele, o ponto de partida é a renúncia. A única esperança que lhe resta é a de poder, abandonando-se a uma ascese de anacoreta, construir um outro mundo, só para si, uma utopia pessoal em que sua dignidade e liberdade sejam invenção sua, uma conquista inexpugnável, não uma concessão de outrem. A esperança dele não está voltada para o mundo, mas para dentro de si enquanto mártir. Não se alimenta

---

32 Franco Moretti, em *O romance de formação*, analisando a obra de Stendhal, discorre sobre "[...] a grande imagem stendhaliana da prisão feliz. A interpretação mais difundida, singularmente idílica, vê esta como o lugar que permite a Julien [herói de *O vermelho e o negro*] e Fabrice [protagonista de *A cartuxa de Parma*] esquecer o mundo da 'verdade' e das 'máscaras' para descobrir finalmente a 'verdade' do próprio coração. [...] para aqueles que quiserem valorizar de modo radical a aspiração à liberdade, a felicidade será concebível, não 'também', mas *somente* na prisão: no aprisionamento. Sobre a 'verdade' do coração ele só poderá ter certeza *depois* que uma correção externa o tiver privado da liberdade. Entregue a si mesmo, esse indivíduo não é capaz nem de 'felicidade' nem de 'verdade': ele se duplica, se desvincula, se disfarça, porque para ele o mundo das máscaras e da má-fé não é mais separável daquele da liberdade e da história". A ascese de Andrei Siniávski, escritor dissidente que passou sete anos nos campos de prisioneiros da União Soviética, é um exemplo eloquente da verdade que Moretti extrai da literatura: "Encerrado numa jaula, a mente é forçada a fugir para espaços abertos mais amplos do universo pela porta dos fundos. Mas para isso acontecer, ela tem que ser, antes, perseguida e segregada. [...] No fim das contas, o campo dá a sensação de máxima liberdade. (Talvez apenas a prisão fechada [aquela em que os presos são mantidos em confinamento solitário] dá-a em grau ainda maior.)" (*A voice from the chorus*). Soljenítsin expressou opinião idêntica, depois de amargar oito anos no *gulag*: para ele, os campos eram o único lugar na Rússia onde se podia pensar livremente. "Talvez precisamente aqui", escreve ele em *Arquipélago Gulag*, "entre os muros de uma cela, ressalte esta grande verdade: estreita é a cela, mais estreito ainda é o país *livre* lá fora!"

de antevisões do futuro, mas da fecundidade do presente. "À liberdade e à vida só faz jus / Quem tem de conquistá-las diariamente." A frase é de Fausto (de Goethe), mas o prisioneiro a adota no sentido que lhe inspira a eudaimonia grega.

O martírio propicia ao condenado o mais profundo conhecimento, aviva nele a altivez e a força para o combate. A dor é o caminho incontornável para a sabedoria. A verdadeira realidade só se revela ao homem ferido; seu espírito se fortalece na adversidade. "O que não me mata, me deixa mais forte." O aforismo de Nietzsche virou ditado popular, por sinal muito em voga nas prisões.

"Se quero descrever a primavera, é preciso que esteja no inverno, se quero escrever sobre uma bela paisagem, é preciso que esteja cercado por muros; e disse cem vezes que, se algum dia fosse metido na Bastilha, ali faria um quadro da liberdade." A julgar por essa bela digressão de Rousseau em suas *Confissões*, também ele acreditava que é nas mais densas trevas que lampejam os mais vivos clarões.[33]

Em quem senão no escravo – e no prisioneiro, que é uma espécie de escravo – a liberdade pulsa com tamanho fervor? Eles a têm à flor da pele. Pois o que tanto falta, o que foi tão brutalmente usurpado, clama por ser restaurado, arde na expectativa da mais plena realização. Quem ama e entende mais a liberdade que o escravo? Os homens "livres" sabem muito menos o quanto são livres do que os escravos sabem o quanto podem ser – potencial e espiritualmente – livres. A liberdade do escravo se realiza no campo da imaginação e do desejo – vitória desconhecida para quem não conhece a servidão.

Diógenes, o cínico mais excêntrico da Grécia, dizia que a escravidão, embora injusta e opressiva, não é problema para um sábio, que tem a mesma facilidade de ser feliz no cativeiro como na liberdade: para ele só a liberdade interior é que conta.

- - - - - - - - -
33 Kafka disse algo semelhante, embora de forma mais soturna: "O pressentimento de uma libertação final não é confutado pela razão de, no dia seguinte, a prisão prosseguir sem se modificar ou se agravar, ou mesmo ter sido dito claramente que não cessará jamais. Tudo isto, ao contrário, pode ser uma condição necessária para a total libertação" (*Diários*).

Diógenes vivia dentro de um barril nas ruas de Atenas. Ele levou seu desprezo do mundo até as últimas consequências. Poucos filósofos além dele (Sócrates é outro exemplo notável) adotaram um modo de vida tão desafiador e tão fiel aos princípios que professavam. Não é de admirar que muitos atenienses o julgassem louco.

A bem da verdade, a loucura sempre rondou aqueles homens que, exilados do mundo, se abismam nas profundezas da própria alma, se perdem nos excessos de imaginação.

A loucura e a lucidez convivem na mente de todo gênio, de todo grande artista. Montaigne, um pensador dos mais sóbrios, considerava que "nossa sabedoria é menos sábia que a loucura". Não amamos, porventura, os desatinos de Dom Quixote, que reinventa a realidade a cada nova aventura, ou a insensatez de Robinson Crusoé quando passa a venerar sua ilha como o melhor lugar do mundo para viver? Eles são felizes em sua utopia, e graças à sua loucura. É uma loucura sábia, fértil. Eles amam seu destino, por mais atribulado que seja.

Há loucura e lucidez também em Hamlet, mas sua loucura é fingida, e sua lucidez é um pesadelo. O mundo para Hamlet é uma enorme prisão; esta é uma visão subjetiva, e ele sabe disso. "Eu poderia viver recluso numa casca de noz e me achar rei do espaço infinito se não tivesse maus sonhos", confessa. "Não há nada de bom ou mau sem o pensamento que o faz assim". Milton disse o mesmo em *Paraíso perdido*: "a mente [...] faz um céu do inferno e um inferno do céu". Tanto a prisão quanto a liberdade são concepções do espírito, "pontos de vista", como diria Spinoza. Hamlet é um prisioneiro infeliz porque briga com seu destino.

Crusoé, prisioneiro feliz, pondera sabiamente: "com frequência, no curso de nossa vida, o mal que nós mais tentamos evitar e que, quando nele mergulhamos é o mais terrível para nós, muitas vezes é o próprio meio ou porta de nossa salvação". As palavras de Crusoé me lembram a saga de Jonas.

Jonas tentou, em vão, furtar-se ao mandamento de Deus. Em punição pela desobediência, é lançado ao mar tempestuoso. Ele morreria afogado, não fosse a Divina Providência que faz que seja engolido por um grande peixe. Ali, no ventre do peixe, Jonas dirige a Deus um comovente salmo de devoção. Deus então ordena ao peixe que o vomite de volta à terra. O peixe, que seria a sepultura de Jonas, acaba sendo sua salvação.

Os prisioneiros deveriam viver seus incontáveis dias de cárcere como Jonas viveu seus três longos dias nas entranhas do peixe. O que não mata fortalece. O que é necessário deve ser suportado com resignação.

A redenção do prisioneiro reside em sua própria consciência, no confronto definitivo consigo mesmo. A prece de Jonas testemunha sua fé na misericórdia de Deus, mas antes disso é o solilóquio de uma consciência angustiada. A fé de um homem que se volta para Deus sem explorar a própria alma é como um primitivo instinto de ovelha. (Quantos prisioneiros não esgotam seus anos de cárcere em cultos e orações, sem nada aprender sobre si mesmos e sobre o mundo? Saem da prisão mais néscios e mais presos do que quando chegaram. "Uma hora de introspecção vale mais que setenta anos de adoração" – essa máxima do Corão não faz sentido para eles.)

Amor ao destino pode ser tão confortador quanto a fé na Providência: tudo é como deve ser. O homem que está em paz com a sua sorte vive no presente, não chora sobre o leite derramado, não se demora com os dias passados.

Marquês de Pelleport escreveu numa carta, referindo-se aos prisioneiros da Bastilha, que seria melhor para eles "dançar ao som das suas correntes do que remoer em vão seu destino". Pelleport cumpriu pena na Bastilha à mesma época que Marquês de Sade (este passou um terço de sua vida na prisão); ambos aproveitaram seu tempo de cárcere para escrever romances, o que não deixa de ser uma forma de "dançar ao som das correntes".

Nietzsche, detrator virulento da fé religiosa, escreveu que *amor fati*, o amor ao destino, era o cerne de sua natureza. "O que poderia suceder-me que já não me pertença?", pergunta seu herói Zaratustra, o protótipo do *Übermensch*.

Para o filósofo que vê a vida como uma prisão, e para o prisioneiro que descobre que a prisão é vida, o *amor fati* é um axioma místico, uma fé redentora.

Boécio, o mártir cristão que escreveu *A consolação da filosofia*, uma das obras mais populares na Idade Média, disse que devemos tolerar, sem queixas, tudo o que acontece no âmbito da Fortuna. [...] por vezes acontece de ela não enganar os homens, mas esclarecê-los. [...] a Fortuna é mais benéfica aos seres humanos quando se mostra adversa do que quando se mostra favorável. [...] a Fortuna favorável usa de todos os seus encantos para desviar as pessoas do verdadeiro bem, enquanto a Fortuna desfavorável trava-lhes o caminho para levá-los novamente aos verdadeiros valores.

O *páthos* dessas palavras reside no fato de terem sido escritas entre sucessivas sessões de tortura por um prisioneiro aguardando sua execução.

Amar o destino, o *inexorabile fatum,* não é um fatalismo; não significa acreditar na predestinação ou render-se aos caprichos das Parcas ou aos desígnios do Todo-Poderoso, ainda que não seja inconciliável com qualquer teísmo. Também não significa a indulgência excessiva para com os próprios erros ou a desnecessidade de aprender com eles, tampouco o masoquismo de uma expiação autodestrutiva.

Amor fati é a resignação do homem com tudo aquilo que não pode ser mudado, aliada à crença racional em sua autodeterminação como uma potencialidade contingente.[34]

O homem não tem controle sobre todas as forças que moldam seu destino, mas não é inerte nem inerme diante delas. Sua vontade interage com o imponderável e o inevitável. Quanto mais criativa for essa interação, mais sua vida se assemelhará a uma obra de arte.

Como disse Sartre, o que realmente importa não é o que acontece ao homem, mas o que ele faz com aquilo que lhe acontece. O marujo em alto-mar está à mercê das forças da natureza, mas é a sua técnica e arte de manejar o barco que imprimirá o feitio único à sua viagem. Sua viagem é sua obra de arte.

A arte de manobrar o leme – a arte de viver, não importa em que circunstâncias – é a liberdade que cabe ao homem. O prisioneiro é tão

---

[34] A resignação liberta, como observou Soljenítsin: "A resignação em face do destino, a renúncia a toda veleidade de organização da própria vida, o reconhecimento de que não se pode prever nem o melhor nem o pior, [...] tudo isso libertava o preso de uma parte das suas algemas, tornando-o mais tranquilo e até mais sublime" (*Arquipélago Gulag*).

livre para criar quanto qualquer homem fora da prisão. A prisão pode mesmo representar um desafio e uma bênção para a criação, ao extrair dele seu talento mais genuíno, temperado no crisol do martírio – o mar bravio obriga o lobo-do-mar a dar o melhor de si.

10

Bonsai é um exemplo simbólico de vida que se faz arte.

A semente da árvore anã poderia ter germinado em uma frondosa árvore a vicejar em um parque ou uma floresta, mas o destino a aprisionou num pequeno vaso sob os cuidados de um artista obcecado pela beleza em miniatura. Algumas dessas criaturas não toleram a opressão da tesoura, não se adaptam ao confinamento, definham, morrem. O bonsai que floresce é o que aceitou seu destino, que é ser uma obra de arte. Sua existência se destina a encarnar a beleza. A essência dessa beleza está contida na semente do bonsai, mas suas formas só se materializam sob as mãos do artista.

Mutatis mutandis, a vocação para ser livre está na alma do homem, mas a sua liberdade espiritual só se realiza como criação. Como o bonsai que se sublima na comunhão com o criador que o esculpe, o prisioneiro se liberta na interação amorosa e criativa com o seu destino.

11

Jean Genet, o mártir e o santo das prisões francesas, conta, em *Diário de um ladrão*:

> Quando, na Santé, comecei a escrever, nunca foi com o intuito de reviver as minhas emoções ou de comunicá-las, mas para que, da expressão delas imposta por elas, eu compusesse uma ordem (moral) desconhecida (de mim mesmo, em primeiro lugar). [...] A minha vitória é verbal e eu a devo à suntuosidade dos termos, abençoada seja, pois, essa miséria que me aconselha tais escolhas.

O prisioneiro pode imaginar a metáfora que mais lhe aprouver: ele criará, a exemplo de Genet, um longo poema do cárcere; ou pintará uma imagem perturbadora numa grande tela; ou, ainda, comporá uma comovente sinfonia; ou, quem sabe, tecerá uma rica tapeçaria retratando uma epopeia... Gosto de me imaginar erguendo uma catedral, uma construção épica...

Hoje, do alto dos meus 7.600 dias de cárcere, não lanço meu olhar para trás, em busca do passado, mas para baixo, feito o pedreiro que, do alto do seu andaime, antevê nas toscas formas da estrutura ainda inacabada abaixo dele a beleza e a imponência do futuro templo. A imaginação mantém vivos o vigor e a disposição do artista. Eu me teria deixado esmagar pelo tédio e pela desolação desses milhares de longos dias se não imaginasse cada um deles como mais um tijolo assentado sobre o arcabouço da obra que me propus a criar. À concretude de cada tijolo, aparentemente supérfluo em sua pequenez, eu contrapunha as belas formas da futura catedral, que se me afigurava em toda a sua grandeza e harmonia. Foi graças a essa imaginação que cada tijolo – cada dia de cárcere – ganhava seu pleno sentido e imprescindibilidade. E foi graças a esse mergulho na imaginação (algo que me foi aconselhado por meu filho sete mil e tantos dias atrás) que pude transformar em rica aventura o que teria sido para o meu espírito um longo atoleiro. Foi essa imaginação que me permitiu escapar à derrota infame a que estava destinado, para o triunfo que o mundo real jamais reconheceria.

É uma vitória secreta e intangível – o triunfo da dignidade e da liberdade –, coisas do espírito que só a mim interessam e só a mim me convencem. A inefável obra de arte criada pelo prisioneiro é invisível para o mundo.

12

Kafka, o gênio que entendia como ninguém da prisão humana, tem um conto, *Um relatório para uma academia,* em que narra o discurso de um macaco para uma plateia de eruditos. O macaco conta que cinco anos antes fora capturado na costa africana e metido, junto com outros animais, num navio rumo – presumivelmente – à Europa. Os ouvintes gostariam que o macaco relatasse reminiscências da sua vida animal, mas ele afirma não ter mais nenhuma lembrança desse tempo. Sua memória começa com a jaula em que permaneceu encerrado durante a viagem. Ele observa os homens no convés, os rudes marinheiros que se divertem com ele. Pondera sobre sua situação. Seus dentes poderosos poderiam arrebentar a tranca da jaula, mas para onde fugiria, cercado pelo oceano? A liberdade – a liberdade que tinha como símio – não lhe é mais possível. Ele concentra então todos os esforços em buscar não a liberdade, mas uma *saída*. A saída, conclui, é imitar o homem. Ele nota que os marinheiros apreciam sua habilidade mimética. Sabe que seu destino será viver preso num zoológico ou se exibir num teatro de variedades. Esta última opção é, de longe, a melhor e, quanto mais exímio ele se tornar na arte da imitação, mais chances terá de alcançar esse objetivo. Pouco a pouco, o macaco vai se humanizando, aprende a falar, a fazer tudo o que os homens fazem. Ele se torna famoso, um fenômeno, uma atração nos palcos. Agora, discursando perante os homens, zomba da liberdade deles – da liberdade com que eles se ludibriam. "Ora, naqueles homens não havia nada em si mesmo que me atraísse", diz ele. "Se eu fosse um adepto da já referida liberdade, teria com certeza preferido o oceano a essa saída que se mostra no turvo olhar daqueles homens".

    O macaco é prisioneiro dos homens que, por sua vez, vivem numa prisão que não enxergam. A lucidez do símio supera a opaca consciência humana. Ele sabe que deve varrer da memória a sua antiga liberdade de animal e que não poderá mais ser verdadeiramente livre – não no mundo dos homens, ainda que se igualando a eles. Tampouco deseja se iludir, a exemplo deles, com uma falsa liberdade. A "liberdade" que sua astúcia o leva a conquistar – e que ele prefere chamar de "saída" – é a melhor possível dentro das circunstâncias.

    Confesso que reler esse conto de Kafka na prisão foi para mim uma experiência um tanto perturbadora. (Ele mesmo escreveu certa vez que um bom livro deveria infligir ao leitor uma espécie de ferimento.) O macaco parecia apontar o dedo na minha cara debochando da liberdade interna que eu julgava estar conquistando a tão duras penas. Teriam sido inúteis os meus esforços? Não passaria de ilusão essa suposta liberdade de espírito que triunfava sobre grades e muros? Foi terrível pensar que a catedral que eu estava erguendo poderia não ser mais que um castelo de cartas. E que, no fim das contas, depois de ter lançado diatribes tão convictas e arrogantes contra o vício dos homens de se iludir com a liberdade (exatamente como o macaco faz em seu discurso), eu próprio tenha incorrido na mesma fraqueza, caído no mesmo ardil!

Mas não. Esse é um embate semântico que não leva a nada. Botar a minha nova liberdade entre aspas, admitir que não passa, no fundo, de "uma saída", resolve o impasse sem ferir a minha convicção. Não discordo de Kafka nem do macaco que fala pelo autor, embora eu seja um pouco mais otimista que eles. Nunca me iludi quanto à extensão da liberdade humana, no sentido lato, ou da liberdade de espírito de um homem cercado de grades. Não se trata de um "tudo ou nada": há sempre uma liberdade a ser almejada e buscada, maior e melhor que a que se tem. O olhar turvo do homem sempre pode se tornar um pouco mais límpido.

13

Todo prisioneiro é um Sísifo, condenado a rolar uma pesada pedra montanha acima. A pedra sempre despenca e o trabalho tem de recomeçar, estafante, inútil, vexatório. Todas as manhãs, ao despertar de um sono intranquilo, o prisioneiro se sente um Sísifo de volta ao sopé da montanha.

Sísifo está no inferno, cumprindo uma sentença atroz e irrevogável. Seu maior triunfo sobre os deuses seria alcançar o sentimento de liberdade. Sabemos que isso é possível. Podemos imaginar Sísifo livre, entregue ao destino. Há um sorriso de desprezo em seu rosto, banhado de suor.

Mas Camus nos diz, em *O mito de Sísifo*, que "devemos imaginar Sísifo feliz".

É possível ser feliz na prisão?

A felicidade de rebanho certamente não está ao alcance do prisioneiro. Torná-lo infeliz é o propósito inerente à sua pena. Para o juiz, o carcereiro, o repórter e a dona de casa, é inadmissível que um celerado possa se sentir digno, livre e feliz atrás das grades.

Mas ninguém é capaz de impedir que o prisioneiro infeliz seja infeliz a seu próprio modo, um modo que as almas tacanhas não conhecem.

Esse prisioneiro, um asceta liberto de paixões mundanas, encontra realização em seu trabalho de criação; ele aspira à beleza e à sabedoria, não à alegria fácil e à felicidade hedonista do homem comum.

Seu senso de dignidade e sua liberdade interior – conquistas do espírito – são mais significativos para ele que a felicidade, ou talvez equivalham a ela.

A felicidade trágica do prisioneiro tem o caráter da eudaimonia dos gregos. Não é exatamente um sentimento de prazer ou satisfação, mas um estado da alma que, através de contemplação, razão e conhecimento, alcança a plenitude do ser.

A imaginação do prisioneiro – assim como a de Sísifo – é livre, qualquer que seja seu destino. Sua Terra Prometida está dentro dele. Podemos, sim, imaginá-lo livre, digno e – por que não? – feliz.

O legado de Joshua

Acaso aspiro à felicidade?
Eu aspiro à minha obra!
F. Nietzsche, *Assim falou Zaratustra*

Os presídios foram construídos há muito tempo, num lugar ermo, distante da cidade; o povo sempre os quer longe de sua vista. São construções toscas, imensas, do tamanho do ódio humano, e sinistras como é o regozijo dos homens em ver seus semelhantes atrás das grades.

Muitos homens eram trancafiados ali; dezenas se transformaram em centenas; e centenas, em milhares. Alguns saíam ao pagar sua pena, mas sempre houve mais gente entrando do que saindo. Muitos dos que saem acabam recaindo na delinquência e sendo trancafiados de novo. Eles se acostumam ao cárcere. Muitos até se afeiçoam a ele mais que à liberdade. Se na rua não conseguem aprender nada de útil, ali encontram uma escola perfeita para se aprimorarem no crime. Ainda que seu crime tivesse sido para eles um erro fortuito, agora passa a fazer sentido em suas vidas.

Porque homem é animal, e animal é dotado de uma incrível capacidade de adaptação ao meio, também os homens no cárcere se adaptam a tudo: ao espaço cada dia mais apertado (insuficiente até para que possam dormir todos ao mesmo tempo), ao ambiente insalubre, à comida escassa e monótona (não raro estragada), ao tédio, à violência, à coerção, à humilhação... Tudo é possível de ser feito ao homem e ele sobrevive, mesmo que para isso tenha que se reduzir a animal.

Contudo, muitos morriam antes de cumprir sua pena. Ainda morrem hoje em dia. Alguns tiram a própria vida por não suportar a injustiça ou o peso da própria culpa ou o abandono pela família; outros são ceifados pelas doenças, pela tristeza, pela velhice, e também em brigas e rebeliões. Confrontos entre os presos eclodem por motivos banais; estiletes, facas, espetos surgem não se sabe de onde. Violentas disputas entre facções rivais, revoltas contra a administração do presídio deixam poças de sangue nos corredores, no pátio, na enfermaria; corpos e cabeças esperam por ser recolhidos. Nem sempre a cabeça – com o rosto irreconhecível depois de chutada pelos carrascos como uma bola de futebol – encontra o seu próprio corpo no saco preto fechado a zíper. Talvez por isso existam mortos que não querem deixar o lugar. Seus espectros atormentados vagam à noite pelos becos e desvãos da prisão, assombrando guardas e prisioneiros por anos a fio.

Assim é a prisão – um enclave do Inferno na Terra, e é assim que o povo a quer. O povo acredita que precisa ser desse jeito para os pecados serem purgados. Ao que parece, o povo nunca se perguntou como é possível purificar a alma num lugar onde o mal impera.

Mas eis que surgiu, um dia, uma voz dissonante em meio à balbúrdia, uma luz solitária em meio às trevas.

Chamavam-no de professor, não se sabe se porque de fato era essa sua profissão, ou se porque lia muito, pensava muito, citava máximas dos grandes mestres da filosofia, da literatura, da religião. De qualquer forma, os prisioneiros o respeitavam pela sua serenidade e por acharem que era inteligente e instruído e que sabia mais do que eles sobre o mundo lá fora. Mas da prisão sabia pouca coisa. Estava ali fazia muito tempo, e mesmo assim vivia alheio a quase tudo o que acontecia à sua volta; não se interessava pelos assuntos da prisão, pelos boatos, relatos de crimes, conflitos, futilidades que preenchiam o tempo dos presos. Às vezes, lendo ou meditando, era como se estivesse em outro lugar, e nada do que acontecia ao redor parecia perturbá-lo. De quando em quando soltava algum comentário, ora mordaz, ora espirituoso, ora enigmático.

Seu nome era Joshua.

Os anos passavam, um igual a outro. Joshua envelhecia na prisão. À medida que o tempo lhe encanecia os cabelos e engelhava as feições, os prisioneiros o procuravam mais amiúde, e sua modéstia ia cedendo de modo a permitir que compartilhasse sua sabedoria com eles. Os presos de outras celas vinham ouvi-lo, e no pátio ele era cercado por presos de outros pavilhões. Pediam sua opinião sobre assuntos mais variados, ou solicitavam que discorresse sobre algum tema polêmico. À diferença dos pregadores – e os havia muitos –, Joshua não falava em nome de nenhuma religião, e, quando falava em Deus, não se sabia exatamente que deus era aquele. Às vezes pediam que interpretasse um sonho, uma premonição. Os comentários dele em geral se limitavam a alguma frase oracular, tão ou mais enigmática que o próprio sonho. Os prisioneiros gostavam disso, o mistério os intrigava, fazia-os pensar, sentiam-se importantes.

Vez ou outra, Joshua contava algum sonho dele mesmo. "Tive um sonho", dizia.

Este foi um deles:

"Estava acompanhando um cortejo fúnebre. Uma pequena multidão enlutada seguia o ataúde. Eu também estava tomado pelo luto, mas não sabia quem era o morto. Quando pude, afinal, me acercar do caixão e ver seu rosto, vi que era eu. Então, eu havia morrido... No entanto, eu estava ali, vivo, eu mesmo! A alegria tomou conta de mim, o júbilo de estar vivo, redivivo, de nascer de mim mesmo, de ganhar uma nova vida na morte de mim."

Como sempre, alguém perguntou o que significava o sonho.

"A prisão é um parto", disse Joshua. "Só nós podemos nascer duas vezes". E sua fala se encerrava ali.

Ele admoestava aqueles que ardiam na ânsia de liberdade, os que encontravam satisfação em riscar na folhinha o dia que findava. "Um dia a menos de cadeia", diziam – "um dia a menos na sua vida", emendava Joshua. E discorria assim sobre o tempo:

"Parem de rastejar pelo calendário como lesmas do tempo, irmãos! O tempo parou para nós. Estamos suspensos no presente. Para que nos serve o passado, um fantasma? De que nos vale o futuro, uma quimera? O presente não é um pântano, irmãos, é um oceano. Mergulhemos nele, afoguemo-nos nele!

"O nosso tempo não é marcado pelos relógios, irmãos, nem pelas ampulhetas. Os ponteiros pararam sobre o mostrador, a areia parou de escoar pelo gargalo. É tolice esperar que Deus vire a ampulheta, que dê corda no relógio. Ele não fará isso. Deus quer que contemplemos a eternidade desse instante em que estamos capturados. Ele quer que vivamos o presente como crianças – sem relógios e sem calendários."

Dias depois, Joshua falou sobre a verdade:

"Eles se julgam donos da verdade! A verdade está com eles! Quanta arrogância... Só essa arrogância já é um poço de mentira. Pois a verdade morreu. Não suportou séculos de arrogância humana. Ela se partiu em um sem-número de cacos, cacos mortos, inúteis. Eles agarram um caco e dizem 'eis a verdade', mas a verdade não está num caco, e jamais será possível reunir todos.

"Assim, esqueçam, irmãos, não se deixem enganar – mente quem diz que traz a verdade. Essa verdade é um engodo, essas certezas deles têm pés de barro. Não há certeza como a nossa. Em que outro lugar senão neste, feito de algemas, grades e muros, pode haver tanta certeza, certeza tão férrea, tão inexpugnável? Não nos arvoramos em donos da verdade, que tem mil faces, mas temos a nossa certeza, pois a parimos como a um filho, com dores, sangue e júbilo."

Assim falava Joshua. Pouco falava, de fato, mas suas palavras calavam fundo no espírito dos companheiros, entendessem ou não o significado de suas prédicas, seus sonhos e suas parábolas.

Um dia, falou sobre a lagarta e a borboleta:

"O que há em comum entre a lagarta e a borboleta, entre o feio e o belo, entre o casulo claustrofóbico e o voo liberto? É o mesmo ser, cria de Deus, Deus que brincou de fazer do repulsivo nascer o belo. Ou não terá sido Deus que pintou tão belos desenhos nas asas das borboletas? E também d'Ele é a lagarta, o verme que nos inspira nojo e medo. Vocês que são seres repulsivos, rejeitados, exilados neste casulo infernal, lembrem-se de que está em vocês a liberdade do voo da borboleta e a beleza de suas asas – mas também a brevidade de sua vida."

De quando em quando os guardas invadiam de improviso as celas para fazer a revista. É a temida e odiada "blitz". Os prisioneiros têm de se despir, abrir a boca, se agachar três vezes para mostrar que não esconden nada em suas cavidades. Todos os seus pertences são vasculhados, misturados de qualquer jeito, pisoteados, tornando difícil depois cada um achar suas coisas nos montes que se formaram no chão. Xingamentos e porretadas chovem a torto e a direito. Objetos inocentes, mas proibidos – como caixas de papelão e travesseiros improvisados de trapos – são destruídos e jogados fora, e seu dono apanha. Terminada a blitz e tendo os guardas deixado a cela, baixa sobre os presos uma sombria nuvem de tristeza e revolta.

Certa vez, num momento desses, Joshua quebrou o silêncio:

"Irmãos, vejo-os uns abatidos pela tristeza, outros roídos pela revolta. Não se inflijam a dor que não lhes cabe! A alegria do carcereiro é a humilhação do preso. Deveríamos por acaso alegrar assim nossos algozes?

"Nesta ilha do exílio, o pão nosso de cada dia é o pão que o diabo amassou. Somos alvo de desprezo, de escárnio, somos odiados, humilhados – não há limite para o veneno que o ser humano é capaz de destilar contra seu semelhante. Mas nós, os escolhidos, que já absorvemos tanto veneno, não vivemos mais *apesar* dele – vivemos *dele*.

"Sim, essa peçonha humana que é o nosso alimento de cada dia acabou por nos imunizar. Não percebem isso, irmãos? O que de primeiro tinha gosto de veneno tornou-se o elixir da nossa força. Ao aceitá-lo, façamo-lo com alegria, pois o que se destinava a nos debilitar, a nos derrear, serviu-nos de antídoto e nos tornou mais fortes e mais altivos.

"Riam na cara do demônio. Ele se rejubila com o nosso sofrimento, mas se mortifica com a nossa alegria.

"Pensem, irmãos: só é possível humilhar um homem se ele acredita que pode ser humilhado. Ora, não é aquele que se sente ridículo quem mais teme ser ridicularizado? Não é aquele que se sente culpado o mais vulnerável diante de qualquer acusação, ainda que injusta? Não é aquele que duvida da própria força quem imagina ver por todos os lados intenções de pô-la à prova? Da mesma forma, só se sente humilhado aquele que se acredita humilhável. Pensem nisso, irmãos.

"Se a sua dignidade é uma fortaleza inexpugnável, quem poderá humilhá-los? 'Mas a minha dignidade foi espezinhada', dirão alguns. Enganam-se. Como iria sua dignidade parar sob os coturnos dos guardas, se ela vive em seu espírito? Pisotearam suas vestes. Estas podemos lavar, costurar, transformar em panos de chão. Não havia nada seu no chão para ser pisoteado a não ser seus míseros pertences, coisas reles, transitórias. Nada do seu espírito estava ali.

"Deixem que os verdugos se regozijem em sua orgia grotesca. A nossa indiferença não lhes oferece a outra face, mas o nosso desprezo altaneiro. A força está em nosso espírito, não em seus porretes e coturnos."

Raras vezes falou Joshua tão longamente, mas foi porque doía-lhe o coração ver a consternação dos homens. E concluiu assim sua fala:

"Alegrem-se, irmãos! O pano caiu, *é finita la commedia*. Descansem. É tolice nos insurgirmos contra os desatinos desse *script*. São os deuses seus autores, e contra o que nos parece ser sua insensatez somos humanamente impotentes, como o somos diante da imensidão e do tempo. Somos atores nesse palco do absurdo – que o nosso bom desempenho seja a nossa alegria. Quanto mais brilhante for a nossa atuação, mais manifesta será a vilania de nossos algozes. Recebamos, portanto, os merecidos aplausos – de veneração, não de piedade. Quanto a nossos algozes, não lhes desejemos apupos – o silêncio é tudo que lhes cabe."

Uma das maiores dificuldades para Joshua era fazer seus infelizes companheiros verem a prisão como algo além de um castigo – uma oportunidade, um desafio, uma bênção. Mas ele teimava.

"Vocês que se consideram os mais injustiçados, os mais perseguidos, humilhados, oprimidos dos homens, na verdade são os mais afortunados. A poucos homens é dada essa oportunidade de penetrar o âmago da vida."

...

"Vocês pensam estar sobrevivendo, mas não há vida mais plena do que esta. Não há vida mais bela, mais trágica, intensa, verdadeira do que esta vida de opróbrio, de exílio."

...

"Só o homem ferido se supera na sua cura. Sobreviver é nascer de novo."

...

"O que envenena a viagem é a memória de sua casa, a esperança de voltar vivo a ela, de voltar igual – jamais se volta igual. Voltem outros, voltem maiores."

...

"Não digam 'depois da tempestade sempre vem a bonança', porque nem sempre ela vem. O povo faz ditados para se consolar, como inventa religiões para ter esperança, para entender o incognoscível. Digam 'minha vida é tempestade' – e com boca cheia. É preciso coragem para isso."

...

"Vocês se queixam dos acasos nefastos que os trouxeram para cá, lamuriam-se pensando no que poderia ter sido sua vida. Mas como, se o Deus de vocês sabe de tudo, do passado, do presente e do futuro, e se sabe do futuro, tudo o que lhes acontece teria acontecido de qualquer modo. Então, se cumprem um destino, façam-no com coragem e dignidade, sem lamúrias de criança. Amem-no como o melhor dos destinos.

"Isso lhes digo da perspectiva de sua própria crença. Se querem ser fiéis a ela, parem de pensar no que poderia ter sido sua vida – isso não existe. A vida nunca é o que poderia ser, ela é o que é.

"O barco de vocês segue à deriva, à mercê dos caprichos do vento, mas vocês ainda podem manobrar as velas.

"E o Deus de vocês é tão caprichoso e travesso quanto os deuses gregos, embora seus evangelhos o pintem de outra forma."

...

"Vivemos numa ilha – que seja para nós um país, não um degredo. Que seja a nossa pátria. Uma dádiva, não a punição. É a nossa ilha da Utopia. E os nossos grilhões são de ouro maciço; quanto mais pesam em nossos pés, mais santos nos tornam.

"Esta ilha é um oásis. O que podemos encontrar aqui jamais encontraríamos no deserto em que vivem os homens que se dizem livres.

"Mas não nos perguntemos o que viemos encontrar aqui, e sim o que viemos procurar. Pois fomos nós mesmos que viemos para cá, com as nossas próprias pernas, e viemos em busca de algo – algo que quem nunca pisou aqui não busca.

"Poder alcançar aqui a sabedoria que não estava ao nosso alcance fora daqui – eis a bênção, irmãos. Prisão é vigília concentrada para quem busca o despertar. Os outros continuarão sonhando o seu pesadelo. A nossa vida aqui, que a muitos parece pesadelo, é a mais real das vidas. Só o sofrimento traz a sabedoria."

...

"A verdadeira tragédia desta vida é ser ela um caminho tortuoso interrompido por encruzilhadas. O verdadeiro drama do homem são as escolhas que tem a fazer. Muitas são as escolhas possíveis, e muitas vezes na vida tem que escolher o homem. A sua desgraça é que se arrepende do caminho que tomou, imagina que um outro poderia lhe ter trazido mais vantagens, mais alegrias. E vive caminhando a pensar no que seria se tivesse escolhido outro caminho."

...

"Todos sofremos com o espaço exíguo. Mas entendam, este casulo é como um útero, irmãos, o útero para o qual retornamos com a memória e os hábitos de vastos espaços, cidades, estradas, campos, arranha-céus, montanhas-russas, barcos e aviões. É esta memória que nos faz sofrer, pois feto algum se insurge contra o tamanho da sua morada, em que é rei absoluto. Quem mais tem essa oportunidade de voltar ao útero da mãe-vida, de recuperar o estado fetal e poder viver no aconchego de tão pequeno e seleto espaço? Pois este útero é a geratriz do nosso porvir, do nosso renascimento, do nosso despertar. Aceitemo-lo como aceitamos a vida!

"Divirtam-se com esta morada precária como fazem seus filhos pequenos quando vêm visitá-los, cheios de curiosidade e espírito de aventura. Eles ficam fascinados, intrigados com tudo à sua volta, num lugar tão diferente de tudo o que conhecem. Não sofrem aqui porque não sabem o que é prisão, como um animal não sofre com a brevidade de sua vida porque não sabe o que é a morte. Por acaso sabemos nós o que é a prisão? Quem acha que sabe está perdendo o prazer de explorar a caverna. Sejamos inocentes diante dela como são as crianças diante do desconhecido."

Não eram muitos os que entendiam Joshua. Talvez ninguém o entendesse. Ele sabia disso, mas não queria mudar suas prédicas, sua linguagem, pois era daquela forma que lhe vinham ao espírito.

Joshua compreendia que pregava no deserto, que talvez os camelos o entendessem melhor que a maioria daqueles homens, os quais por sinal não eram diferentes das pessoas lá de fora. Os juízes e os condenados eram feitos da mesma matéria; o povo colocava um pedaço dele aqui dentro.

Por isso às vezes Joshua silenciava por dias a fio. Mas depois voltava a falar, em parte porque insistiam que falasse, em parte porque o que lhe saía da garganta era um poema que vivia por si e queria ver a luz. E aqueles homens que o ouviam sem compreender com a razão, no fundo gostavam de ouvi-lo com o coração, como se ouve uma melodia, uma poesia que agrada ao ouvido e que emociona em qualquer língua que seja declamada.

E Joshua falava. Por várias vezes falou sobre a culpa.

"Este é o templo da culpa. De todos os rituais que temos de cumprir dessa religião primitiva que instaurou o inferno em vida, extraímos a nossa santificação; desse inferno fazemos a nossa casa; deste templo sinistro fazemos a nossa catedral suntuosa, festiva; da nossa dor extraímos alegria.

"Este é o templo da culpa. O homem sempre ergueu templos para cultuar suas divindades. Ele precisa da culpa, não sabe viver sem ela, mas só quer vê-la castigando a outrem, foge dela como o diabo da cruz.

"Os homens temem a queda. O caminho de anjo a demônio é curto, por isso os homens exilam os que julgam estar em queda, ou já possuídos pelo mal, pois temem ser contaminados pelo exemplo, tanto que a sua religiosa compaixão não se aplica a nós, anjos caídos. Temem o mal dentro deles. Temem que nós, em queda, arranquemos o véu de respeitabilidade que lhes rebuça a alma.

"Eles nos isolam neste templo com a promessa de nos acolher de volta quando purgados do mal e carcomidos pelo arrependimento – mas é mentira, eles creem que o mal não tem cura, que a queda não tem redenção, sempre nos associarão ao mal, marcaram-nos para sempre. O demônio jamais voltará a ser anjo – é isso o que pensam de nós.

"Esperam que a culpa nos esmague, que o arrependimento nos sufoque. Mas odiar a si próprio é suicídio. O homem que se cinge de cilício perpétuo se fere e sangra, e suas chagas infeccionarão e o matarão. É isso o que nos desejam: morte em vida como punição.

"Mas em vez desse desamor, desse autoflagelo, devemos, ao contrário, elevar o nosso amor-próprio às alturas, até o narcisismo, a idolatria. Somente esse amor nos redime, só ele é bálsamo para nossas feridas. Acolhamos este claustro sombrio e infecto como o mais formoso palácio. Façamos deste templo da culpa nosso santuário.

"Assim como nosso coração se enche de amor e ternura à visão de uma criança angelical, devemos nos debruçar sobre nós mesmos, piedosos, compassivos, misericordiosos, pois ninguém mais o fará. Se Deus, dizem, faria isso por nós, por que nós mesmos não o faríamos?

...

"O teu erro é matéria mesmo da vida, não um desvio, pois a vida é um caldeirão de acertos e erros, de pecados e virtudes.

"Eles nos isolam aqui para se sentirem mais puros, têm horror à sujeira que veem em si próprios e se sentem mais limpos ao nos acusarem de sujos. Por isso é que querem que vivamos aqui como num chiqueiro."

...

"Enganam-se ao pensar que estão nos punindo. Punimo-nos a nós mesmos. O homem só pode punir a si próprio. Punimo-nos a nós mesmos, ou então não somos punidos. Só é punido quem reconhece sua própria punição."

...

"Esperam que nos odiemos a nós mesmos, que nos condenemos, nos desprezemos, que nos deixemos esmagar pela culpa irremediável. É assim que esperam que nos regeneremos – odiando-nos a nós mesmos?

"Pois eles, incapazes de amor-próprio, ou exibindo amor-próprio falso, cheios de culpas dissimuladas, não reconhecidas, querem que façamos conosco o que não querem nem suportam fazer consigo: culpar-se, odiar-se. Como do desprezo a si próprio pode renascer alguém para o amor ao próximo?"

...

"Querem que pensemos no mal que praticamos – mas quem já o fez mais do que nós? Pensamos tanto em nossos crimes quanto também nos crimes que fizemos os outros cometerem para nos punir. Do contrário, como chamar este templo da culpa de outra coisa que não obra do diabo?

"Os homens odeiam quem perturba suas ordens, seus códigos, mas o que esse ódio os leva a fazer? Pois, se nós nos purificamos pelo mal, eles não sabem reconhecê-lo em si mesmos."

...

"No Direito deles está escrito que é mais grave punir um inocente que deixar um culpado livre, que deixar mil culpados livres. Mas eles riem do que está escrito.

"Todos sabemos que não há justiça neste templo da culpa. Há inocentes aqui, porque, dizem eles, Direito não é ciência exata. Mas a pressa que eles têm de acusar, e prender, e condenar é maior que o compromisso que dizem ter com a verdade. E há culpados pagando preço injusto, duplicado, triplicado, desproporcional ao mal que fizeram. Nem a antiga Lei de Talião faria isso a eles. Precipita-se a mão do juiz no furor da sua espada antes mesmo de imobilizarem-se diante de seus olhos os pratos da balança.

"Quando a justiça do homem foi justa? Teria sido quando o tribunal de Atenas puniu Sócrates? Ou quando o sinédrio de Jerusalém mandou Jesus para o Gólgota? Quando a Inquisição queimou Giordano Bruno na fogueira? Ou quando os nazistas tangeram milhões de judeus e ciganos para as câmaras de gás?

"O homem teve séculos, milênios para se convencer da iniquidade dessa justiça que inventou por obra do diabo, mas não a larga, como um cão faminto a seu osso descarnado, e é incapaz de inventar coisa melhor em seu lugar.

"Pois não se dá conta de que o mal não está neste ou naquele homem, mas no homem. O mal é o mal da Humanidade. Eles nos enclausuram neste templo da culpa para se verem livres da culpa, mas só a multiplicam, porque, se causar dano e sofrimento ao outro é um mal, são culpados desse mal, qualquer que seja esse outro.

"Porque não é um lugar – nem este templo nem qualquer outro – que purga o mal, e não há uma ilha de degredo, nem um arquipélago inteiro delas, capaz de extirpar toda a sujeira do continente."

...

"Acusam-nos do mal, mas quem são os que nos acusam? Falsos, hipócritas, fariseus, os que souberam ocultar o mal que há neles, o mal que nós expusemos em praça pública com honestidade e coragem. O mal pode conhecer a honestidade, a coragem, coisa que eles não têm. Mesmo com o mal, somos mais puros, mais belos, mais trágicos. Eles são risíveis."

...

"Um homem só poderia se arrogar o direito de punir outro homem com base na verdade, mas, se nenhum homem é capaz de alcançá-la, como pode se dizer dono dela e brandir a espada da Justiça? Faz-se justiça com a maior injustiça, satisfazem-se com aproximações, suposições. E há pecado, erro maior que decidir mal um homem sobre o destino de outro homem? E, mais ainda, um homem sobre o destino de muitos homens? Há sacrilégio maior do que este?"

Certo dia, Joshua adoeceu. Deram-lhe remédios, mas não melhorava. Levaram-no para o hospital penitenciário. Nunca mais o vimos, nem soubemos a data precisa de sua morte, nem onde foi sepultado. Fiquei para sempre com a estranha impressão de que a sua presença entre nós tinha sido irreal, de que as suas palavras eram lembradas como se tivessem sido ouvidas em sonho.

Felizmente, o legado de Joshua era real, e foi salvo do esquecimento por um escrevinhador compulsivo – nós o chamávamos de Escriba – que tinha por hábito anotar tudo o que julgasse importante para seu aperfeiçoamento espiritual. Foi em seu grosso e surrado caderno (com o qual ele me presenteou ao ganhar a liberdade) que encontrei muitas das falas de Joshua. As que me eram familiares, relatei acima, mas havia algumas outras às quais eu provavelmente não estive presente:

"Parem de se comportar como ovelhas, irmãos! Lá fora viviam num rebanho, aqui não sossegam enquanto não aderem a algum outro, só trocam de cão pastoril.

"Vivemos num aprisco, mas não somos um rebanho. Vivemos num chiqueiro, mas não somos porcos. Lembrem-se de que são homens, e a vida espera dignidade em vós.

"Fechem um pouco seus evangelhos, larguem seus livrinhos de autoajuda, procurem as respostas dentro de vocês, não em páginas que dizem a mesma verdade a todos. A verdade de vocês está em cada um, não no cão pastoril que lhes lembra a todo instante de que são um rebanho."

...

"Busquem a beleza, irmãos! Não há melhor alimento para a alma. Não a beleza vulgar, barroca, venial que se oferece e se vende lá fora, mas a sóbria, quase oculta, que não se entrega ao primeiro olhar, que deve ser descoberta. 'Mas como encontrá-la?', vocês perguntam; onde existiria beleza num lugar tão feio e pestilento como este? Pois eu lhes digo que ela está por toda parte, esperando vocês mudarem o olhar. Ainda podemos ver o céu, a grama verde, e o Sol. O Sol, que para nós nasce quadrado, é o Sol mais belo, só nasce para nós. Temos o jogo de luz e sombra, temos a poesia, temos hinos cantados por homens enlevados pela fé. E temos o silêncio da noite. E as lágrimas de saudade."

...

"Tive um sonho:

"Compareci a uma sala de audiências. Fui sozinho. Aguardei. Eis que chega o juiz, escoltado por três guardas armados. O juiz senta-se à mesa dele; suas mãos estão algemadas. Ele me interroga. Só lembro de: 'Por que você é?'. 'Porque sou', respondi. 'Por que você fez?'. 'Porque fiz', respondi. Lágrimas correm de seus olhos. 'Por que chora?', perguntei. 'Porque é tão difícil escrever com os pulsos manietados', respondeu. 'Esta letra é a melhor que consigo, nem a sentença ficará escorreita...'"

...

"Vocês sonham com a liberdade, irmãos, mas ela é tão rara e difícil de encontrar quanto a sabedoria, porque ela *é* a sabedoria. E ela portanto está em qualquer lugar. É bobagem achar que está num lugar e não em outro, porque, se existe, está dentro de nós. Encontrá-la exige sabedoria, e esse não é um caminho físico."

...

"Imaginam-nos submetidos à escravidão, privados de todos os direitos e benesses e respeito. Nós, punidos com a escravidão – escravidão que foi abolida para todos os homens há muito tempo, mas não para nós, os réprobos. Não se dão conta de que escravidão pior, a escravidão verdadeira, é a deles, acorrentados às suas modas voláteis, às opiniões que lhes inculca a TV, aos seus gostos fúteis e seus pequenos hábitos mofados, às suas igrejas em que se apinham como ovelhas no aprisco, às suas invejas e a rancores e ambições mesquinhas, aos seus casamentos cercados de grades, e à vaidade, e ao desejo de consumir, de ganhar, de acumular, de ter. Não são eles mais escravos do que nós que nada temos, que vivemos do que somos, metidos nesse uniforme que nem é nosso?"

...

"Se a voz do povo é a voz de Deus, a voz de Deus está errada, pois o povo nunca faz a escolha certa. Se há um Deus justo, a voz do povo nunca será a dele. Somos odiados pelo povo – mas quando estiveram certos os que odeiam? Não os odiemos em troca, a nossa melhor resposta é não sermos como eles."

...

"Os que têm sempre o dedo apontado para o outro têm olhos cegos para a própria alma. Eles que acusam outros de maldade, crueldade, violência – eles adoram a tragédia, a violência, a dor no outro, as lágrimas nos olhos do outro, o sangue correndo na arena dos gladiadores, nas touradas, nas telas da TV, do cinema, do celular, nas rinhas de galo..."

...

"Enquanto eles chafurdam na mentira que chamam verdade, nós devemos viver com orgulho o mistério – *somos* o mistério."

...

"Vocês buscam em mim as respostas às suas angústias, mas as respostas, irmãos, as respostas vocês mesmos as têm. Vocês sabem, só não sabem que sabem. Gastam seu tempo cultivando falsos deuses em vez de falar com o deus que está dentro de vocês. Habita seu próprio espírito, e vocês o fazem estranho em sua própria casa. O engano, a cegueira é a pior das prisões. Um homem livre que se acredita preso é a pior espécie de prisioneiro.

"Seus grilhões são de papelão, mas a sua mente os faz terem peso de chumbo. Sua mente, que é capaz da maior sabedoria, também é capaz das maiores ilusões e enganos.

"Despertem, irmãos. Queimem seus grilhões, são de papelão; rompam suas algemas, são bijuterias.

"Parem de cultivar falsos deuses, para que Deus que vive em vocês possa lhes curar a cegueira da ilusão e erguer o véu que lhes oculta a verdade.

"Por acaso Deus aprecia bajulação e os criou para ser idolatrado?

"Vocês inventaram um deus à sua imagem e semelhança, cheio de seus próprios defeitos humanos. Os gregos fizeram melhor: pelo menos distribuíram os poderes e os defeitos entre muitos deuses e se divertiam com eles, não sofriam como vocês com o seu."

...

"Será pedir muito que nós, os martirizados, os perdoemos porque não sabem o que fazem? Mas é o que merecem de nós – a pena, não o ódio, pois o ódio é a doença deles, o mal deles; não devemos padecer do mesmo mal".

"Não há ódio sem inveja, sem medo, sem tormento. São seres atormentados os que odeiam".

...

"Alguém me trouxe uma rosa. Deixei-a num copo d'água, e ela ficou ali muitos dias, imarcescível. Não suportei o milagre, não suportei tanta vida, despetalei-a e comi as pétalas, uma a uma, sorvendo seu frescor, aroma, absorvi-a em meu ser. Por quanto tempo serei eu imarcescível, merecerei tal milagre em mim?"

....
     Não sei em que medida são exatas as notas do Escriba, mas, cotejadas com o que a minha memória reteve, parecem-me bastante fiéis. Se confiamos em Platão para conhecer Sócrates, ou nos Apóstolos para conhecer Jesus, devemos confiar no Escriba para poder desfrutar o legado de Joshua.

Homo carceris

1

Os livros de Direito ensinam que a essência do processo penal é a busca da verdade. Eles só se esquecem de contar que a verdade é um ideal dificilmente alcançável. A verdade jurídica, tanto quanto a jornalística, é um mito – um desses mitos em que, para o bem comum, todos devem acreditar.

"Qualquer jornalista que não seja demasiado obtuso ou cheio de si para perceber o que está acontecendo sabe que o que ele faz é moralmente indefensável". A diatribe que Janet Malcolm, ícone do jornalismo literário norte-americano, teve a ousadia de lançar contra seus colegas de profissão cabe também, *mutatis mutandis*, a homens que julgam outros homens. No fundo, toda reportagem é um julgamento e uma sentença, e toda sentença judicial é uma narrativa, uma espécie de reportagem. Todos sabem que uma canetada do juiz, remate da *sua* convicção pessoal, tem o poder de arruinar uma vida, do mesmo modo que um jornalista é capaz de destruir uma reputação com uma matéria em que expõe a *sua* versão dos fatos (ou, mais provavelmente, aquela que seu editor quer que seja exposta). É claro que ambos, o juiz e o jornalista, podem estar – e muitas vezes estão – próximos da verdade, em que pese a imprecisão e a ambiguidade desse conceito. Mas eles também erram feio, e com uma frequência que não seria exagero qualificar de "moralmente indefensável".

É uma ingenuidade achar que a arte e a técnica de julgar tenham se aperfeiçoado com o tempo, a ponto de erradicar a injustiça do campo do Direito, como talvez seja possível exterminar a erva daninha de um jardim ideal. "É sentimentalismo vão crer que a verdade, simplesmente enquanto tal, tenha qualquer poder inerente, negado ao erro, de prevalecer ao calabouço e à estaca" – essa observação de John Stuart Mill, em seu ensaio *Sobre a liberdade* (1859), continua dolorosamente atual.

Em *Ilusões perdidas* (1843) encontramos este diálogo em que um personagem de Balzac compara, como faço neste ensaio, a imprensa com a justiça: "– O jornal – disse Lousteau – toma por verdadeiro tudo o que é provável. Esse é o nosso ponto de partida. / – A justiça criminal não procede de outra forma – disse Vernon".

Não há razões para acreditar que as empresas de mídia tenham hoje um compromisso incorruptível com a verdade que não tinham à época de Balzac. Como para qualquer outra empresa capitalista, o objetivo principal da mídia sempre foi e continua sendo o lucro. A natureza mercadológica da imprensa cria uma contradição insolúvel dentro da atividade jornalística: a verdade que o jornalista deve relatar por força da ética profissional nem sempre é aquela que interessa ao empresário que lhe paga o salário. Uma versão diferente pode ser mais chamativa para o consumidor, mais lucrativa para o anunciante, mais útil para o poder político. Ao criar uma verdade paralela que atende melhor a esses interesses econômicos e político-ideológicos, a mídia deixa de tão só retratar a realidade para interferir nela de forma intencional e proativa.

Nem o direito penal nem muito menos o jornalismo são ciências exatas. Uma sentença judicial, assim como uma matéria jornalística, não é imune a distorções, omissões, contradições, mal-entendidos, tampouco a preconceitos, suscetibilidades e ideologia do seu autor. Não existe nesse campo uma fronteira precisa entre verdade e ficção. E a meia-verdade, tantas vezes aceita como uma aproximação passável, pode ter efeitos mais desastrosos que uma mentira. A seletividade, inerente à construção da narrativa – tanto jurídica quanto jornalística –, compromete a sua alegada isenção e objetividade. Essa narrativa não é *a* realidade, mas um discurso *sobre* a realidade.

É certamente possível encontrar mais verdade na literatura de ficção, assumidamente fantasiosa, do que na ficção jornalística ou na ficção jurídica, que se arrogam a posse da verdade. Os grandes clássicos são eternos, enquanto o jornal de hoje vai embrulhar o peixe de amanhã, e a sentença estará sempre sujeita a ser reformada por um tribunal.

A ficção literária não tem sido muito benevolente com a figura do homem togado, nem com a do profissional de imprensa.

> Onde o ouro é todo-poderoso, de que servem as leis?
> Se não tem dinheiro, o pobre perde seus direitos.
> O cínico, que é tão frugal e severo em público,
> Secretamente negocia com a verdade.
> Até mesmo Têmis se vende e, em seu tribunal,
> A balança pende conforme o vil metal.
> (*Satiricon; circa* 60 d.C.)

Essa estrofe bem poderia ser de algum autor contemporâneo. Apenas o estilo nos pareceria antiquado; o tema, ainda que rançoso, de modo algum é despropositado. Quase dois mil anos depois de Petrônio ter escrito tais versos, a venalidade da Justiça continua atual. A Justiça de hoje pode não ser mais tão desavergonhadamente corrupta como naqueles tempos, mas continua sendo mais favorável a quem tem dinheiro, além de suscetível ao poder da imprensa.

Também a imprensa parece conservar até hoje os mesmos vícios que a eivaram desde as suas origens. A imprensa tinha poucas décadas de existência quando Balzac a detratou em *Ilusões perdidas*:

> O jornalismo é um inferno, um abismo de iniquidades, de mentiras, de traições; não se pode atravessá-lo e dele sair puro. [...] O jornal, em vez de um sacerdócio, tornou-se um meio para os partidos, e de um meio passou a ser um comércio e, como todos os comércios, não tem fé nem lei. Todo jornal é [...] uma loja onde se vendem ao público palavras com as cores que ele deseja. [...] Um jornal não é feito para esclarecer, mas para adular as opiniões. Assim, todos os jornais serão a um dado tempo covardes, hipócritas, infames, mentirosos, assassinos; matarão as ideias, os sistemas, os homens, e por isso mesmo florescerão.

Passado meio século, a crítica se acirrava na pena de Zola, que se lançara à apaixonada defesa do capitão Dreyfus contra a campanha difamatória movida contra ele pela imprensa francesa:

> A imprensa é uma força necessária; creio em suma que faz mais bem que mal. Mas nem por isso certos jornais deixam de ser culpados, desvairando uns, aterrorizando outros, vivendo de escândalos para triplicar a venda. [...] As mentiras pululam, as mais estúpidas histórias são gravemente reproduzidas por jornais sérios, a nação inteira parece atacada de loucura [...]. Vimos a baixa imprensa no cio, fazendo dinheiro com as curiosidades malsãs [...] a opinião pública é em grande parte feita dessas mentiras, dessas histórias extraordinárias e estúpidas, que a imprensa espalha todo dia (*Eu acuso!*, 1898).

Um século depois de Zola, Fernando Henrique Cardoso, normalmente sóbrio e elegante, não teve palavras mais amenas ao falar da imprensa brasileira:

> "provinciana... Gosta mesmo é da picuinha, da intriga... Maldosa... Simplista... Impiedosa... Convencida de que somos todos

ladrões... De um poder de destruição realmente extraordinário... A necessidade permanente de ver o abismo por perto, como a imprensa coloca – e ela vive disso –, é terrível, porque diminui o ânimo da população... A imprensa, ela tem sanha, quer destruir (*Diários da presidência*)".[35]

A tão propalada independência da Justiça é uma utopia. A Justiça só é independente e soberana na figura mítica da deusa Têmis, cujos olhos estão vendados e que tem a balança numa mão e a espada na outra. Esse é o ideal da equidade e ponderação que deveriam guiar a aplicação da justiça. Têmis, porém, como qualquer outra divindade antropomórfica, não está livre de imperfeições humanas, e seus apetrechos têm simbologia dúbia. A cegueira que lhe garantiria a imparcialidade não a impede de enxergar o ser humano que está sendo julgado? É tão fácil desequilibrar a balança para que a acusação pese mais que a defesa... E a espada – quem é capaz de avaliar o quanto o poder de punir não inebria o julgador?

Quem leu *O processo*, de Kafka, acompanhou o pobre K. ao estranho quarto do pintor Titorelli. O pintor tem boas relações com os juízes que o frequentam para serem retratados, e K. o procura na esperança de que possa aconselhá-lo ou interceder por ele em seu processo desesperador. A certa altura da conversa, um quadro chama atenção dele.

---

[35] À mesma época em que FHC gravava seus *Diários da presidência*, no fim dos anos 1990, o jornalista Luís Nassif se indignava contra os linchamentos orquestrados pela imprensa, impune sob o manto da unanimidade: "Se os grandes jornais utilizam o mesmo enfoque nas manchetes, todos estão certos – mesmo que todos estejam errados". A difamação vale-se "dessa grande prerrogativa de sentir-se fortalecido na companhia da unanimidade, para melhor poder exercitar o supremo gozo de participar de um linchamento, sem riscos e sem remorsos [...]" (*O jornalismo dos anos 90*). Nassif parece ter parafraseado Balzac: "[...] o mal será feito sem que ninguém seja o responsável. [...] seremos todos inocentes, poderemos lavar nossas mãos de toda a infâmia. Napoleão justificou esse fenômeno moral ou imoral, como desejarem, por meio de uma frase sublime [...]: 'Os crimes coletivos não comprometem ninguém.' O jornal pode se permitir a mais atroz conduta, ninguém será pessoalmente maculado" (*Ilusões perdidas*).

É o retrato inacabado de um juiz, mas de alguma forma K. reconhece nele a figura da Justiça. "Aqui está a venda nos olhos e aqui a balança. Mas com asas nos calcanhares e em plena corrida?", pergunta ao pintor. "Na verdade é a Justiça e a deusa da Vitória ao mesmo tempo", esclarece Titorelli. K. ironiza:

> "Não é uma boa vinculação. A Justiça precisa estar em repouso, senão a balança oscila e não é possível um veredicto justo." Enquanto conversam, o pintor decide dar alguns retoques na tela. A figura do juiz ganhava então novos contornos e quase não lembrava mais a deusa da Justiça, nem tampouco a da Vitória, agora se assemelhava por completo à deusa da Caça.

Essa é uma das alegorias mais explícitas de Kafka. O julgamento é uma liça entre o bem e o mal, da qual o juiz sempre sai vitorioso. Ele não é apenas o imbatível paladino da virtude, mas também o caçador incansável no encalço de qualquer um que tenha rompido o contrato social. Ao personificar a burocracia estatal – ainda que sob a égide da deusa da Justiça –, o juiz perde o rosto, é só mais uma peça numa paquidérmica engrenagem que tritura destinos humanos, como os de K.

Contudo, podemos imaginar o juiz despido de sua toga, dialogando com sua consciência. Talvez se sinta esmagado sob o peso da responsabilidade inumana, torturado pelas incertezas incontornáveis, pela culpa dos inevitáveis erros. Talvez se sinta amargurado por ter semeado tanta tristeza entre os homens. Ainda que a tenham merecido – mas quem sou eu, se indaga o juiz, quem sou eu afinal para julgar meus semelhantes, quem sou eu para ferir meus irmãos?

Gosto de imaginar que talvez o juiz se sinta, por fim, como o Davi de Caravaggio, que contempla consternado a cabeça de Golias: sua vitória não lhe traz alegria.

Caravaggio. *Davi com a cabeça de Golias* (1609-1610)
Galeria Borghese, Roma

O semblante de Golias, crispado em agonia, é o do próprio pintor. Caravaggio havia matado um homem durante uma briga, em Roma. A cabeça do artista foi posta a prêmio, e ele teve de passar os seus últimos anos de vida exilado no sul da Itália, mudando-se de cidade em cidade, perseguido e aterrorizado. O quadro *Davi com a cabeça de Golias* foi o seu canto de cisne. Ele o enviou ao Papa, oferecendo simbolicamente sua cabeça em troca do perdão. O perdão foi concedido, mas já não encontrou Caravaggio com vida.

O tormento de Caravaggio, revelado nas feições desfiguradas de Golias, sugere que o crime traz consigo sua própria punição. O artista, no exílio, vivia uma morte em vida. Seria o olhar piedoso de Davi uma projeção da autocomiseração de Caravaggio, a compaixão de que ele necessitava desesperadamente? A espada do jovem (espada do justo, espada da Justiça) traz a inscrição *Humilitas occedit superbiam*, a humildade supera o orgulho. De fato, a vitória sobre o inimigo não proporciona nenhum júbilo ao futuro rei. Ele contempla a cabeça decepada com um misto de condolência, tristeza e resignação.

Resignação – missão cumprida, mas a que custo? Talvez possamos surpreender o nosso improvável juiz destogado numa introspecção semelhante, num raro momento em que a humildade lhe fala mais alto que o orgulho, e suas vitórias – vitórias de um homem sobre outros homens – enchem seu coração de tristeza.

A culpa, que deveria ser o suplício dos condenados, também ronda a consciência do carrasco. Qualquer juiz que, nas palavras de Janet Malcom, "não seja demasiado obtuso ou cheio de si", sabe que é impossível a um mortal distribuir justiça sem cometer injustiça. E, como já o disse Platão, "quem comete uma injustiça é sempre mais infeliz que o injustiçado".

....

O juiz cego e o réu mudo formam a díade emblemática de uma audiência de instrução. O juiz não enxerga a *pessoa* que está à sua frente. O réu não consegue se expressar como *pessoa*. Seu destino será decidido num rápido ritual burocrático em que a realidade é enquadrada, classificada e rotulada conforme frios clichês jurídicos preconcebidos.

O encontro entre os dois homens não é uma relação dialógica; não admite empatia. Está mais próximo de um embate que de um debate. O objetivo do rito processual é o julgamento, e quem julga não compreende. Não pode – nem deve – compreender. O risco de uma pessoa compreender a outra é que se torne incapaz de julgá-la. Quantos juízes seriam capazes de (ou interessados em) conhecer a alma torturada de um Macbeth, de um Caravaggio, de um Raskólnikov, que se oculta atrás de suas personas de vilão?

A compreensão é um processo complexo, subjetivo, de resultado imprevisível, potencialmente subversor, enquanto do juiz se espera simplicidade, previsibilidade, objetividade. Mas, assim como a verdade jurídica é um mito, a objetividade do juiz é uma falácia. Aqui, novamente, os relatos ficcionais oferecem as visões mais inspiradas.

Alguns são hilários, como este de Mario Vargas Llosa, em que conhecemos um juiz que "tinha, debaixo de sua sólida couraça jurídica, alma de poeta. Uma leitura dos gelados documentos judiciais bastava para, através da casca retórica de cláusulas e latinório, chegar aos fatos com a imaginação. Então, lendo o relatório [...], reconstituiu com vivacidade de detalhes a denúncia" (*Tia Júlia e o escrevinhador*).

Outros relatos, como este de Thomas Bernhard, são mais virulentos:

> [...] nenhum juiz é digno de confiança, por capricho torpe e para sede de vingar sua triste vida arruinada eles aniquilam diariamente, sem escrúpulos nem remorsos, muitas das existências que lhes são confiadas, e ainda por cima são pagos para tanto. A objetividade [...] do juiz, é uma mentira deslavada e hipócrita [...] (*Extinção*).

De qualquer modo, a objetividade do julgamento, real ou ilusória, é considerada a pedra de toque do processo criminal. Ela se confunde com a própria equidade. E a equidade implica, obviamente, que qualquer sentença condenatória deva estar amparada numa certeza convincente. Mas essa condição não é tão fácil de ser cumprida. Os juízes, de modo geral, não costumam ter muita paciência com a dialética nem gostam de remoer dúvidas. Assim, na prática, o contraditório e o famoso preceito *in dubio pro reo* (a dúvida favorece o réu) acabam sendo driblados com o habitual jogo de cintura jurídico.

A história ensina que homens imbuídos de muitas certezas são capazes de infligir danos terríveis a seus semelhantes. Juízes e jornalistas que alcançam a convicção com muita presteza são um trágico exemplo disso.

"[...] os juízes preferem que dez inocentes sofram a um culpado escapar". Essa alfinetada de Mary Shelley (que está em seu *Frankenstein*, publicado em 1818) não deveria melindrar ninguém nos dias de hoje; no entanto, passados dois séculos desde os primórdios do atual sistema penal, ela continua desagradavelmente atual.

Milhares de inocentes padecem nas prisões brasileiras. Se fossem apenas 1% da população carcerária (são certamente bem mais do que isso), seriam quase dez mil... O Innocence Project Brasil tem conseguido resgatar alguns desses injustiçados do cativeiro, mas eles são apenas a ponta da ponta do iceberg.

Além dos inocentes, existe um contingente muito maior de prisioneiros que cumprem penas injustas, calculadas à margem das regras legais por magistrados ineptos, apressados ou tendenciosos, assim como de prisioneiros apenados por vários crimes, um – ou alguns – dos quais jamais cometeram. Algumas dessas injustiças são corrigidas nos tribunais (às vezes quando o dano já se tornou irreparável); muitos se perpetuam no descaso, na inércia, no esquecimento ou na pura obstinação em manter o veredicto.

A objetividade – e, em última análise, a equidade – de um juiz pressupõem também, obviamente, sua invulnerabilidade frente a qualquer pressão ou influência externa ao processo. "A Justiça não admite coisas desse tipo", adverte Hannah Arendt, que examinou os vícios de um dos mais famosos julgamentos do século XX; "ela exige isolamento, admite mais tristeza do que a raiva, e pede a mais cautelosa abstinência diante de todos os prazeres de estar sob a luz dos refletores" (*Eichmann em Jerusalém*).

Nas palavras de Montesquieu, o juiz não pode ser outra coisa senão "a boca da lei". Ele deveria se manter neutro, imparcial, não fosse a imparcialidade um terreno tão escorregadio. Os juízes costumam ser suscetíveis – mais do que seria admissível – aos humores da multidão e ao assédio da imprensa. A publicidade da justiça criminal – quando não a sua franca teatralização – torna difícil acreditar que os julgamentos possam ser objetivos, isentos e norteados unicamente pela busca da verdade. Parecem, antes, representações de desfecho previsível destinadas a cumprir alguma primitiva função catártica, aliviar certas tensões sociais, ou simplesmente exercer controle social através de exemplos intimidativos.

É revelador o fato de que a gradual abolição das execuções públicas, na transição entre os séculos XVIII e XIX, coincide com a implantação do sistema penitenciário e com a difusão da imprensa. O suplício dos condenados diante da multidão vai sendo substituído por longas penas de prisão, e a publicidade é transferida da praça para as páginas do jornal. Desde então e até hoje as execrações públicas – arremedos "civilizados" das antigas execuções sangrentas – são difundidas pelos meios de comunicação de massas. Séculos depois, sua função e seus efeitos permanecem os mesmos.

O sofrimento das vítimas expiatórias da moderna mídia antropofágica talvez seja até mais atroz do que o das de antanho, pois, em vez de serem mortas numa breve cerimônia carniceira, são torturadas lentamente, dia após dia, em sucessivos capítulos de ultraje que devem prender a atenção do público pelo maior tempo possível, ou até que apareça mais um vilão, um novo Prometeu que enseje uma nova trama folhetinesca para alimentar os abutres da mídia e os apupos do povaréu.

O povo sempre gostou do espetáculo de punição e sofrimento. Schopenhauer apontou *Schadenfreude*, o prazer com o infortúnio alheio, como o pior traço da natureza humana. Assistir ao sacrifício de seus semelhantes sacia o natural voyeurismo do ser humano, além de dar vazão aos instintos de ódio e sadismo que sempre estiveram arraigados em sua mente. Essas representações do castigo também servem para refrear tendências antissociais e assegurar o povo de que a ordem social está sendo mantida, o que dá às pessoas alguma vaga ideia de que estão sendo protegidas, vingadas ou redimidas, ainda que não saibam exatamente do quê. A projeção do ódio popular sobre os bodes expiatórios – simulacro dos antigos rituais sanguinários de expiação da culpa coletiva – ajuda a purgar o mal da comunidade e a aliviar angústias e frustrações coletivas.

Mas o sacrifício humano é, antes e além de tudo, uma diversão. A exposição pública do holocausto sempre teve um caráter festivo no decorrer da história. Levar o povo ao Coliseu para ver os gladiadores se trucidando ou cristãos sendo dilacerados pelos leões fazia parte da política de pão e circo dos imperadores romanos. Na Idade Média, o povo se endomingava para ir à praça assistir a um auto de fé em que homens e mulheres eram queimados vivos ou torturados até a morte. Durante a Revolução Francesa, os pais levavam seus filhos até o cadafalso para que vissem cabeças rolando da guilhotina.

"[...] não existe forma mais eficaz de entreter e divertir do que alimentar as paixões baixas do comum dos mortais", diz Mario Vargas Llosa.

> Entre estas ocupa lugar de destaque a revelação da intimidade do próximo, sobretudo se figura pública, conhecida e prestigiada. Este é o esporte que o jornalismo de nossos dias pratica sem escrúpulos, amparado no direito à liberdade da informação. [...] esse passatempo, farejar a imundície alheia, torna mais tolerável a jornada do funcionário pontual, do profissional entediado e da dona de casa cansada (*Civilização do espetáculo*).

(Diga-se de passagem que houve tempos em que difamar o outro, quem quer que fosse, era considerado uma conduta vil, além de potencialmente mortífera. Salomão advertiu que "A morte e a vida estão no poder da língua" [Prov 18:21]. Midrash [*apud* Torá] ensinava que "O pecado de falar mal é pior que o homicídio, o incesto e a idolatria". Maledicência era um vício demoníaco. Diabo, em grego, significa "caluniador". Àquela época não existiam jornalistas; se existissem, vários provavelmente seriam apedrejados.)

"Outro material que ameniza muito a vida das pessoas é a catástrofe", prossegue Llosa.

> Todas elas, desde terremotos e maremotos, até crimes em série, principalmente se neles houver agravantes de sadismo e perversões sexuais. Por isso, em nossa época, nem a imprensa mais responsável pode evitar que suas páginas se tinjam de sangue, cadáveres e pedófilos. Porque esse é o alimento mórbido exigido e reivindicado pela fome de espanto, que inconscientemente pressiona os meios de comunicação por parte do público leitor, ouvinte e espectador (*Civilização do espetáculo*).

A crescente disparidade entre o vertiginoso avanço da ciência e o espírito humano que permanece na escuridão, às voltas com os demônios de sempre, é coisa de mau agouro.³⁶ O século XXI assiste ao retorno de um obscurantismo medieval. Populismo demagógico, niilismo inconsequente, aversão à razão e à ciência, intolerância incandescente entre "nós" e "os outros", caça às bruxas... A civilização parece caminhar para trás.

Neste mundo, marcado pela inconstância e superficialidade, pela indigência intelectual e volatilidade ideológica – um mundo "líquido", na expressão de Bauman –, a informação midiática é consumida como mercadoria, fenômeno que Charles Taylor chamou de "infoentretenimento".

Queremos nos divertir, antes de tudo. A fidedignidade do que vemos e ouvimos não nos preocupa tanto. Na estranha pós-modernidade em que vivemos, a verdade não é levada muito a sério. O "conheça-te a ti mesmo" dos gregos, Giordano Bruno consumido pelas chamas, o *e pur si muove* de Galileu, o esforço civilizatório dos enciclopedistas – essas relíquias da memória coletiva não têm mais o mesmo apelo para o *homo ludens* dos nossos dias. O mundo do faz de conta é melhor que o mundo real. Não importa que os fatos noticiados pareçam ficção, que a realidade e a fantasia se misturem. "O consumidor real torna-se um consumidor de ilusões", observou Guy Debord.

E não se trata somente de distorção da realidade, *modus operandi* usual da mídia procustiana – muitas vezes trata-se de mentira mesmo. Consumimos muita mentira, compramos muito gato por lebre, em geral sem saber, mas o pior é que, mesmo se e quando o embuste vem à tona, não nos sentimos ludibriados nem ofendidos. Nós até gostamos.

---

36 Fritjof Capra já assinalava essas contradições no fim do século XX: "Em nossa civilização, modificamos a tal ponto nosso meio ambiente durante essa evolução cultural, que perdemos o contato com nossa base biológica e ecológica mais do que qualquer outra cultura e qualquer outra civilização no passado. Essa separação manifesta-se numa flagrante disparidade entre o desenvolvimento do poder intelectual, o conhecimento científico e as qualificações tecnológicas, por um lado, e a sabedoria, a espiritualidade e a ética por outro. O conhecimento científico e tecnológico cresceu enormemente depois que os gregos se lançaram na aventura científica do século VI a. C. Mas durante esses 25 séculos não houve virtualmente qualquer progresso na conduta das questões sociais. A espiritualidade e os padrões morais de Lao-Tsé e Buda, que também viveram no século VI a. C., não eram claramente inferiores aos nossos" (*O ponto de mutação*).

Tommaso Debenedetti publicou durante anos, em jornais italianos, entrevistas totalmente inventadas com diversas celebridades (entre eles o Papa e o escritor Philip Roth). A revelação da fraude não só não lhe trouxe problemas como, ao contrário, o premiou com a fama mundial de herói midiático.

Um outro escândalo de plágio sacudiu *The New York Times,* um dos mais prestigiados jornais do mundo. O repórter Jayson Blair foi demitido do jornal após a descoberta de que ele inventava fatos e fontes, copiava trechos de outras publicações, distorcia informações, escrevia de lugares aonde nunca tinha ido. Anos antes, a repórter Janet Cooke, do *Washington Post,* havia recebido o cobiçado prêmio Pulitzer por uma reportagem que depois se descobriu ter sido totalmente inventada. Quanto a Blair, sabe-se que, após a demissão do *NYT*, tornou-se orientador numa respeitada instituição de saúde mental, no estado de Virgínia. "Ele é realmente uma história de sucesso", disse em entrevista o diretor que o contratou.

No Brasil, o apresentador Gugu Liberato protagonizou uma façanha semelhante ao colocar no ar uma falsa entrevista com homens encapuzados que se diziam membros do PCC (facção criminosa que domina boa parte dos presídios no país) e lançavam ameaças de morte contra vários apresentadores de programas policiais. A farsa veio à tona e um processo foi instaurado contra Gugu, mas o escândalo, em vez de provocar repúdio no público enganado, não afetou significativamente os índices de audiência do programa, no curto prazo.

Mas quem com ferro fere, com ferro é ferido. Depois de tanto trair a verdade, a imprensa está sendo punida com o próprio veneno, concentrado nas *fake news*, uma praga que se dissemina pela mídia digital e lhe usurpa audiência e credibilidade. Tanto a mídia condicionou o povo a prezar mais a diversão que a verdade que ele passou a preferir as *fake news,* porque espantam mais, intrigam mais, divertem mais. O povo sempre se deixou seduzir pela magia do incompreensível, sempre sentiu atração pelo mistério, pelo sensacional, pelas teorias conspiratórias. As *fake news*, que lhe dão tudo isso, são caricaturas da própria imprensa: a verdade grotescamente deformada é a paródia da verdade hábil e sutilmente distorcida pela mídia.

A informação audiovisual, destinada a nos entreter, é apresentada – em especial pela TV – em formato lúdico que mescla elementos de show de variedades e telenovela. Esse "show de notícias", mistura de narração e representação, bombardeia o espectador com fatos e imagens fugazes, fragmentados, desconectados entre si e de um contexto mais amplo, estereotipados e repetitivos, adornados aqui e ali pela infografia ou ilustrados por simulações que lembram animações de videogames. O espectador, aturdido por essa torrente de "videoclipes", não tem tempo para digerir e assimilar, nem elementos para compreender mais a fundo todo esse conteúdo caleidoscópico. Como que hipnotizado, ele se torna um receptor passivo, acrítico de informações, cuja autenticidade não contesta, e de ideias que lhe são incutidas subliminarmente. Impossibilitado de refletir, de formar um juízo crítico, uma opinião livre e consciente, só lhe resta, a esse espectador alienado e impotente, a diversão. E divertir-se, como disse Adorno, é não pensar, é estar de acordo.[37]

A banalização da tragédia torna o espectador insensível à dor alheia. Poucos minutos depois de sermos confrontados com milhares de vítimas de um terremoto, somos levados ao riso pela imagem de um fofo ursinho panda recém-nascido em algum zoológico distante. O comportamento da maioria das pessoas durante a pandemia de Covid-19, que assolou o mundo em 2020 e 2021, mostrou como o povo (a começar por seus governantes) pode ser insensível a centenas de milhares de mortes (*mortes*, número abstrato – não *mortos*, pessoas de carne e osso), a despeito da extensa e persistente cobertura de imprensa.

A política também se tornou um produto mercadológico dependente da mídia. O processo eleitoral não é um debate de ideias nem

---

[37] "Divertir-se significa estar de acordo", afirma Theodor Adorno. "Divertir-se significa que não devemos pensar, que devemos esquecer a dor, mesmo onde ela se mostra. Na base do divertimento planta-se a impotência. É, de fato, fuga, mas não, como pretende, fuga da realidade perversa, mas sim do último grão de resistência que a realidade ainda pode haver deixado. A libertação prometida pelo entretenimento é a do pensamento como negação. A imprudência da pergunta retórica 'Que é que a gente quer?' consiste em se dirigir às pessoas fingindo tratá-las como sujeitos pensantes, quando seu feito, na verdade, é o de desabituá-las ao contato com a subjetividade" (*Indústria cultural e sociedade*).

confronto de ideologias, mas um espetáculo, uma disputa de performances teatrais dirigidas por marqueteiros profissionais.

As manifestações artísticas e culturais, criações espirituais mais ricas e genuínas de uma nação, são moídas pela mídia para se transformarem em produtos de consumo de segunda categoria. Essa vulgarização massificada já era denunciada por Goethe em 1824, nos alvores da imprensa e da indústria cultural: "O influxo maligno, quase sempre em tom negativo, crítico e estético, da imprensa periódica difundiu uma espécie de semicultura nas massas".

Como mostrou Debord, a mídia moderna veio ocupar o lugar e usurpar a função dos elos comunicativos tradicionais, substituindo a comunicação real, livre, plural e horizontal, por uma forma de mediação simbólica, vertical e unificadora. O real é substituído pelo discurso *sobre* o real. Esse discurso alienante, vendido como espetáculo, diz Debord, se impõe como uma mediação estrangeira, que não emana da própria realidade que diz representar.

Tornamo-nos dependentes dos meios de comunicação, consumidores compulsivos da TV e da mídia digital. Vemos o mundo pelos olhos das telas. A mídia se tornou a medida de todas as coisas. Que seu conteúdo visa formar cidadãos conscientes, críticos e politizados é um sofisma, pois na realidade produz uma massa de sujeitos passivos, sem opinião própria, que mimetizam conceitos e comportamentos absorvidos irrefletidamente, como que por osmose, das telas da TV e do celular.

Os meios de comunicação de massas têm tamanha autoridade e poder persuasivo, que facilmente geram consenso na maioria da população, tornando-os o instrumento mais eficaz de manipulação, condicionamento e massificação de ideias e comportamentos. A mídia cria hábitos, lança moda, forma opiniões, legitima (ou deslegitima) o poder, elege bodes expiatórios. (Adoto aqui o conceito mais amplo de bode expiatório, referindo-me não apenas às vítimas inocentes, injustamente acusadas e perseguidas, mas a qualquer vítima expiatória, inocente ou culpada, cuja perseguição pela mídia e opinião pública cumpre a função de catarse coletiva e assume o caráter de espetáculo e proporções de linchamento [moral ou físico].)

Fascismo, nazismo e stalinismo souberam explorar muito bem esse condão através do rádio, do cinema, da arte oficial. O aforismo, tão cínico quanto verdadeiro, de Goebbels – "uma mentira mil vezes repetida se torna verdade" – é um esqueleto que a mídia ainda esconde no armário.

Não há, no mundo contemporâneo, poder que possa prescindir dos *mass media*. Maquiavel já ensinava que "governar é fazer ver". Todo poder usa os meios de comunicação para se impor diante das massas. A imprensa surge justamente como apanágio do Estado moderno em que as antigas e violentas formas de coerção cedem lugar a modos mais sutis de persuasão. Se é possível convencer e cooptar, não é mais preciso obrigar. Nas palavras de Tocqueville, "a tirania deixa livre o corpo e investe diretamente sobre a alma". O homem é levado a amar sua servidão como se fosse a liberdade.[38]

Perita em moldar a opinião pública a favor dos interesses dominantes, a mídia se torna o aparelho ideológico do Estado, não importa se totalitário ou democrático. Mesmo nas democracias avançadas, em que a imprensa, como "o quarto poder", se arroga a missão de fiscalizar as instituições e o estado de direito, ela própria muitas vezes parece ser a instituição menos afinada com os princípios democráticos. A imprensa não gosta de ser, ela mesma, fiscalizada nem questionada ou criticada, detesta admitir erros e muitas vezes impõe a sua visão dos fatos sem dar o devido espaço ao contraditório. A imprensa pode tudo, e nós, como diz Bogart no filme *Deadline USA,* não podemos fazer nada quanto a isso (*"That's the power of the press, baby, the power of the press. And there's nothing you can do about it."*)

No regime ditatorial em que os livros são proibidos, criado por Ray Bradbury em *Fahrenheit 451* (1953), a televisão é o veículo da verdade incontestável:

---
[38] Adorno sustenta que a natureza tecnológica do showbiz, aparentemente comprometida com a finalidade de entretenimento, na verdade oculta mecanismos de dominação cujo objetivo é produzir uma sociedade alienada e conformista. "O que não se diz é que o ambiente em que a técnica adquire tanto poder sobre a sociedade encarna o próprio poder dos economicamente mais fortes sobre a mesma sociedade. A racionalidade técnica hoje é a racionalidade da própria dominação, é o caráter repressivo da sociedade que se auto-aliena" (*Indústria cultural e sociedade*).

O televisor é 'real'. É imediato, tem dimensão. Diz o que você deve pensar e o bombardeia com isso. Ele *tem* que ter razão. Ele *parece* ter muita razão. Ele o leva tão depressa às conclusões que sua cabeça não tem tempo para protestar [...].

Nessa e em outras distopias totalitárias, como *Nós*, de Zamiátin, e *1984*, de Orwell, todos devem ser iguais, todos têm medo de ser diferentes. Não existe privacidade. Em *Nós*, as paredes dos apartamentos são de vidro. Em *1984*, o olho ubíquo do Grande Irmão se multiplica em incontáveis telas eletrônicas que espreitam a todos o tempo todo.

Essas antiutopias futuristas – como também a obra de Kafka – foram tão visionárias quanto as profecias bíblicas. O futuro imaginado por elas é uma engenhosa metáfora do mundo administrado onde vivemos hoje. As democracias atuais dissimulam as perversões daquelas tiranias. Nossa privacidade é devassada pela burocracia estatal e mercantil, pelas onipresentes câmeras de vigilância e satélites de reconhecimento, pelos nossos próprios celulares e computadores. Fazemos escolhas condicionadas com a ilusão de livre-arbítrio. Somos todos iguais com a ilusão de sermos diferentes.

As telas eletrônicas não precisam mais nos vigiar – elas mandam em nós. Se no panoptismo projetado por Bentham, o olhar vigilante do guarda postado no centro do presídio circular ou, no panoptismo universalizado de Orwell, o olhar-espião do Grande Irmão dominava as pessoas pelo medo, o panoptismo da democracia moderna se aperfeiçoou no domínio pela persuasão, pela sedução. Não temos medo das telas: pelo contrário, tornamo-nos dependentes delas, consumidores viciados de suas mensagens que nos prometem a felicidade. Como os cidadãos padronizados do Estado Mundial em *Admirável mundo novo* (1932), de Huxley, somos todos compelidos a desejar essa felicidade pasteurizada, acessível a todos, obrigatória para todos. Não há hoje um lar, por mais miserável que seja, onde não haja um aparelho de TV; não há uma pessoa que não tenha um celular. A vida parece impossível sem essas telas.

O medo que a mídia nos infunde nos dias de hoje também é, a exemplo daquela distopia, o medo dos que representam ameaça à nossa felicidade.

A mídia se esforça em nos manter convencidos de que a criminalidade está sempre aumentando, que ameaça ficar fora de controle. (A verdade, porém, é que, tanto aqui como nos Estados Unidos, a cobertura jornalística dos crimes e a população carcerária cresceram no mesmo período em que as taxas de criminalidade diminuíam [A. Davis, *Estarão as prisões obsoletas?*].)

Aprendemos a temer – e a odiar – os que traíram o pacto social, os que se rebelaram e se distanciaram do rebanho. Não temos ser nós os diferentes, tememos os que são diferentes de nós. "É feio o que não é espelho", resumiu Caetano Veloso.

Esses outros, os que não são "nós", em especial quando perturbam a paz social – o criminoso é mais "outro" que qualquer outro –, a mídia os caça, encontra, identifica, nomeia, aponta, acusa, difama e condena o tempo todo. A torquemadesca caça às bruxas é um reality show em que a polícia e o Ministério Público, ávidos de visibilidade e fama, disputam papéis de destaque. Milhões, pregados às suas telas digitais, se reúnem numa praça pública virtual (o "pelourinho público televisivo", na expressão de Umberto Eco) – como outrora centenas se aglomeravam na praça central da cidade – para assistir a mais um auto de fé. (A vítima expiatória apresentada pela mídia cumpre também, muitas vezes, o papel de um boi de piranha, na medida em que serve para desviar a atenção do povo de outros personagens maléficos cujo poder, político ou econômico, os mantém a salvo, fora das telas.)

Essa multidão de "nós", individualista e competitiva, malgrado seu espírito gregário, reforça seu hipócrita senso de coletivismo não pela compreensão e inclusão do outro, mas por sua perseguição e exclusão. Não há perdão para a ovelha desgarrada, ela deve ser expulsa do rebanho e coberta de infâmia.

Nas tribos indígenas ou africanas e em algumas outras sociedades tradicionais, que chamamos de "primitivas", a comunidade é responsável por qualquer desvio individual. A transgressão de um tabu estigmatiza a comunidade como um todo; a consciência individual é parte inextricável da consciência coletiva. Cada um se sente responsável por todos. A preocupação maior é combater o mal, não destruir o indivíduo que se deixou dominar por ele.

A uma criança indígena que comete um erro é ensinado que o erro é um mal – não que ela é má. Ela deve aprender a evitá-lo em respeito a tribo e suas tradições, mas a ninguém interessa que se sinta roída pela culpa (não por essa culpa judaico-cristã que corrói a dignidade do homem) ou que perca sua autoestima.

Na sociedade em que vivemos, ao contrário, aquele que errou, que causou algum mal aos outros, deve ser segregado e punido. Ele é identificado com o próprio mal. Desperta em nós medo, repulsa e ódio. Queremos nos ver livres dele. Queremos vomitá-lo. Lévi-Strauss denominou antropoêmicas (*émesis*, em grego, é vômito) as sociedades como a nossa, aquelas que expulsam seus inimigos, em oposição às antropofágicas, que, a exemplo das comunidades "primitivas" citadas há pouco, "engolem" o inimigo, neutralizando sua força e assimilando suas qualidades.

O ódio intransigente parece nos proteger, de alguma forma, daqueles que odiamos, como se temêssemos ser afetados ou contagiados por ele, caso tentemos compreendê-lo. No fundo, sabemos que somos todos suscetíveis ao mal e passíveis de descaminho, mas, quando identificamos o mal no outro e afastamos esse outro de nós e o odiamos, sentimo-nos mais seguros longe dele, diferentes dele. Quando nos vingamos, é como se vencêssemos o próprio mal dentro de nós. Toda vítima expiatória poderia fazer suas estas palavras de um personagem de Imre Kertész:

> [...] em meu destino extremamente bárbaro os senhores terão que reconhecer sua própria redenção, considerando que esse destino poderia ter sido também o dos senhores e por eu tê-lo vivido não contra os senhores, mas no lugar dos senhores (*O fiasco*).

Nas palavras de Umberto Eco:

> É necessário um inimigo para dar ao povo uma esperança. [...] É preciso cultivar o ódio como uma paixão civil. O inimigo é o amigo dos povos. É sempre necessário ter alguém para odiar, para sentir-se justificado na própria miséria. O ódio é

a verdadeira paixão primordial. O amor, sim, é uma situação anômala. Por isso, Cristo foi morto: falava contra a natureza (*Cemitério de Praga*).

Cristo, o mais emblemático bode expiatório, o homem que sofreu por todos os homens, perdoou a multidão ignara. "Pai, perdoa-lhes, porque não sabem o que fazem" (Lc 23:34). A multidão realmente não sabe – ela sente; ela é arrebatada, possuída por uma paixão cega, desenfreada. Multidão não quer compreender, ela não raciocina nem pondera. Contagiada pelo mimetismo, ela se volta para a ação. Sócrates, também ele um bode expiatório, já havia dito que não existe homem que possa se salvar ao opor-se à multidão.

O rebanho humano não conhece ceticismo, no que se assemelha à imprensa, à polícia e ao poder judiciário, que lhe entregam as ovelhas negras para o sacrifício. Os linchamentos são perpetrados pela turba, mas em geral é alguém de fora que solta a faísca. (Refiro-me aos linchamentos morais, mas como deixar de lado aqueles que acabam em vias de fato e, não raro, em assassinato da vítima pela turba alucinada? O Brasil é recordista mundial em linchamentos fatais. O brasileiro como "homem cordial" – epíteto celebrizado por Sérgio Buarque de Holanda – não o é no sentido estrito de "afável", como o senso comum quis entender, mas no sentido de "passional", o que age com o coração [*cordis*].[39])

A mídia, hoje, é o principal mestre de cerimônias dos autos de fé que proporcionam a catarse da multidão. Não é, contudo, uma catarse purificadora, a catarse trágica concebida por Aristóteles. Os sentimentos

---

[39] "[...] essa cordialidade", diz Buarque de Holanda, "[...] não abrange [...] apenas e obrigatoriamente, sentimentos positivos de *concórdia*. A inimizade bem pode ser tão *cordial* como a amizade, visto que uma e outra nascem do coração" (*Raízes do Brasil*). O autor ainda chama a atenção para o espírito multitudinário do brasileiro, sua propensão a projetar sua intimidade em outrem: "No 'homem cordial', a vida em sociedade é, de certo modo, uma verdadeira libertação do pavor que ele sente em viver consigo mesmo, em apoiar-se sobre si próprio em todas as circunstâncias da existência. Sua maneira de expansão para com os outros reduz o indivíduo, cada vez mais, à parcela social, periférica, que no brasileiro – como bom americano – tende a ser a que mais importa. Ela é antes um viver nos outros. Foi a esse tipo humano que se dirigiu Nietzsche, quando disse: 'Vosso mau amor de vós mesmos vos faz do isolamento um cativeiro.'"

de terror e piedade que penetravam a plateia grega originavam-se na empatia. O espectador identificava-se com o personagem, sofria junto com ele. A catarse promovida pelo teatro midiático de hoje é de ódio. A identificação com o vilão não é baseada na empatia, mas na projeção (como mecanismo de defesa, na formulação psicanalítica): é uma identificação reversa. Observamos no outro as falhas e fraquezas que nos recusamos a reconhecer em nós mesmos. E odiamos no outro o mal que, no fundo, odiamos em nós mesmos, sem ter consciência disso.

Esopo conta, numa de suas fábulas, que Júpiter deu aos homens um alforje, cujo bornal dianteiro continha os defeitos dos outros, enquanto os seus próprios ficavam guardados no bornal de trás. Assim, sempre nos é mais fácil apontar os erros alheios que reconhecer os nossos próprios.[40]

Mais do que odiar o mal no outro, odiamos o outro. Para nós, ele personifica o mal, é o próprio mal. Ironicamente, numa época de empobrecimento das consciências, a narrativa midiática nos apresenta vilões sagazes, totalmente cônscios e convictos do que fazem, senhores absolutos dos seus atos e do seu destino. São personagens monolíticos, unívocos como os atores emblemáticos dos contos de fadas e dos filmes de Hollywood, que não se cansam de representar a dicotomia e a eterna luta entre o bem e o mal.

O crime, visto pelo prisma midiático, longe de envolver erro, necessidade, sofrimento, descontrole ou doença, longe de ser o descaminho do homem diante de um dilema moral, é uma escolha racional, um ato lúcido e premeditado (portanto evitável), a encarnação do próprio Mal. Só apresentados dessa forma – monstros sem alma, como Drácula, Frankenstein, Golem ou Dr. Jekyll – podem os vilões ser incondicionalmente odiados.

---
40 Somerset Maugham propôs uma explicação mais racional para a nossa autoindulgência: "À primeira vista, é curioso que as nossas próprias infrações nos pareçam muito menos odiosas que as dos outros. O motivo deve ser que conhecemos todas as circunstâncias que as ocasionaram, de modo que podemos desculpar em nós mesmos o que não podemos desculpar nos outros. Desviamos a atenção dos nossos próprios defeitos e quando, por desagradáveis circunstâncias, somos forçados a considerá-los, achamos fácil dar-lhes absolvição" (*Confissões*).

Os gregos acreditavam que o homem não governa inteiramente o seu destino. O mal era inevitável e podia dominar – ou acontecer a – qualquer um. Para os filósofos, o mal era fruto da ignorância (o perdão de Jesus à multidão evoca a ideia socrática); para a mitologia, era a vontade dos deuses (ou, melhor, das deusas: as três Parcas tinham nas mãos o fio da vida de cada vivente).

Os gregos compreendiam a fundo o drama do vilão em confronto com seu destino. Édipo, um culpado inocente, não é bom nem mau – é um homem. O parricídio e o incesto não são premeditados, são coisas que *lhe acontecem*. Ainda assim, são crimes infames que devem receber punição. A culpa de um homem é culpa coletiva: Tebas é castigada com a peste.

Édipo é o bode expiatório necessário para a purificação de Tebas. Sendo culpado por ter atraído para a cidade a ira dos deuses (culpa, porém, de que Sófocles não nos dá a certeza), também ele e só ele – a punição dele – pode salvá-la. Essa é a natureza paradoxal do vilão-herói mitológico que se reproduz no bode expiatório real: ao mesmo tempo que é odiado, ele é necessário. Só ele pode, através do sacrifício ritual, livrar a comunidade do mal que lhe causou. Jonas é identificado pelos marinheiros como o responsável que ameaça o barco: ele deve ser jogado ao mar para aplacar a ira divina. O sacrifício de Jonas, um ato propiciatório, restabelece a segurança de todos.

René Girard ressalta este paradoxo, o da vítima expiatória odiada e reverenciada ao mesmo tempo:

> O transgressor se transforma em restaurador e até em fundador da ordem que ele de algum modo havia antecipadamente transgredido. O delinquente supremo se transforma em coluna da ordem social. [...] À execração unânime daquele que torna doente, por conseguinte, deve se sobrepor à veneração unânime pelo curador dessa mesma doença. [...] A volta à ordem e à paz está relacionada com a mesma causa que as perturbações anteriores, ou seja, com a própria vítima. É isso que leva a dizer que a vítima é sagrada (*O bode expiatório*).

A sacralização do bode expiatório, tão evidente na mitologia, parece estar camuflada, nas perseguições coletivas históricas, pelo manto de ódio e revolta irrestritos e manifestados pela multidão. O espírito grego reconhecia a ambiguidade moral (tanto dos mortais quanto dos deuses, que possuíam todos os defeitos e todas as qualidades daqueles), o que tornava possível a humanização da vítima expiatória, com seus aspectos maléficos e benéficos como os de todo ser humano. O que vemos no mundo real, porém, é o bode expiatório desumanizado, figurado como monstro. Ele é diferente de todos os normais, uma ovelha negra no meio do rebanho. Se ser estrangeiro já era a principal marca vitimária na mitologia (Édipo é estrangeiro em Tebas, tal como Jonas o é no barco em que foge de Nínive), tal condição é levada ao extremo na representação atual do transgressor como alguém estranho à comunidade – um estrangeiro. Sua demonização, todavia, não esconde sua importância.

(Um detalhe curioso, se não bizarro, da história do Terceiro Reich é que os nazistas, obcecados pela ideia de tornar a Europa *judenrein* [livre de judeus], mantinham museus do judaísmo Alemanha afora. "[...] uma das características dos nazistas", conta Hannah Arendt,

> "era a disposição de fundar museus celebrando seus inimigos. Durante a guerra, diversas entidades disputaram ferrenhamente a honra de fundar museus e bibliotecas antijudaicos. Devemos a essa estranha mania a preservação de muitos tesouros culturais do judaísmo europeu" (*Eichmann em Jerusalém*).

Os alvos para o ódio parecem ter uma função catártica vital para o povo, e hoje é a mídia que o provê deles à farta. O discurso sobre o mal ocupa a maior parte do conteúdo midiático; a caça e a punição dos malfeitores são um dos mais eficientes catalisadores da audiência. O que o povo mais gosta de consumir são fofocas, sexo e violência, principalmente quando estão todos juntos na espetacularização de um crime notório. E, na telenovela, o vilão é o personagem de maior prestígio.

"As boas novelas são aquelas que têm os melhores vilões", escreveu Walcyr Carrasco num artigo. Sílvio de Abreu, outro autor de novelas da Globo, disse numa entrevista que os vilões são tão cativantes para o público porque fazem tudo o que as pessoas gostariam de fazer, mas não podem.

Os vilões dramáticos sempre fascinaram mais o leitor e o espectador do que os santos e os personagens "de bem" em geral. O mal é polimorfo, astuto, surpreendente; o bem é simples, "é quase único", como disse Pascal. Platão já havia ensinado que "há uma só forma de virtude, mas [...] infinitas são as formas do vício" (*A República*). Além do mais, a representação dramática do mal dialoga com os instintos reprimidos do homem, permitindo-lhe vivenciá-los na figura do vilão.

O tratamento glamourizante que a mídia dispensa a alguns crimes e seus autores é sinal inequívoco da atração que o mal e a transgressão exercem sobre o imaginário popular. Lembro-me de uma entrevista à TV (creio que foi em 2005) de Marcos Paulo, que havia dirigido um filme sobre o furto milionário do Banco Central em Fortaleza. O repórter exaltava o crime como "um assalto espetacular em que nenhum tiro foi disparado"; o cineasta admirava a façanha: "o túnel foi uma grande obra de engenharia"; a atriz Giulia Gam falava sobre o "fascínio dos personagens"...

Se o povo gosta de consumir crime, a mídia lhe entrega esse bem de consumo à vontade, e com o sabor que mais lhe agrada. A seleção das notícias, a narrativa com todos os seus detalhes, o formato da cobertura – tudo concorre para "dar ao povo o que ele quer". Nesse afã mercadológico a mídia se enfronha tanto no mal, se enreda tanto nele, difunde-o em tal medida que às vezes parece propagandeá-lo, ser seu porta-voz ou mesmo partícipe.

Ao dar ampla publicidade aos atos terroristas, por exemplo, a imprensa acaba contribuindo com um dos objetivos principais do terrorismo, que é ganhar notoriedade e gerar pânico na população.

Os programas policiais se dizem voltados ao combate do crime, mas na verdade exploram a desgraça humana sem a menor preocupação em analisar as causas e os contextos da criminalidade, muito menos pensar soluções para ela. Pior: com o seu discurso simplista e demagógico de intolerância, ódio e aversão aos direitos constitucionais, eles estimulam a violência que dizem combater, quando não ensinam como cometer crimes. Não é à toa que sua maior audiência está nos presídios, onde cada cela tem uma tela de televisão ligada o tempo todo. Nas escolas do crime, o programa policial na TV é material didático.

No filme belga *Aconteceu perto de sua casa* (Remy Belvaux e André Bonze, 1992), um serial killer é acompanhado por uma equipe de filmagem, determinada a documentar todos os seus feitos. O longa-metragem leva às últimas consequências a proximidade do jornalismo com o mal. O voyeurismo inicial dos integrantes da equipe, aparentemente passivos diante das perversidades do psicopata, acaba evoluindo até a sua participação ativa nos assassinatos (eles ajudam o assassino a esconder os cadáveres e chegam a segurar uma criança para que ele a sufoque), e no estupro e morte de uma mulher. A crescente cumplicidade dos cinegrafistas com o facínora sugere que eles o usam para dar vazão a seus próprios instintos. O espectador, tornado um participante involuntário dos crimes, é instado ao mesmo questionamento.

No Brasil, essa quase parceria do jornalismo com o crime produziu um de seus exemplos mais bizarros por ocasião do sequestro de Wellington, irmão da dupla de cantores Zezé de Camargo e Luciano, entre dezembro de 1999 e março de 2000. Para provar à família que Wellington estava vivo e aumentar em dez vezes o valor do resgate, os sequestradores cortaram uma orelha do rapaz e a enviaram à emissora SBT, exigindo que o apresentador Carlos Massa (o Ratinho) fizesse campanha de arrecadação. Ratinho não se fez de rogado: midiatizou o sequestro, promovendo a campanha com todos os requintes de despudor e sensacionalismo. *Closes* da orelha foram exibidos *ad nauseam* em seu programa e no de Gugu Liberato, que registravam os cobiçados picos de audiência.

Em última análise, nós, com a nossa curiosidade em saber quem será a próxima vítima do serial killer, em conhecer os detalhes mais picantes de um estupro, de ver e rever à saciedade a orelha decepada, somos tão coniventes e cúmplices do mal quanto a mídia que nos nutre dele. A repulsa hipócrita que manifestamos pelo mal não disfarça o fascínio que ele exerce sobre nós. Locupletamo-nos dele vivendo-o no outro, através do outro. E o sacrifício do outro nos santifica.

2

Um aspecto indissociável do flagelo de um condenado é que seu crime (ou, na verdade, a ideia que se forma sobre seu crime na mente do juiz e no imaginário popular) o envolve por inteiro e o marca para sempre.

Um herói conquista seu lugar na memória coletiva pelo que fez de mais notável, mais original, simbolizado às vezes por um simples fato, imagem ou frase. Sempre associaremos Arquimedes a "Eureca!", Sean Connery a "My name is Bond, James Bond", da Vinci a Mona Lisa, Júlio César a "Veni, vidi, vici", Oscar Niemeyer à Brasília.

Da mesma forma, se não de forma ainda mais cabal, o vilão é marcado por uma epítome simplificadora que o reduz ao seu crime. Sem direito a complexidade, ambiguidades e contradições como as de qualquer outro ser humano, o personagem "no banco dos réus" ou "atrás das grades" é uma figura plana, estereotipada, que encarna o arquétipo do Mal, a exemplo dos conhecidos vilões dos mitos e contos de fadas. Ele *é* o Mal.

O criminoso e o seu crime são uma só e a mesma coisa, e ele será sempre lembrado como "o autor do crime", como se toda a sua existência, antes e depois dele, se concentrasse no momento ou no período de vida em que o cometeu. Será lembrado pelo que fez, não pelo que é.

Essa iniquidade levou um dos *Seis personagens à procura de um autor* a um veemente protesto:

> Percebemos bem isso quando, em qualquer de nossos atos, por um acontecimento infeliz, ficamos como que enganchados e suspensos e nos damos conta de não estarmos por inteiro naquele ato e que seria, portanto, uma injustiça atroz julgar-nos só por isso, manter-nos enganchados e suspensos no pelourinho durante uma existência inteira, como se toda ela se resumisse naquele ato!

Quem se manifesta é o personagem de uma peça de Pirandello, mas é como se desse voz a todas as vítimas do maniqueísmo.

A Justiça e a mídia, ao reduzir os conflitos humanos a um estereotipado combate entre o bem e o mal, contribuem para manter a multidão ingênua seduzida por um maniqueísmo moral tão tolo quanto perverso. Falta-lhes – a eles e à multidão que governam – sensibilidade e intelecto. Falta-lhes o amor à verdade.

Somente a arte e a literatura são capazes de salvaguardar o espírito humano dessa concepção rasa que alimenta o engano e o ódio. Somente a ficção criada pela arte e pela literatura é capaz de iluminar a verdade para o homem, iludido pela ficção midiática que lhe é incutida como verdade.

(À arte e à literatura deve-se, por certo, acrescentar a filosofia e a ciência – todas, por sinal, invenções da civilização grega. Os gregos, estes sim, cultivavam a sensibilidade e o intelecto, e amavam a verdade.)

Assim como Caravaggio nos força a relativizar a imagem bíblica de um Davi triunfante com o assassinato, revelando-nos a face contrita do adolescente, somos levados por Eurípedes a experimentar o aguilhão do ciúme mortífero de Medeia antes do horror que nos causa sua vingança infame, da mesma forma como Shakespeare nos exibe a traição sangrenta de Macbeth, dominado por uma ambição desmedida, inseparável da culpa atroz que não lhe dá paz.

Os crimes são monstruosos, mas seus autores não são monstros. Vistos à luz da tragédia, em toda sua complexidade humana, os vilões são criaturas patéticas vencidas pelos mesmos demônios que nos assediam a todos nós. (Aqueles que acreditam ter um anjo da guarda encarregado de protegê-los talvez devessem presumir também a existência de um demônio particular empenhado em levá-los à perdição.)

Se existe uma diferença essencial entre os vilões que buscam o mal atendendo ao chamado da própria natureza, e os que são seduzidos e subjugados por ele devido à fraqueza de espírito ou falha de caráter, essa pode ser uma questão de ponto de vista, mas certamente não são todos farinha do mesmo saco.

Encontramos em Bloom essa distinção entre o "gênio da vilania", personagem que triunfa na maldade sem sombra de remorso, e o "herói-vilão", personagem via de regra mais complexo, que se deixa dominar pelo mal e que sofre com a sua perdição: "A perversidade, tão arraigada em Svidrigailov, Iago e Edmundo, ocupa pouco espaço nas psiques de Raskólnikov e Macbeth, o que torna a queda desses personagens ainda mais aterrorizante" (*Como e por que ler*).

Também Auden, ao discorrer sobre a obra de Shakespeare, assinala a diferença entre "o personagem vilanesco" (como Iago) e os "personagens meramente criminosos" (como Macbeth).

> O criminoso é alguém que se encontra numa situação em que é tentado a transgredir a lei e sucumbe à tentação: obviamente, ele devia ter resistido à tentação, mas todos, tanto no palco como entre o público, hão de admitir que, se tivessem sido colocados na mesma situação, também seriam tentados. [...] O vilão, por outro lado, é apresentado, desde o início, como um *malcontent*, uma pessoa com um rancor generalizado contra a vida e a sociedade. [...] O que distingue suas ações das de um criminoso é que, mesmo quando possuem algo tangível a ganhar, o ganho é uma satisfação secundária; sua satisfação primeira é infligir sofrimento aos outros ou exercer poder sobre os outros contra a vontade deles (*O curinga do baralho*).

A boa literatura retrata a vida: a distinção apontada por Bloom e por Auden é real, ainda que estejamos mais propensos a considerar a maioria dos criminosos como malfeitores convictos e irredimíveis. São muitas vezes rotulados de sociopatas, ou psicopatas, portadores de um obscuro e incurável transtorno de personalidade popularizado pela mídia, cujo diagnóstico, feito a partir de recortes do noticiário, vem sendo prodigalizado por alguns psiquiatras mais afeitos à mídia que à academia. Judt os chamou de "acadêmicos televisivos". A exemplo de jornalistas, explicam ao povo o que eles mesmos não entendem.

O psicopata é incapaz de sentir culpa, por isso o rótulo é distribuído a mancheias pela mídia. Isso facilita a fabricação de bodes expiatórios, vilões apresentados como monstros desalmados. Mostrá-los como seres divididos, atormentados pela culpa, capazes de despertar empatia e compaixão, complicaria demais essa tarefa.

Mas o vilão também sofre. Ter consciência do mal que faz não significa ter controle sobre ele. É fácil perdoar um cleptomaníaco que não consegue dominar sua compulsão de furtar, mas o mesmo perdão é negado a crimes mais graves, ainda que o mecanismo possa ser o mesmo.

No filme alemão *M., o vampiro de Dusseldorf* (Fritz Lang, 1931), o serial killer que matava crianças defende-se, dizendo que outros homens escolhem seus crimes, enquanto ele é impelido ao seu. Ele age como se tomado por outro ser. "Quero escapar, quero fugir de mim mesmo, mas é impossível. Sou possuído por um fantasma."[41]

Dr. Jekyll, o médico subjugado pelo monstro Mr. Hyde, desabafa: "Sou um grande pecador, mas sou, também, o maior dos infelizes" (R. L. Stevenson, *O médico e o monstro*).

A verdade, revelam-nos a arte e a literatura, é que cada um de nós abriga dentro de si uma fera. Somos todos criminosos em potencial. "Nós talvez não assassinássemos velhotas ou monarcas bonachões", diz Bloom, "porém, como, até certo ponto, *somos* Raskólnikov e Macbeth, dependendo das circunstâncias, quem sabe, seríamos capazes de fazê-lo" (*Como e por que ler*).

A complexidade da mente humana, palco de disputas de forças antagônicas, foi reconhecida pela filosofia e representada pela arte séculos antes de se tornar objeto de estudo da ciência. Bem antes de a psicanálise assombrar o mundo com o poder e a extensão do inconsciente, Xavier de Maistre narrava o embate entre a alma e o corpo, Fausto de Goethe desabafava: "duas almas residem em meu peito, e cada uma delas anseia da outra se apartar"; Whitman sentenciava: "contenho multidões"; Rimbaud afirmava que "eu é um outro"; Stevenson libertava Mr. Hyde do domínio do Dr. Jekyll... E muito antes de todos eles, em 1588, Montaigne já havia dito tudo:

---

41 Em face da inépcia da polícia, são os criminosos da cidade que se organizam para caçar o infanticida. Capturado, o serial killer é submetido a um julgamento exaltado, num arremedo de tribunal. Ele é o bode expiatório da ralé marginalizada, assassino julgado por outros assassinos. A pergunta é: quem são eles para julgá-lo? Mas o crime dele é o pior, o mais revoltante. O crime do outro sempre é o pior. O filme teria o título *Os assassinos estão entre nós*, que foi censurado pelo governo. O subtexto poderia ser "o assassino é um de nós"... "o assassino é alguém como nós"... "há um assassino em cada um de nós"... A fita leva o espectador a uma certa empatia com o criminoso infeliz que não tem domínio sobre si mesmo – uma catarse trágica no melhor estilo das tragédias gregas.

> Somos todos feitos de peças separadas, e num arranjo tão disforme e diverso que cada peça, a todo instante, faz seu próprio jogo. E há tanta diferença entre nós e nós mesmos como entre nós e outro (*Ensaios*).

Dilacerado por conflitos e divisões internas que ameaçam a unidade do seu *eu*, o homem estranha a si mesmo, mas, ao mesmo tempo, é levado a compreender que, se ele é um outro, é também todos os outros. Todo o gênero humano está representado nele, contido nele, e nenhuma manifestação humana lhe deve parecer estranha à natureza.[42]

É perene a máxima de Terêncio: "*Homo sum: humani nihil a me alienum puto*" (Sou homem, e nada do que é humano me é alheio).

Errare humanum est.
Devemos perdoar o transgressor como se perdoássemos a nós mesmos?

Dostoiévski, tomado de compunção e piedade cristã, quer nos persuadir de que sim. Desde o escândalo no jardim do Éden, nascemos todos pecadores: "Oh, perdoemos, perdoemos, antes de tudo perdoemos por tudo e sempre... Esperemos que nos perdoem a nós também. Sim, porque todos e cada um são culpados perante os outros. Todos somos culpados!" (*Os demônios*).

Valendo-se de argumentos racionais, a filosofia nos aconselha a mesma ponderação. Este apelo é de Schopenhauer:

> Devemos encarar com tolerância toda loucura, fracasso e vício dos outros, sabendo que encaramos apenas nossa própria loucura, fracasso e vício. Pois eles são fracassos da humanidade à qual também pertencemos e assim temos os mesmos fracassos

---
[42] Escreveu Jorge Luís Borges: "O que faz um homem é como se o fizessem todos os homens. Por isso não é injusto que uma desobediência num jardim contamine o gênero humano; por isso não é injusto que a crucifixão de um só judeu baste para salvá-lo. Talvez Schopenhauer tenha razão: eu sou os outros, e qualquer homem é todos os homens" (*Ficções*).

em nós. Não devemos nos indignar com os outros por esses vícios apenas por não aparecerem em nós naquele momento (*Parerga e Paralipomena*).

Todavia, o perdão é uma concessão difícil para os humanos. Eles não aceitam o fato de estar no mesmo barco que o transgressor. Relutam em se dispor a compreendê-lo, compreender o seu erro. Deve lhes parecer que as águas estarão mais calmas se não houver nenhum pecador entre eles. Esse, um estranho como Jonas, deve ser jogado fora do barco para garantir a segurança dos demais.

Não é mesmo fácil compreender o homem que traiu o pacto social, menos ainda ser indulgente com ele. Talvez isso fosse mais fácil para os antigos, que viam o homem como joguete do destino, à mercê dos caprichos dos deuses. O homem não tem culpa pelo que o destino lhe impõe, ainda que essa culpa recaia sobre ele e lhe seja cobrada pela comunidade. Esse é o *leitmotiv* da tragédia grega. Édipo é algoz e vítima ao mesmo tempo.

Esse modo de ver as coisas ainda nos parece aceitável hoje, desde que possamos trocar o destino pelas contingências da vida, e as três Parcas pelas influências exercidas por genética, biografia e meio social. O homem não escolhe as cartas com as quais vai jogar, sua liberdade e sua responsabilidade são limitadas pelas circunstâncias que não pode controlar.

Os gregos, bem mais condescendentes com os vícios humanos do que com a estupidez, tinham ainda uma outra atenuante para o mal. Sócrates o equiparou à ignorância. Quem pratica o mal não sabe o que faz. O conhecimento é o único caminho para o bem. Uma vida não refletida não vale a pena ser vivida, dizia Sócrates. *Conhece-te a ti mesmo* era o dístico que recebia os consulentes que iam ao oráculo de Delfos pedir conselhos aos deuses. A ideia é revalidada pela psicanálise. "O que não enfrentamos em nós mesmos, acabaremos encontrando como destino", alertou Young.

Na opinião de Boécio, odiar o malfeitor é um contrassenso, pois a maldade é uma doença:

Se, com efeito, a astenia é uma doença do corpo, a maldade é uma espécie de doença da alma, dado que, a nosso ver, os que sofrem das doenças do corpo não são odiados; pelo contrário, são dignos de lástima. Por isso, são causa de maior lástima, e não de ódio, aqueles cuja alma está atacada por um mal mais impiedoso do que qualquer forma de astenia: a maldade (*A consolação da filosofia*).

Levado ao divã do analista, o vilão deve ser ouvido – notadamente aquele que sofre (a quem Bloom chamaria "herói-vilão"). Ele pode – e deve – ser compreendido. É um infeliz, a quem o mal é tão ou mais nefasto quanto às suas vítimas.

Desde o deslize de Eva, a atração pelo proibido e a desobediência têm sido a fraqueza original do homem. A verdadeira fonte do mal é o desejo. Montaigne não quis dizer outra coisa quando escreveu que "os males mais graves e correntes são os que a fantasia nos impõe. [...] Defenda-me Deus de mim mesmo" (*Ensaios*).

Os pontos de vista de Sócrates, de Montaigne e de Young não divergem entre si, são antes complementares. O transgressor é alguém que não soube – por ignorância, fraqueza, imaturidade – combater ou controlar o mal dentro de si, o mal que habita todo ser humano.

A condescendência de T. S. Elliot, nesta estrofe, parece não passar de um gracejo irônico, mas ela certamente seria ratificada por aqueles pensadores:

> O pior que se poderia dizer
> da maioria de nossos malfeitores,
> desde os grandes homens até os ladrões,
> é que eles não são suficientemente adultos
> para receberem um castigo.

Em vez do castigo, o tratamento. O advento do sistema penitenciário em substituição às execuções públicas e às galés foi sustentado por uma visão não só religiosa, de que o crime é um pecado a ser expiado pela penitência, mas também médica, que concebia o criminoso como portador de uma perturbação que podia ser tratada. O denominador comum à religião e à ciência é que o malfeitor pode e deve ser recuperado e reintegrado à sociedade.

Hoje em dia, com a desumanização do malfeitor promovida pela mídia, e a prevalência do "direito penal do inimigo" na justiça criminal, a ideia da ressocialização volta a parecer um despropósito, um sonho romântico como este, sonhado por Victor Hugo:

> A civilização nada mais é do que uma série de transformações sucessivas. À qual então os senhores assistirão? À transformação da penalidade. A doce lei de Cristo penetrará enfim no código e brilhará através dele. Veremos o crime como uma doença e essa doença terá seus médicos que substituirão seus juízes; seus hospitais que substituirão suas galés. A liberdade e a saúde se parecerão. Passarão bálsamo e óleo onde antes aplicavam ferro e fogo. Tratarão com a caridade esse mal que tratavam com ódio. Será simples e sublime. A cruz substituirá o cadafalso (*O último dia de um condenado*).

A transformação sonhada por Hugo ficou no papel e no discurso. O sistema penal não só é indiferente à etiologia psicossocial do crime, como encarcera milhares de portadores de transtornos mentais que não receberão tratamento apropriado, sem falar de tantos outros que desenvolvem perturbações psíquicas durante – e em decorrência do – encarceramento. As nossas prisões são fábricas de loucura.

Angela Davis aponta que há o dobro de pessoas sofrendo de doenças mentais em prisões comparadas às que estão internadas em todos os hospitais psiquiátricos dos Estados Unidos (*Estarão as prisões obsoletas?*). Coincidência ou não, o fato é que o desestímulo à internação psiquiátrica ocorreu paralelamente ao aumento das taxas de encarceramento. O número de leitos psiquiátricos diminuía como reflexo da política de humanização no tratamento do doente mental, na mesma medida em que o crescimento da população carcerária refletia a desumanização da figura do infrator, transformado em inimigo público. Se na União Soviética inimigos do regime eram trancafiados em hospitais psiquiátricos como doentes mentais, no Brasil doentes mentais são encarcerados em presídios como inimigos da sociedade.

Quem é o criminoso?

Podemos tentar compreendê-lo, ainda que a contragosto, sob a lupa da psicologia, mas não se pode ignorar que ele também desempenha um papel social, um papel trágico e peculiar que nos une a ele como coatores do mesmo drama.

Não gostamos de nos reconhecer vinculados ao criminoso dessa forma, senão na oposição e no ódio. Fazemos de tudo para confirmá-lo como *o outro*, o estranho, o diferente de nós, pior, muito pior do que nós. Ele não tem nada a ver conosco. Chamá-lo de marginal serve para nos tranquilizar de que foi ele próprio que se pôs à margem, que não somos nós a marginalizá-lo. Colocá-lo a ferros, enjaulá-lo como a um animal perigoso, quer nos parecer uma medida *sine qua non* para a nossa proteção; tal pressuposto satisfaz a nossa consciência.

Na verdade, entorpece-a. A que ponto de insensatez e intolerância chegamos para escorraçar o nosso irmão de sua própria casa? Que crime nos arrogamos legitimados a cometer para punir o dele? É preciso expulsar o monstro, dizemos. Pensamos sanear assim a nossa casa, mas a monstruosidade que nos repele e aterroriza e que acreditamos ver no outro, pertence a nós mesmos, a todos nós. Há um só espelho para toda a raça humana, mas a imagem que reflete dela não nos agrada, especialmente àqueles que se julgam melhores do que são porque há outros, piores do que eles. Quebrar o espelho não mudará a nossa natureza. A cegueira e o ódio só nos tornam piores.

Crucificamos o nosso irmão malfeitor, a ovelha negra da família, a *bête noire*, para nos redimir a nós mesmos. Da mesma forma que um membro "problemático" de uma família disfuncional denuncia, com seu *acting out*, a doença da família como um todo – ele é taxado de doente justamente para que a família possa se considerar sadia –, o criminoso denuncia, com seu crime, a realidade social infame em que todos vivemos. O crime é uma representação alegórica dessa realidade, uma ficção teatral que mimetiza o real, e o criminoso é o nosso *alter ego* maligno, o nosso Mr. Hyde, o ator que nos retrata, que escancara o que ocultamos até de nós mesmos. É um louco que teatraliza a nossa falsa sanidade, o palhaço que desnuda o ridículo e o absurdo de nossas vidas; é o Gregor Samsa que se transforma em inseto repulsivo para inculpar o mundo burocrático que nos desumaniza a todos. Nesse sentido, ele é mais coerente, honesto e corajoso que nós.

Em última análise, o criminoso não é um ser antissocial, mas um personagem que encarna a corrupção da sociedade: ele não se rebela contra ela – ele a representa. É por isso que o expulsamos, porque ele nomeia-nos a doença, nos retrata com demasiada fidelidade. Incomoda-nos a pergunta que ele nos faz: como, e por que, ser um indivíduo moral em uma sociedade imoral?

Milan Kundera resume assim a distinção que Hermann Broch faz entre um rebelde e um criminoso:

> [o criminoso] É um conservador que conta com a ordem tal qual ela é e nela quer se instalar, considerando seus roubos e fraudes um ofício que faz dele um cidadão como todos os outros. O rebelde, do contrário, combate a ordem estabelecida para submetê-la à sua própria dominação (*A cortina*).

Os burocratas do sistema penal acreditam poder mensurar o arrependimento dos prisioneiros e antever o que farão se e quando postos em liberdade. O tamanho do remorso tornou-se o critério para o merecimento da progressão de regime e do livramento condicional. O instrumento da avaliação é o famigerado *exame criminológico*, fruto de um esforço neolombrosiano de mapear a "mente criminosa".

Nesses tempos de achismos e negacionismos de toda sorte, a nova frenologia não encontrou muitos empecilhos para seu uso oficializado e disseminado, não obstante não ter recebido qualquer validação científica.

Quando tanta gente acredita que a Terra é plana, que o homem nunca foi à Lua ou que vacinas causam autismo, não é difícil convencer as pessoas de que os psicólogos forenses dispõem de uma bola de cristal que prevê crimes futuros.

Esse exame criminológico já foi enfaticamente desaconselhado pelo Conselho Federal de Psicologia.[43] Sua aplicação, que era obrigatória, foi abolida, mas em seguida reinstituída, agora com a recomendação da Suprema Corte de que seja indicada somente em caráter excepcional e sob sólida fundamentação do juiz. Ainda assim, muitos juízes criminais a solicitam a torto e a direito, valendo-se de embasamentos perfuntórios, padronizados. O exame se tornou, na prática, mais um dispositivo do direito penal do inimigo, um meio supostamente legal de prolongar o tempo de encarceramento além dos limites previstos em lei.

O pressuposto reducionista dessa "avaliação" é que a culpa profunda e o arrependimento genuíno do infrator sejam condições indispensáveis para que ele não volte a cometer crimes no futuro. Essa é uma simplificação ingênua e maniqueísta, mas, mesmo que tenha algum valor, permanece o fato de que a competência do exame criminológico para a avaliação desses aspectos e para a prognose de comportamento futuro nunca passou de mera suposição e não conta com nenhum respaldo teórico.[44]

---

[43] A Resolução 009/2010 do CFP continha uma proibição expressa: "[...] é vedado ao psicólogo que atua nos estabelecimentos prisionais realizar exame criminológico e participar de ações e/ou decisões que envolvam práticas de caráter punitivo e disciplinar, bem como documento escrito oriundo da avaliação psicológica com fins de subsidiar decisão judicial durante a execução da pena do sentenciado". Diante das fortes reações contestatórias do Poder Judiciário (alguns psicólogos chegaram a ser ameaçados de prisão por descumprimento de ordem judicial), o CFP se viu instado a revogar a proibição no sentido lato, substituindo-a por restrições mais específicas: "Na perícia psicológica realizada no contexto da execução penal ficam vedados a elaboração de prognóstico criminológico de reincidência, a aferição de periculosidade e o estabelecimento de nexo causal a partir do binômio delito-delinquente" (Resolução 012/2011).

[44] "De fato, a ideia de prognose de reincidência que ampara a 'periculosidade' de imputáveis, além de dogmaticamente não definida é empiricamente não apurável", ressalva Fernando V. dos Anjos. "De fato, a análise da periculosidade de imputáveis é hipócrita, pois diz analisar o homem, embora apenas observe o ato cometido, tecendo considerações a partir desse ato e sendo muitas vezes restritas a ele" (*Execução penal e ressocialização*).

Como seria possível ao entrevistador, que vestiu a camisa de agente do sistema penal, assumindo, via de regra, uma postura de hostil e preconceituosa desconfiança em relação ao prisioneiro, esquadrinhar a culpa nos recessos de sua alma? Esse psicólogo paga um alto preço para manter seu emprego. Em vez de dedicar sua atenção à assistência à saúde psicossocial da população carcerária, gravemente vitimizada pelo sofrimento psíquico, transtornos mentais e suicídios, ele se deixa tornar refém da engrenagem burocrática penal e sua lógica classificatória, criminalizante e disciplinadora, acabando por nada fazer além de avaliações e relatórios. Em vez de promover ações que ajudem os detentos a se ressocializar, ele se limita a avaliar, a mando do juiz, se estes se ressocializaram, contra todas as probabilidades, por conta própria.

Não deixa de ser uma ironia que o examinador, avesso a qualquer ideia de empatia para com os sujeitos uniformizados que lhe são, um após outro, estereotipadamente postos à frente, pretenda avaliar o grau de empatia que cada um deles nutre para com sua(s) vítima(s). Os psicólogos alegam que, em seu ofício, a empatia é importante numa relação terapêutica, não em situações de avaliação, quando seria até contraproducente. Se ao terapeuta a empatia possibilita a suspensão do julgamento e a compreensão do paciente, sob uma perspectiva fenomenológica, como um ser único em sua realidade existencial, ela é indesejável para o avaliador, cuja *tarefa* é produzir um conciso relatório técnico para o juiz. Essa avaliação – supostamente objetiva de aspectos predominantemente subjetivos – exige do examinador um distanciamento emocional do seu "objeto de estudo", que deve ser "compreendido", descrito e classificado à luz de um sistema teórico predeterminado.

Toda avaliação é um julgamento. A postura do psicólogo leva o prisioneiro a ver nele a materialização da figura abstrata do juiz da Execução (que ele nunca viu). Para ele, é o psicólogo que vai "aprová-lo" ou "reprová-lo". Embora não seja de fato diretamente responsável pela decisão judicial, o psicólogo sabe que o seu laudo é, muitas vezes, suficientemente abstruso, vago ou maleável para permitir que o juiz extraia dele argumentos para qualquer decisão que quiser tomar.

Há, no exame criminológico, um quê de rito confessional, a expectativa da plena expressão do *páthos* da culpa e da resipiscência. O "bom" malfeitor, o que vai "passar" no exame, é como aquele que, crucificado ao lado de Jesus, tinha fé em sua divindade e reconhecia a justiça do castigo. Jesus lhe assegurou o Paraíso. Não há ascensão sem penitência.

E não há qualquer contemporização sem a sincera confissão de culpa. Mas a sinceridade é uma utopia, e a confissão é uma ficção. O homem é incapaz de revelar o que esconde de todos – quando não até de si mesmo – debaixo de sete chaves. Muitos profissionais, notadamente os que se prestam à execução de exames criminológicos, pensam possuir a chave mestra que lhes dá acesso, a malgrado do paciente, aos escaninhos da sua mente, mas essa presunção é tão equivocada quanto seria a de conceder à Psicologia o status de uma ciência exata, sobretudo ao levar em conta que a entrevista do psicólogo – forçosamente breve em face da quantidade de exames requeridos pelo juiz – não comportará a aplicação de complexos e demorados testes projetivos, que teriam o condão de perscrutar o inconsciente.

Nenhuma confissão é totalmente sincera. Como disse Eduardo Gianetti: "Confessar é relatar; relatar é selecionar; selecionar é avaliar; avaliar é julgar: minha confissão será o reflexo [...] dos juízos viesados e clandestinamente fraudulentos que constituem a minha desonestidade" (*Autoengano*).

Além do mais, ninguém gosta de sentir culpa, é um sentimento torturante e de alto poder lesivo: dói na alma, causa depressão, pode levar ao suicídio. Por mais que o homem experimente o nobre impulso para a honestidade, o impulso que assoma dentro dele em defesa de sua autoestima, dignidade e paz de espírito muitas vezes não deixará que o primeiro faça justiça.

Baudelaire, o poeta maldito que levou uma vida libertina e que imbuiu os vícios humanos de um lirismo perturbador, conhecia a fraqueza do pecador que tergiversa suas culpas:

> Pecado é teimoso, a contrição, manca;
> pretendemos honrar nossos escrúpulos,
> mas com alegria voltamos ao lodo:
> poucas lágrimas lavam nossas máculas (*As flores do mal*).

Já para Montaigne, que foi um exemplo de virtude, a consciência do homem é o seu juiz mais implacável. O crime traz consigo o tormento da compunção, que é a sua própria – e a pior – punição:

> Hesíodo corrige [...] o dito de Platão, para quem o castigo segue de bem perto o pecado, pois diz que ele nasce no mesmo instante e junto com o pecado. Esperar pelo castigo é sofrê-lo; merecê-lo é esperar por ele. A maldade fabrica tormento contra si mesma. [...] Assim, à medida que tomamos prazer no vício, gera-se um desprazer contrário na consciência, que nos atormenta [...] (*Ensaios*).

Quem já passou um bom tempo no cárcere certamente conheceu prisioneiros tão aferrados à sua vida de crimes e tão atormentados pela culpa que vivem sua prisão como uma libertação. O martírio da prisão os liberta dos vícios e da culpa; eles se submetem ao sofrimento de bom grado, senão com volúpia; o sofrimento os redime.

Os burocratas do sistema judiciário gostam de considerar culpa e remorso como consequências da punição estatal. Eles ainda rezam pela mesma cartilha dos iluministas do século XVIII que sonharam a penitenciária como oportunidade para a expiação da culpa e a recuperação do criminoso, muito embora estejam cansados de saber que ela só multiplica a criminalidade. De mais a mais, os juristas deveriam aceitar o fato de que é infactível – além de ilícito – que o Estado pretenda remodelar, por intermédio da reclusão, o caráter, a personalidade e a moral dos condenados que estão sob sua tutela. Prisão não é uma lavagem cerebral. Assuntos como culpa e arrependimento deveriam ser deixados por conta do foro íntimo do prisioneiro.[45]

Este, por exemplo, homem condenado à pena capital, conforme retratado por Victor Hugo, teria algo a lhes ensinar – aos técnicos da burocracia penal – sobre a complexidade e as ambivalências da culpa:

> Neste momento supremo em que me recolho em minhas lembranças, vejo meu crime com horror, mas gostaria de me arrepender com mais força ainda. Eu sentia mais remorsos antes da condenação; desde então parece que só há lugar agora para pensamentos de morte. Contudo, eu gostaria realmente de me arrepender de verdade (*O último dia de um condenado*).

Que a culpa é, muitas vezes, anterior ao crime, como confessa esse infeliz e como depois nos ensinaria Raskólnikov (*Crime e castigo* é um estudo essencialmente sobre a culpa, mais do que sobre delito ou punição) é uma ideia de difícil apreensão para quem não teve a imaginação sutilizada pela leitura, pois só ela propicia a educação sentimental que nos guiará pelos meandros da alma.

Mas essa não é uma verdade somente literária. Escreveu Freud: "Em muitos criminosos, principalmente nos jovens, é possível detectar um sentimento de culpa muito forte que existia antes do crime, e que, portanto, não é resultado dele, e sim o motivo".

---

[45] Neste sentido é o comentário de Fernando V. dos Anjos: "Há, com a postura 'ressocializadora' [...] clara tentativa de imposição de valores e de comportamentos a imputáveis, tarefa esta imprópria a um Estado pluralista como pretende ser o brasileiro, pois afronta o *pluralismo ideológico* garantido pela Constituição Federal. [...] No Estado Democrático de Direito, não é concebível que o poder estatal tenha o direito de determinar qual personalidade um ser humano adulto deve ter para poder voltar ao convívio social de forma mais ou menos célere" (*Execução penal e ressocialização*).

3

Correção, reeducação, reforma, regeneração, reabilitação, recuperação, reintegração, reinserção, ressocialização... A profusão de epítetos parece querer esconder a inanidade de um conceito que não se sustenta há muito tempo. Na verdade, nunca se sustentou.

A ideia fazia sentido no fim do século XVIII. O iluminismo, as revoluções sociais, a difusão da imprensa e o avanço do capitalismo impunham a humanização dos infames suplícios em praça pública. O que era até então a vingança do monarca deveria ser uma ação do Estado. O delinquente, que era punido por infligir danos a uma vítima, passaria a ser visto como inimigo de toda a sociedade, traidor do pacto social. A função pedagógica do suplício diante da multidão foi absorvida pelos jornais de grande circulação; o rito festivo da punição pública se transmudava em sensacionalismo orgíaco da imprensa. O modelo representativo, teatral do cadafalso, cedia lugar ao modelo privado, solitário do cárcere. A crueldade do castigo corporal seria substituída pelo sofrimento moral, e o tempo de vida seria perdido na prisão. O objetivo, na expressão de um jurisconsulto da época, era "ferir mais a alma que o corpo". Ferir para disciplinar, para reeducar. A reclusão tem a dupla função de proteger a sociedade e punir o malfeitor, mas essa punição passa a obedecer, desde então, ao preceito cristão da purgação da culpa pela penitência, associado à concepção da terapêutica penal pelo trabalho e ascese carcerária, idealizada pela nova criminologia.

A utopia de que a reclusão punitiva teria o condão de devolver à sociedade um criminoso arrependido e regenerado não resistiu a algumas poucas décadas do novo sistema penal europeu. Já no início do século XIX ficou evidente que as cadeias não só não recuperavam os delinquentes, como estimulavam a reincidência e aumentavam a criminalidade.

Nenhuma das reformas penais empreendidas à época, tampouco das que se seguiram, trouxe solução para os problemas que, por mais inacreditável que seja, persistem até os dias atuais. Como observa Foucault:

> [...] do mesmo modo que o projeto de uma técnica corretiva acompanhou o princípio de uma detenção punitiva, a crítica

da prisão e de seus métodos aparece muito cedo, nesses mesmos anos de 1820-1845; ela, aliás, se fixou num certo número de formulações que – a não ser pelos números – se repetem hoje sem quase mudança nenhuma (*Vigiar e punir*).

De fato, os primeiros reformadores criticavam então as mesmas disfunções do sistema prisional que os juristas seguem criticando hoje:

> Porque é incapaz de responder à especificidade dos crimes. Porque é desprovida de efeito sobre o público. Porque é inútil à sociedade, até nociva: é cara, mantém os condenados na ociosidade, multiplica-lhes os vícios. Porque é difícil controlar o cumprimento de uma pena dessas e corre-se o risco de expor o detento à arbitrariedade de seus guardiões. Porque o trabalho de privar um homem de sua liberdade e vigiá-lo na prisão é um exercício de tirania (*Vigiar e punir*).

É de Swift uma das primeiras e mais acerbas críticas do sistema penal. Seu porta-voz é Gulliver. Em passagem pela terra dos Houyhnhms (cavalos inteligentes), o viajante descreve a um de seus anfitriões como funciona a Justiça na Inglaterra. "Ele não concebia", comenta Gulliver, "de que maneira alguma coisa destinada à preservação de todos pudesse ocasionar a ruína de alguns".

Podemos visitar uma típica prisão inglesa dos tempos de Gulliver (o livro de Swift é de 1726) acompanhando o relato de Moll Flanders, a heroína do romance homônimo de Defoe (publicado em 1722), sobre seus primeiros dias no cárcere:

> É impossível descrever o pavor de meu espírito quando aí entrei pela primeira vez e quando conheci todos os horrores deste sinistro lugar. Considerava-me perdida e só esperava sair desse mundo da maneira mais infamante; tumulto infernal, pragas, perjúrios e clamores, podridão e sujeira, as aflições terríveis que vi se uniram para fazer do lugar o emblema do inferno ou uma espécie de antecâmara

para lá. [...] não podia imaginar coisa mais horrível que esse lugar; nada podia ser mais odioso do que a companhia que ali encontrava. [...] não há cores que possam pintar esse lugar. Nenhuma alma pode conhecê-lo exatamente, a não ser aqueles que ali sofreram.

Se Swift pôs a perplexidade na boca de um quadrúpede falante do além-mar, é porque a maioria dos ingleses não ligava para os horrores das penas e das prisões. Três séculos depois, as coisas melhoraram bastante por lá: hoje só 20% das condenações criminais são penas de reclusão. No Brasil, onde esta cifra é de 80%, a maioria das pessoas, a exemplo dos ingleses do século XVIII, não liga para os horrores de suas prisões, que, aliás, em tudo se parecem com a descrita por Defoe.

Na época de Gulliver e de Moll Flanders (como durante toda a história até então), a reclusão no cárcere, via de regra, ainda não constituía uma pena – sua função era, no mais das vezes, manter o delinquente segregado até a prolação da sentença –, mas as masmorras não seriam muito diferentes um século depois, quando passaram a cumprir a função punitiva/corretiva. Em boa parte do mundo, a bem da verdade, elas pouco mudaram até hoje.

Em meados do século XIX, Dostoiévski cumpriu quatro anos de trabalhos forçados na Sibéria. Segundo o escritor russo:

> Os presídios não conseguem reabilitar o sentenciado, são locais voltados exclusivamente para castigo, garantindo, em termos teóricos, que o criminoso, encarcerado, não cometa outros atentados à paz social. A prisão e todas as formas de trabalho pesado desenvolvem apenas o desejo pelos prazeres proibidos, bem como uma terrível irresponsabilidade. Estou convencido de que o tão propalado regime de penitenciária oferece resultados falsos, decepcionantes, ilusórios. Esgota a capacidade humana, definha o espírito e, depois, apresenta aquele detento mumificado como um modelo de regeneração. Na verdade, ao voltar-se contra a sociedade, esse criminoso a rejeita abertamente (*Recordações da casa dos mortos*).

No apagar das luzes do século XIX, Oscar Wilde cumpria pena no Cárcere de Reading. Em *De profundis*, escrito na solidão de sua cela, ele escreveu:

> A vida na prisão, com suas privações e limitações contínuas, nos torna rebeldes. Pois o mais terrível não é que ela consiga partir os nossos corações – os corações foram feitos para serem partidos –, mas que os transforma em pedra. Às vezes sentimos que só com muito descaramento e insolência conseguiremos suportar mais um dia.

Com a saúde debilitada pela prisão, Wilde morreu três anos depois de reaver a liberdade; tinha 46 anos.

Dostoiévski e Wilde falam em insolência e rebeldia. O prisioneiro renega a sociedade que o renegou. Como poderia respeitar quem o odeia? O desprezo que devota aos que tentam desumanizá-lo, ele o faz em defesa da sua dignidade. O cárcere não vai torná-lo dócil nem submisso. Ele, mais do que ninguém, sabe que, para puni-lo pelo seu crime, a sociedade cometeu, também ela, crime ainda pior. Ele o sente na sua própria pele, como os condenados de *Na colônia penal*, de Kafka, que, presos a uma sinistra máquina de tortura, sentem a sentença ser gravada por uma agulha em suas costas. O crime é reproduzido, simbolicamente, na execução da pena. É um "olho por olho, dente por dente" – retaliação rebuçada de "correção", exílio irrevogável apodado de "ressocialização".

Como pode a sociedade, ela mesma tão corrompida de imoralidade, desejar que a prisão transforme o criminoso num ser moral? Como pode esperar dele que purgue o mal num lugar que é o próprio reino do mal?

A crueldade do cárcere, concebida para reforçar o sentimento de culpa do criminoso, na verdade muitas vezes contribui para atenuá-la. Este testemunho é de um jovem estadunidense preso no início dos anos 1950:

> [...] a indignação que sinto contra as práticas da prisão não é a indignação do inocente perseguido ou a do *mártir*, mas a do

culpado que sente que seu castigo ultrapassa o que merece e que *é imposto por aqueles que não estão livres de culpa*. Este último aspecto é sentido intensamente por todos os presos, e é a fonte da profunda descrença que existe em toda prisão (McCleery *apud* Goffman, grifos no original).

À mesma época, Hassler afirmaria, num ensaio, de modo ainda mais assertivo:

> Por seu raciocínio, depois de um delinquente ter sido submetido a castigo injusto ou excessivo, bem como a tratamento mais degradante do que o prescrito pela lei, passa a justificar o seu ato – o que não podia fazer quando o cometeu. Decide "descontar" o tratamento injusto na prisão, e a vingar-se, na primeira oportunidade, através de outros crimes. *Com essa decisão, torna-se um criminoso* (Hassler *apud* Goffman, grifos no original).

Podemos retroceder bem mais no tempo sem encontrar opiniões muito diferentes. O que F. Préameneu escreveu em 1819 vale, palavra por palavra, para as prisões de hoje:

> O sentimento de injustiça que um prisioneiro experimenta é uma das causas que mais podem tornar indomável seu caráter. Quando se vê assim exposto a sofrimento que a lei não ordenou nem mesmo previu, ele entra num estado habitual de cólera contra tudo o que o cerca; só vê carrascos em todos os agentes da autoridade: não pensa mais ter sido culpado; acusa a própria justiça (Préameneu *apud* Foucault).

A lei, de fato, não ordena nem prevê que o prisioneiro seja submetido a um martírio. Já não o fazia àquela época: "O mal é que a lei não penetra na prisão", queixava-se Decazes, ministro do Interior da França, numa carta ao rei, em 1818 (*apud* Foucault). Muito menos o faz hoje: a nossa muito humana Lei de Execução Penal, de 1984, parece feita para inglês ver, pois o seu texto torna boa parte do arquipélago carcerário brasileiro território fora da lei.

Os cidadãos que presumem desfrutar, hoje em dia, de uma boa democracia, popularizaram a expressão "os porões da ditadura", em referência aos subterrâneos do regime militar que torturou e matou centenas de oponentes políticos.

Pois esses mesmos cidadãos fecham os olhos para o vasto arquipélago de centenas de fortalezas espalhadas pelo país, em que centenas de milhares de almas padecem o inferno em vida. A democracia também tem seus porões. Pior: os militares agiam com convicção – a democracia alimenta seu monstro carcerário pelas caladas, pois ele a envergonha. A infâmia é amuralhada, guardada longe das vistas de todos. Somente quem é ou já foi prisioneiro sabe verdadeiramente o que é a prisão.

Porão é o lugar mais sombrio de uma casa. Oculto abaixo do piso térreo, é geralmente inabitável, usado como depósito de coisas velhas, inúteis, fora de uso. É o lugar de expurgo, sujo e feio, que ajuda a manter a casa limpa e bonita. Qualquer semelhança com a prisão não é mera coincidência.

Mas o nosso imenso arquipélago carcerário não é só um porão de expurgo, ele é um organismo vivo, um câncer social que está em crescimento. Esse câncer vem sendo cevado pela ideologia do direito penal do inimigo, que, nas últimas três décadas, passou a dominar o discurso da mídia, a opinião pública e o espírito dos legisladores e dos burocratas do sistema penal. "As discussões sobre política penal, em lugar do idealismo e humanitarismo, cada vez mais invocam o cinismo em relação ao tratamento reabilitador, a desconfiança para com os especialistas em criminologia e uma nova justificação moral da importância e da eficácia do castigo", assinala Artur César de Souza (*A decisão do juiz e a influência da mídia*).

A contradição entre o batido slogan oficial da "ressocialização" (em que ninguém mais bota fé) e a política de encarceramento em massa que amplia e aprofunda a marginalização e a miséria de uma população predominantemente pobre, negra e semiletrada: essa contradição deixou de perturbar as consciências. As consciências estão anestesiadas ou ludibriadas. Nestes tempos de estultice, de demagogia e de aversão à ciência, o discurso e a prática do ódio se sustentam no próprio ódio, na própria xenofobia que vê o transgressor como um estrangeiro a ser excluído do meio social. Posto em prática, o direito penal do inimigo levou ao encarceramento indiscriminado e ao aumento exponencial da população carcerária brasileira, que aumentou 800% entre 1990 e 2020, período em que a população do país crescera pouco mais de 40%. O Brasil tem o terceiro maior contingente de prisioneiros do mundo, atrás apenas dos Estados Unidos e da China, nações bem mais populosas. Concentramos um décimo de toda a população carcerária do planeta, embora sejamos apenas 2,7% da população mundial.

A sanha punitiva acirrou-se de modo assaz desproporcional aos índices de criminalidade, cujos incrementos foram muito menores (quando não nulos ou decrescentes, em certos períodos e regiões) que as crescentes taxas de encarceramento.

O populismo punitivo, que legitima o direito penal do inimigo, também batiza leis com o nome das vítimas, desdenha a ciência jurídica, usa e abusa da imprensa marrom. É sob o manto dessa nova ideologia penal que se instaurou no país, uma verdadeira legislação de guerra.

As táticas empregadas contra o inimigo social são táticas de exceção que relativizam, ou mesmo pervertem, as regras constitucionais. A presunção de inocência foi substituída pela presunção de culpa, não mais *in dubio pro reo*, mas *in dubio contra reum:* todo suspeito é culpado até que prove o contrário. O ônus de provar a culpa, que é dever constitucional do Estado, agora recai, pelo avesso, sobre o acusado para que prove, se for o caso, que *não* é culpado. E a essa tarefa, a de provar a inocência ou atenuantes da culpa, opõem-se acirradamente o Ministério Público e muitas vezes o próprio magistrado, dificultando ou impedindo a produção de prova, a ampla defesa e o contraditório.

A prisão preventiva, que deveria ser exceção, passou a ser regra. Cerca de um terço da população carcerária brasileira é composto de presos provisórios, isto é, acusados à espera da sentença – uma espera de muitos meses, às vezes anos. Muitos deles são inocentes. Muitos outros, quando recebem a condenação, já passaram mais tempo presos em regime fechado do que prevê a sentença.

O Mensageiro do Rei na prisão. Ilustração de John Tenniel
para Alice no país do espelho

Essa política da execução antecipada da pena me lembra uma passagem de *Alice no país do espelho*, de Lewis Carroll, em que Alice trava uma renhida discussão com a Rainha. Em seu país, explica a Rainha, vive-se de trás para frente. À guisa de exemplo, ela menciona o Mensageiro do Rei, que está na prisão. Ele ainda não foi julgado, nem sequer cometeu o seu crime – tudo isso ocorrerá em sequência inversa do que dita o bom senso de Alice. A jovem argumenta que, caso tivesse recebido um castigo antes de – e sem – ter feito algo errado se sentiria muito injustiçada. Mas a Rainha está convicta de que mesmo nesse caso o castigo, ainda que imerecido, faria de Alice uma menina melhor.

Nós, o comum dos cidadãos, não ligamos muito quando aberrações surreais como essa passam a fazer parte do nosso mundo. Não entendemos nem nos interessamos pelo Direito, pela Constituição, pelas leis e práticas penais. Quando nada temos com a Justiça, os direitos dos acusados e dos condenados não nos dizem respeito. Preferimos vê-los atrás das grades. As cadeias abarrotadas e violentas não perturbam a nossa paz de espírito. Comemoramos as condenações espetaculares, as longas penas de prisão, ditas "exemplares" (como se houvesse justiça em impor, por um mesmo delito, uma pena maior a um contraventor conhecido que a um anônimo, só para usar aquele como exemplo persuasivo; como se o viés pedagógico de um julgamento não o tornasse facilmente forjado). Não atinamos com os absurdos, nem nos alarmamos quando a Justiça perde sua isenção e compostura, ou mesmo parece participar de linchamentos públicos. Somente quando nós mesmos precisamos nos defender é que fazemos questão de exercer todos os direitos que negávamos aos outros.

Convenceram-nos de que encarcerar é a única – ou a mais eficiente – maneira de punir o transgressor e nos proteger dele; de que sua prisão deve ser imediata, antes mesmo da conclusão do devido processo legal; e de que, por fim, quanto mais tempo ele permanecer na cadeia, menor será sua propensão à reincidência. Acabamos aceitando e apoiando, irrefletidamente, a expansão do complexo prisional das últimas décadas. A prisão passou a fazer parte do imaginário popular como um organismo eterno, imutável e indispensável, um mal necessário, a única resposta punitiva possível à transgressão.

A mídia tem uma participação decisiva nesse fatalismo equivocado. Além de querer nos atemorizar com a delinquência supostamente fora de controle, os meios de comunicação de massa, em especial a TV e o cinema, saturam o nosso imaginário de cenas de tribunais, delegacias, celas e presídios. Não há um capítulo de telenovela em que algum personagem não seja ameaçado de prisão ou posto atrás das grades. Construímos a nossa visão da realidade prisional a partir dessas imagens e narrativas tendenciosas, sem jamais compreendê-la verdadeiramente. "A prisão é uma das características mais importantes do nosso ambiente imagético", ressalta Angela Davis (ativista de direitos civis nos Estados Unidos que passou mais de um ano no cárcere à espera do julgamento em que seria inocentada).

Isso faz com que considerássemos a existência delas algo natural. A prisão se tornou um ingrediente essencial do nosso senso comum. Ela está lá, à nossa volta. Não questionamos se deveria existir. Ela se tornou uma parte tão fundamental da nossa existência que é necessário um grande esforço de imaginação para visualizar a vida sem elas (*Estarão as prisões obsoletas?*).

A maioria dos cidadãos ignora solenemente as evidências de que encarcerar mais e aumentar as penas – o que se tornou a política pública quase exclusiva para o controle da delinquência – simplesmente não funciona.

Nunca funcionou. Cesare Beccaria já ensinava isso nos idos de 1764:

> Os países e os séculos em que se puseram em prática os tormentos mais atrozes são igualmente aqueles em que se praticaram os crimes mais horrendos. O mesmo espírito de ferocidade que ditava as leis de sangue do legislador, colocava o punhal nas mãos do assassino e do parricida. [...] A experiência de todos os séculos demonstra que a pena de morte jamais deteve celerados determinados a praticar o mal. [...] O rigor do suplício não é o que previne os delitos com maior segurança, porém a certeza da punição (*Dos delitos e das penas*).

No entanto, não obstante as repetidas lições da academia e da história, os legisladores de ontem e de hoje fazem a elas ouvidos moucos. Sua atenção está voltada para o clamor popular, como se a multidão detivesse discernimento e bom senso, como se a mídia que a instiga não tivesse o rabo preso com interesses escusos.

Assim, os legisladores seguem reformando o Código Penal para endurecer as penas. Será que acreditam mesmo que os criminosos consultam o Código antes de cometer seus crimes? "Deixe-me ver... Homicídio, pena máxima, trinta anos. OK, vou nessa", ou então "Opa, aumentaram pra quarenta anos. Que ripada! Desisto". Existe por acaso algum imbecil que raciocina dessa forma quando planeja seu crime (isto se seu crime não for fruto de um impulso e das circunstâncias de momento)? Será que eles, os legisladores, acreditam que o criminoso que passou quinze anos na cadeia terá cultivado mais respeito à lei do que um outro que ficou preso por "apenas" dez anos? Eles deveriam saber que ocorre justamente o contrário.

Todo prisioneiro sofre muito mais no início da prisão. Prolongá-la não vai recrudescer seu sofrimento, nem aprofundar seu arrependimento, nem tampouco evitar seu retorno à vida do crime – fará exatamente o inverso. Quanto mais tempo o condenado vive na prisão, mais ele se habitua ao cativeiro, mais se adapta a ele – um processo de assimilação que recebeu o epíteto de "prisionalização" (ou "prisionização"). Segundo Goffman:

> [...] o pouco do mundo externo que é dado pelo estabelecimento é considerado pelo internado como o todo, e uma existência estável, relativamente satisfatória, é construída com o máximo de satisfações possíveis na instituição (*Manicômios, prisões e conventos*).

A imersão do condenado no cadinho da vida prisional, desde o dia da "inclusão" em que recebe seu uniforme e o número de matrícula, leva-o gradualmente à perda de sua individualidade e à interiorização de valores, regras, linguagem e comportamentos da cultura carcerária. Ele se sente a cada dia mais entranhado no submundo da prisão e mais distante da realidade social da qual foi excluído e à qual se pretende que um dia volte "ressocializado". Submetido a um verdadeiro processo de desculturação, ele retornará à sociedade totalmente estranho, desambientado, um peixe fora d'água. Não será muito diferente dos sobreviventes de Auschwitz retratados por Primo Levi: "[...] diante da liberdade nos sentíamos confusos, esvaziados, atrofiados, inadaptados" (*A trégua*). Como frisou Bitencourt, "a segregação de uma pessoa do seu meio social ocasiona uma desadaptação tão profunda que resulta difícil conseguir a reinserção social do delinquente, especialmente no caso de pena superior a dois anos" (*Falência da pena de prisão*).⁴⁶

Esses prisioneiros, em sua maioria provenientes dos extratos mais pobres e marginalizados da sociedade, muitas vezes se acomodam à prisão como a um novo lar, que eles têm receio de perder. Por mais precárias que sejam, por um lado, as condições de vida da prisão, por outro a tutela do Estado e, não raro, o apoio da organização criminosa a eles e a seus familiares lhes parecem representar mais vantagens e segurança que os riscos e incertezas de um recomeço no mundo externo, sabidamente hostil ao egresso. É como se seguissem o ditado popular "antes um pássaro na mão do que dois voando". E assim, movidos por esse sentimento, consciente ou não, muitos deles praticam infrações disciplinares para retardar sua progressão de regime, ou, depois de libertados, cometem novos crimes para poder voltar à prisão. Não conseguem mais viver em liberdade. Em vez de ressocializá-los, a prisão operou neles uma verdadeira "dessocialização".⁴⁷

Foi para eles, além do mais, uma escola do crime. Os delinquentes primários, os menos ofensivos, se aperfeiçoam na arte da transgressão com os mais experientes, com os reincidentes contumazes; muitos acabam sendo arregimentados pelo crime organizado. O sistema penitenciário é um celeiro de criminosos. Ao invés de diminuir a criminalidade, o aprisionamento em massa só faz aumentá-la. Destinada a isolar e

---

46 A respeito da prisionalização à brasileira, comenta Miguel Reale Júnior: "[...] a prisão revelou-se, com todos os esforços e toda boa vontade dos penitenciaristas e penalistas, absolutamente imprópria para preparar o apenado para o mundo livre. É que o cárcere não reproduz em tamanho pequeno a vida em sociedade, mas configura um *mundo próprio*, levando, inexoravelmente, ao esgotamento da personalidade. Ao ser submetido o encarcerado ao processo de prisionização, a um código de conduta ditado não pela Administração Penitenciária e sim pelo poder real da cadeia, exercido pelos líderes desse universo isolado, composto por pessoas estigmatizadas em face dos 'homens bons' que vivem em liberdade, dificilmente sua personalidade se mantém íntegra, dificilmente sua individualidade, condição de saúde mental, será resguardada. O mundo real da cadeia deixará, inevitavelmente, suas danosas marcas" (*Instituições de Direito Penal*).
47 A. Thompson faz uma espirituosa comparação a respeito: "Adaptação à prisão implica em desadaptação à vida livre. [...] treinar homens para a vida livre, submetendo-os a condições de cativeiro, afigura-se tão absurdo como alguém se preparar para uma corrida ficando na cama por semanas" (*A questão penitenciária*).

desarmar os inimigos da sociedade, a prisão, ao contrário, se inscreve no círculo vicioso que fabrica uma legião de inimigos – ela reforça o que pretendia neutralizar, multiplica o que queria erradicar. Os índices de reincidência no Brasil beiram 80%. Haverá prova melhor da total ineficiência do sistema penal?

Em alguma medida, isso sempre aconteceu, em todas as épocas e em todos os lugares, mesmo sob o império de um rigor punitivo extremo. Varlam Chalámov, escritor russo que sobreviveu a vinte anos de trabalhos forçados nos terríveis campos do *gulag* stalinista, escreveu:

> Centenas de milhares [de pessoas], permanecendo no cárcere, são corrompidas pela ideologia da ladroagem e deixam de ser humanos. Algo de bandido assenta-se em sua alma para sempre; os ladrões e sua moral deixam um rastro indelével na alma de todos para sempre (*Contos de Kolimá, I*).

Em vez de devolver à sociedade cidadãos dóceis, tementes à lei – projeto sonhado pelos idealizadores do sistema penal mais de dois séculos atrás –, a prisão sempre produziu homens martirizados, desiludidos, ressentidos da sociedade que os submeteu a tanta degradação.

Será exagero dizer que o calvário da prisão transforma o criminoso em mártir, e que o martírio o santifica? Apartado de seus vícios e supliciado pelo seu pecado, o prisioneiro é *mártir* e *santo*.

Não há incompatibilidade entre o crime e a santidade. Haveria mesmo, entre eles, uma certa conexão mística, como sugerem algumas obras de ficção, sobretudo da ficção russa (em especial a de Dostoiévski). Na tradição católica, os santos sempre reconhecem o mal que habita dentro deles, como habita todo ser humano (franqueza que evoca o exemplo de Sócrates, o sábio que admitia a própria ignorância). A redenção pelo pecado é uma doutrina gnóstica que o cristianismo assimilou como salvação pela contrição e sofrimento.

"A santidade significa fazer bom uso da dor", disse Genet. "É um modo de forçar o diabo a ser Deus" (*O diário de um ladrão*).

Não está entre os objetivos deste ensaio explorar as razões da perpetuação ilógica deste disfuncional e infame sistema penitenciário, invulnerável a duzentos anos de contradições, fracassos e críticas. Ainda assim, o tema merece algumas pinceladas, ao menos para não deixar no leitor a impressão de que as causas deste fenômeno se limitam à suposta estupidez dos políticos e legisladores.

Não se trata, obviamente, de estupidez. Se o sistema penal sobrevive, petrificado e incólume, por tanto tempo – sendo provavelmente a instituição social que menos se modificou na modernidade –, é porque desempenha funções relevantes na dinâmica social.

Os estudos de Foucault evidenciaram a relação causal entre o advento do capitalismo e a implantação das penitenciárias e da pena de reclusão. O novo sistema penal surge na relação de classe entre o proletariado, que agora tem contato direto com os meios de produção, e a burguesia, que acumula a riqueza gerada por eles. É preciso redobrar a vigilância e o controle sobre as classes baixas para preservar as relações de produção. O panoptismo (vigilância) e a reclusão (punição) são instrumentos de controle social que asseguram a sujeição das massas a uma pequena classe dominante.

Na verdade, o modelo penitenciário é apenas uma entre tantas outras engrenagens do poder exercido por homens sobre outros homens, mas é a menos sutil e a mais atroz delas. E a eficiência desse modelo não há de ser atestada pela redução da criminalidade, como faz crer o senso comum. Para Foucault, a função velada da prisão, a "que se esconde sob o aparente cinismo da instituição penal", não seria reprimir as transgressões, mas distingui-las, organizá-las "numa tática geral das sujeições", geri-las, usá-las. Segundo o filósofo francês:

> Os juízes são empregados, que quase não se rebelam, desse mecanismo. Ajudam na medida de suas possibilidades a constituição da delinquência, ou seja, a diferenciação das ilegalidades, o controle, a colonização e a utilização de algumas delas pela ilegalidade da classe dominante (*Vigiar e punir*).

Vista por esse prisma, a delinquência visível, a que representa o alvo oficial de enquadramento e repressão, é útil para o poder. O fato de o sistema penal não lograr a redução da criminalidade, ou mesmo contribuir para a sua manutenção e reprodução, não constitui um fracasso, mas uma consequência mesma de seus desígnios ocultos. Como assinala Foucault:

> [...] essa criminalidade de necessidade ou de repressão mascara, com o brilho que lhe é dado e a desconsideração de que é cercada, outra criminalidade que é às vezes causa dela, e sempre a amplificação. É a delinquência de cima, exemplo escandaloso, fonte de miséria e princípio de revolta para os pobres. [...] Não há então natureza criminosa, mas jogos de força que, segundo a classe a que pertencem os indivíduos, os conduzirão ao poder ou à prisão [...] (*Vigiar e punir*).

Angela Davis complementa a análise de Foucault, lembrando que interesses mercadológicos e midiáticos contribuem para a manutenção do *status quo* da instituição prisional.

> Teríamos que reconhecer que o "castigo" não é uma consequência do "crime" na sequência lógica e simples oferecida pelos discursos que insistem na justiça do aprisionamento, mas sim que a punição – principalmente por meio do encarceramento (e às vezes da morte) – está vinculada a projetos de políticos, ao desejo de lucro das corporações e às representações midiáticas do crime (*Estarão as prisões obsoletas?*).

As prisões representam uma importante fonte de lucro para muitas empresas, que constituem o que Davis chama de "complexo industrial-prisional". O crescimento sustentado da população carcerária demanda constante construção de novas penitenciárias, a par dos altos investimentos na sua conservação e administração. O Estado brasileiro gasta muito mais com a manutenção de cada presidiário do que com o custeio de um aluno do ensino básico. Para as empresas que lucram com essa manutenção, quanto mais presos houver no país, melhor. Esse é, sem dúvida, um interesse poderoso a reforçar a continuidade e expansão do sistema carcerário.

O papel da mídia na legitimação do encarceramento maciço já foi detalhado anteriormente neste livro. Saturado de narrativas sobre os crimes, sobre o mal que ameaça a paz social, o discurso midiático justifica e estimula os mecanismos punitivos a serviço do poder dominante. Como escreveu Foucault: "A noção fundamental que justifica o poder é a do mal: é só porque há mal e malvados que o poder se justifica suprimindo-os" (*A sociedade punitiva*).

A torre da caixa d'água que se ergue sobre os pavilhões exibia, até algum tempo atrás, o emblema da Secretaria de Administração Penitenciária (SAP) e, embaixo dele, a inscrição: "Estamos construindo um novo amanhã". Com a mudança do governo estadual, uma camada de cal fez desaparecer a mensagem encorajadora. A máxima do governador João Doria – "bandido bom é bandido preso" – deixou para trás a gasta e falsa retórica da ressocialização.

O governador prima pela honestidade. A ideia de que alguém possa *construir* um novo amanhã num lugar infernal que *destrói* a dignidade, o moral e a saúde do ser humano é um contrassenso. Propagar que um ambiente como esse (que segrega, degrada e *dessocializa* o homem) tem por objetivo a sua *ressocialização,* só pode ser um deboche.

A hipocrisia sempre marcou o discurso do poder, o qual tenta travestir a barbárie em uma aparência moralizante. Por mais assustador que pareça, os exemplos desse cinismo descarado que encontramos nos totalitarismos mais sanguinários da história recente são embaraçosamente semelhantes aos da nossa pretensa democracia, capaz de manter um sistema penal dantesco e de enfeitá-lo com slogans como "construindo um novo amanhã".

O campo de concentração de Buchenwald, que contabilizou mais de cinquenta mil cadáveres, era eufemisticamente chamado de *Umshulungslager,* "campo de reeducação". A inscrição que podia ser vista à entrada do campo, *Jedem das seine*, reproduzia em alemão um dos preceitos do direito romano, *cuique suum*, "a cada um o que lhe cabe".

Os alemães eram muito cultos e "civilizados". Já àquela época eles tinham a Lei de Proteção à Natureza, graças à qual Buchenwald manteve preservada e bem-cuidada, protegida dos prisioneiros por uma cerca, a "árvore de Goethe", um carvalho centenário sob cuja copa frondosa o escritor costumava sentar-se com sua amada Frau von Stein. A coexistência da alta cultura com a pior selvageria é desconcertante...

Quem visita Auschwitz, o campo de extermínio mais profícuo do Terceiro Reich, hoje museu a céu aberto, se depara com o letreiro recortado em ferro sobre o portão de entrada: *Arbeit macht frei*, "o trabalho liberta". Um milhão e duzentas mil pessoas foram mortas nas câmaras de gás de Auschwitz...

Na União Soviética, cujo exército libertou Auschwitz e foi o principal responsável pela vitória sobre o nazismo, todas as prisões e campos de trabalho forçado no período stalinista ostentavam à entrada um lema semelhante ao do campo da morte alemão: "O trabalho é questão de honra, glória, bravura e heroísmo". Entre dois e três milhões de russos perderam a vida no *gulag*...

Portão de entrada do campo de concentração de Auschwitz

....
Alemanha, verão de 1983. Peguei o trem München-Dachau. O antigo campo de concentração, preservado como museu, fica a menos de uma hora de Munique. Um trem supermoderno, confortável; belas paisagens da Baviera correndo na janela; uma viagem agradável. Mas é, também, um túnel do tempo que leva da civilização à barbárie.

O cenário do Mal está deserto, imerso no silêncio, mas a imaginação do visitante o povoa de espectros, o anima de um satânico *grand guignol*. Nos barracões, com suas longas filas de beliches de madeira de três níveis, milhares de prisioneiros cadavéricos se apinham, dois ou três em cada estrado. Fome e desesperança na antecâmara da morte. Fornos crematórios engolem um corpo atrás do outro. Altas torres expelem uma negra fumaça com cheiro de carne humana. Nas fotos, instantes de horror eternizados, imagens de uma eloquência muda. Os visitantes vagando perdidos, perplexos, talvez envergonhados por estarem ali como turistas, como *voyeurs*, ali onde grassou tanto sofrimento, onde mais de trinta mil seres humanos morreram de forma tão ignominiosa. Errei pelas instalações sinistras de Dachau como por um território irreal. Somente a lembrança de meus avós e tios (mortos em campos como esse) foi capaz de me situar no tempo e no espaço. Aquilo aconteceu apenas uma década antes de eu vir ao mundo, e tão perto do lugar em que nasci e passei a infância. O memorial à saída de Dachau ostenta um "NUNCA MAIS" escrito em várias línguas. Letras mudas, veemência dissipada no silêncio...

Depois da derrocada do Terceiro Reich nunca mais se matou gente em câmaras de gás, mas os genocídios continuaram sendo perpetrados, em outros lugares, de outras formas, sob outros pretextos. O preconceito, o racismo, a xenofobia, a intolerância e o ódio estão vivos como nunca. O homem continua sendo o lobo do homem. Sempre há alguém para servir de bode expiatório. Sempre há um "outro" para culpar, execrar, perseguir, torturar, expulsar.

É justificável traçar paralelos entre o horror das prisões brasileiras e o dos campos de concentração nazistas? Seria um exagero retórico, se não uma blasfêmia, não houvesse entre eles pontos de uma semelhança perturbadora.

Primeiro, é preciso lembrar que o *Konzentrationslager* alemão não foi idealizado, *ab ovo*, como um lugar de extermínio. Dachau, por exemplo, o primeiro campo construído pela Alemanha antes do começo da guerra, se destinava inicialmente aos criminosos comuns e presos políticos. O extermínio sistemático só seria posto em prática bem mais tarde, com o avanço da guerra, nos campos como Auschwitz, Belzec, Sobibor etc.

Não é difícil entrever, nas estratégias usadas pelo nazismo para solucionar o "problema judaico", uma certa identidade com as que a nossa sociedade adota na abordagem do "problema da criminalidade". Há o mesmo afã de rotular, difamar, segregar, fazer sofrer um grupo de indivíduos que deixam de ser vistos como cidadãos normais e de fazer jus a dignidade e respeito. Na metáfora usada por Zygmunt Bauman, as democracias modernas perseguem o projeto do "jardim ideal", que justifica todo o furor e todo o empenho burocrático na erradicação das "ervas daninhas", de modo comparável ao dos regimes totalitários como o nazismo.

A história da progressiva radicalização no cerco aos judeus durante o Terceiro Reich é ilustrativa. A ascensão de Hitler ao poder, em 1933 (por vias democráticas, lembre-se), oficializou o antissemitismo na Alemanha. A nação ariana tinha de ser purificada, e os judeus eram a odiosa erva daninha. A "questão judaica" começou a ser estudada e *definida*, com o rigor técnico próprio do espírito alemão. Ergueu-se todo um arcabouço pseudocientífico que configurava o judeu como um ser inferior e nocivo que merecia tratamento sub-humano. Desde então, sucessivos decretos passaram a *restringir* cada vez mais os direitos dos cidadãos judeus, que se tornavam cada vez menos cidadãos. Agora só podiam sair de casa identificados com a estrela de Davi amarela presa à roupa. A partir de 1939, nos países ocupados, resolveu-se concentrar a população judia em guetos, onde seria submetida a toda sorte de *privações*. Em cada cidade que possuísse uma comunidade judaica numerosa, dezenas a centenas de milhares de pessoas eram confinadas no espaço de alguns poucos quarteirões, onde epidemias e fome ceifariam milhares de vidas. A deportação em massa para os campos de extermínio só seria levada a efeito a partir de 1941/1942, quando as tropas alemãs já avançavam União Soviética adentro.

Vê-se, portanto, que as estratégias de identificar, privar de dignidade e direitos, isolar e martirizar o *homo judaeus europaeus*, postas em ação pelo nacional-socialismo entre 1933 e 1941, em tudo lembram o tratamento destinado hoje ao *homo carceris brasiliensis*. São espécies sub-humanas.

Quem refuta a semelhança entre os dois sistemas punitivos pelo fato de que um se encaminhou, em seu estágio final, para o extermínio físico de suas vítimas, e que estas eram inocentes – ao passo que o outro se satisfaz com a morte social das suas, que, enfim, têm culpas a expiar –, ignora que essa não é uma questão de tudo ou nada e que tampouco trata da distribuição de justiça. As crueldades praticadas contra seres humanos sob a égide da democracia, independentemente dos pretextos alegados, deveriam ter para nós o mesmo peso da infâmia que atribuímos às atrocidades do nazismo. Além do mais, o cárcere no Brasil não acarreta somente a morte civil do prisioneiro. Com muita frequência, ele adoece, sua expectativa de vida é reduzida, e o risco de ser morto na prisão é considerável. A incidência do HIV, por exemplo, é 140 vezes maior nas prisões que na população geral. Todo ano, centenas de mortes intencionais (homicídios e suicídios) são registradas no sistema penitenciário brasileiro. A taxa de suicídios entre os presos é quatro vezes (no caso das mulheres, vinte vezes) maior que a observada na população total. O risco de ser assassinado numa prisão brasileira é quase 130 vezes maior que numa prisão inglesa. A quem incomodam esses números? "Bandido bom é bandido morto" é mais do que uma pilhéria inocente.

Assim como muitos cientistas e intelectuais alemães colaboraram ativamente com a abordagem técnica e a consequente legitimação da xenofobia antissemita, enquanto outros se calavam, por indiferença ou medo, também hoje, entre nós, há uma legião de entusiastas do direito penal do inimigo, do encarceramento em massa e do regime desumano nas prisões, deixando a academia, intimidada, na sombra e no silêncio.

Cela de presídio

Campo de concentração

A noção de que os transgressores da lei são inimigos do povo, e estranhos a ele, justifica a instauração de um Estado policial e de medidas draconianas, como se o país estivesse enfrentando uma guerra. Quem se sente em situação de guerra recua, amedrontado, e delega de bom grado todas as decisões àqueles encarregados de protegê-lo. Em nome da segurança, excessos, medidas de exceção, violência policial e carcerária passam a fazer sentido e parecer justos. Os fins passam a justificar os meios. O medo e o ódio se irmanam no coração dos homens.

A violência do Estado é sustentada por uma ideologia falaciosa e iníqua, mas que conta com uma fundamentação técnica aparentemente racional e coerente, geratriz de uma gigantesca burocracia punitiva que mascara o equívoco de seus princípios e, sobretudo, a imoralidade de seus métodos.

Os equívocos e a imoralidade diluem-se na intrincada teia de sucessivos pequenos atos e decisões; tornam-se abstratos, invisíveis. A responsabilidade de cada agente, tornado engrenagem da grande máquina, se restringe à execução de sua tarefa. A máquina burocrática submete seus servidores a uma mentalidade tecnológica, ao pensamento instrumental; especialização e competência técnica são seus valores supremos. Ninguém se sente responsável pelo todo, pela ideologia que inspirou essa complexa engenharia social, por sua finalidade, seus mecanismos e seus resultados. Em seu trabalho, os burocratas são antes funcionários que seres humanos. Seguem rotinas preestabelecidas, obedecem a ordens – não lhes cabe questioná-las.

Foi exatamente essa a tônica da defesa dos carrascos nazistas nos julgamentos de Nuremberg, assim como a de Eichmann, julgado em Jerusalém. Eles simplesmente cumpriam ordens; e – especialmente durante situações de guerra – ordens não se discutem, se cumprem.

Albert Speer, Ministro de Armamento do Terceiro Reich, escreveu na prisão:

> Inculcava-se nos pequenos militantes que a grande política era por demais complicada para que eles pudessem julgar. Por conseguinte, os indivíduos se sentiam constantemente tutelados e ninguém jamais era convidado a tomar suas próprias responsabilidades (*Au coeur du Troisième Reich*).

Adolf Eichmann, um dos artífices da "solução final", *"simplesmente nunca percebeu o que estava fazendo"*, na conclusão de Hannah Arendt (*Eichmann em Jerusalém;* itálico no original).

Essa alienação não se extinguiu com a derrota do Terceiro Reich, ela continua presente no mundo de hoje. Os funcionários metódicos da nossa atual burocracia penal também não têm uma noção exata do que estão fazendo.

No início dos anos 1960, um curioso experimento psicológico, idealizado por Stanley Milgram, foi realizado na Universidade de Yale, nos Estados Unidos. Milgram tentou criar em laboratório uma situação que reproduzisse, grosso modo, aquela vivida pelos militares alemães que participaram do massacre de judeus sob ordens superiores. Aos voluntários recrutados para o ensaio foi dito que se tratava de um estudo sobre efeitos da punição no aprendizado e na memória, mas o verdadeiro objetivo de Milgram era estudar a *obediência à autoridade.* Os voluntários foram instruídos a aplicar choques elétricos cada vez mais intensos em outros participantes (mantidos invisíveis num compartimento contíguo) sempre que estes dessem resposta errada às perguntas de um teste. Os voluntários não sabiam que a instalação elétrica era falsa e que os participantes ocultos eram atores. O resultado foi que os voluntários, em sua maioria, obedeciam às instruções dos pesquisadores e continuavam a acionar o dispositivo elétrico a despeito dos gritos de dor que vinham da sala ao lado. A obediência às regras parecia torná-los insensíveis, alheios à consciência de que infligir sofrimento a seus semelhantes era um ato imoral, qualquer que fosse a finalidade. Poucos deles questionaram as ordens que recebiam, ou se negaram a cumpri-las.

Pessoas que, em princípio, não são más, são capazes de se engajar na prática do mal sem refletir sobre o que fazem, como fazem e por que fazem. Essa "estranha interdependência entre inconsciência e mal", nas palavras de Arendt, leva ao que ela chamou de "banalidade do mal". O mal que fazemos ao outro passa a fazer parte de nossas vidas sob o inocente rótulo de "trabalho", de "dever profissional". Cometemos crimes sem achar que estejamos fazendo algo errado. Germaine Tillion, sobrevivente do Holocausto, fala nessa "trágica facilidade com a qual as 'pessoas de valor' podem se tornar carrascos sem nem mesmo perceberem" (*Ravensbrück*).

A burocracia aliena seus funcionários e desumaniza suas vítimas. O tecnocrata perde a noção de que está lidando com seres humanos. Ele lida com números. "Todos nós continuamos a reagir assim ao anúncio de milhares de mortos", observa Tzvetan Todorov. "A quantidade despersonaliza as vítimas e dessa forma nos insensibiliza: uma morte é uma tristeza, um milhão de mortos é uma informação" (*Diante do extremo*). A observação de Todorov vale tanto para a atitude do povo alemão diante da perseguição e extermínio de judeus quanto parra a nossa atitude atual perante setecentos mil mortos da pandemia de covid-19 ou quase um milhão de pessoas encarceradas pelo país afora. A mídia e a burocracia nos insensibilizaram diante do sofrimento humano.

Na mente do burocrata, assim como no imaginário popular, a representação desses alvos da punição é estereotipada, fragmentada em traços e atributos isolados que desintegram sua totalidade como indivíduos, subvertem sua humanidade.

Além do mais, as vítimas estão muito distantes dos olhos míopes dos burocratas para que estes possam efetivamente enxergá-las como pessoas que são. Os criminosos que hoje penam nas prisões, a exemplo dos judeus que aguardavam a morte nos guetos e nos campos de concentração, não têm nome, rosto, voz, família; compõem uma categoria ficta, amorfa, irreal. Como observou Bauman, a *distância* entre o burocrata nazista e o prisioneiro do lager permitia criar um *vazio moral*. Hitler e a maioria dos arquitetos da "solução final" nunca pisaram num campo de concentração. A maioria de nossos juízes nunca entrou numa cela de prisão. E os agentes penitenciários, os carcereiros – assim como os guardas do lager –, que são o último elo da corrente e os únicos que lidam mais diretamente com os prisioneiros, se comportam, em geral, como os voluntários obedientes do experimento de Milgram.

Ou pior: às vezes eles se comportam como os voluntários do experimento de Zimbardo. Em 1971, o psicólogo Philip Zimbardo, da Universidade de Stanford, projetou uma experiência para estudar a extensão da "banalidade do mal" em um ambiente institucional. Até que ponto pessoas investidas de sua função profissional podem exceder suas obrigações, descambando para autoritarismo e violência? Zimbardo selecionou dezoito jovens norte-americanos considerados social e psicologicamente normais. Metade deles foi sorteada para assumir o papel de carcereiros; a outra metade, o papel de prisioneiros. A experiência, que decorria num ambiente similar à prisão, teve de ser interrompida no sexto dia porque a violência exibida pelos "carcereiros" atingira um nível intolerável. Eles humilhavam e oprimiam os "prisioneiros"; se tornavam cada dia mais agressivos. Ao que parece, sempre que determinados indivíduos se sentem autorizados a exercer domínio sobre outros, colocados em posição de inferioridade e submissão, o risco de eles darem vazão a seus instintos sádicos e se descomedirem para além dos limites éticos e morais é inevitável.

O Holocausto só foi possível porque o povo alemão fechou os olhos para a barbárie. No entender de Arendt:

> [...] a hipocrisia passou a fazer parte integrante do caráter nacional alemão. [...] clichês [...] orientaram a vida do povo durante doze anos. [...] Das provas acumuladas só podemos concluir que a consciência enquanto tal parecia ter se perdido na Alemanha, e isso a tal ponto que as pessoas dificilmente se lembravam dela [...] (*Eichmann em Jerusalém*).

Se é possível e desejável extrair lições do passado, a memória do Holocausto, que infelizmente tendemos a ver cada vez mais como um evento histórico isolado e distante, deveria arder em nossa consciência como um alerta permanente. Para nós, que temos a sorte de viver numa democracia, esse triste exemplo será tão mais eloquente quanto mais reconhecermos que os ingredientes que redundaram na selvageria nazista e que parecem mais ou menos conspícuos em regimes totalitários, estão presentes também em nossa sociedade, se insinuam imperceptivelmente em nossas vidas, nossas mentes, nossas atitudes. Ou falta de atitude...

Sem perceber, estamos cultivando o Mal. Sempre que aplaudimos o discurso que desumaniza e demoniza o outro, sempre que compactuamos com sua marginalização e seu martírio, sempre que esquecemos a igualdade e a fraternidade, e resvalamos para a discriminação e a ira, sempre que damos voz aos que odeiam e nos recusamos a ouvir os que são odiados estamos cultivando o Mal, o mesmo Mal que engendrou o Holocausto.

"Não creio que o próprio Mal tenha mudado de natureza – ele consiste sempre em negar a alguém o direito de ser plenamente humano", escreveu Todorov (*Diante do extremo*).

Precisamos ouvir sua advertência:

> [...] o totalitarismo nos revela aquilo que a democracia deixa na penumbra: que no fim do caminho da indiferença e do conformismo aparecem os campos de concentração (*Diante do extremo*).

SOBRE O AUTOR

Eugenio Chipkevitch nasceu em 1954, na cidade de Tchernovtsí no sul da Ucrânia, à época uma das Repúblicas da União Soviética. Seus pais eram judeus. O pai, nascido em Bucareste, capital da Romênia, emigrou para a União Soviética ao ser liberado do exército, no fim da Segunda Guerra. Lá conheceu a futura esposa, cuja numerosa família era oriunda de Moldávia. Uma irmã do pai, um irmão da mãe e os pais de ambos haviam sido mortos em campos de concentração nazistas. Eugenio é filho único.

A família emigrou para o Brasil em 1969 para se reunir a um tio materno de Eugenio, que morava no país desde a década de 1920.

Eugenio cursou o Ensino Médio em São Paulo e depois a Faculdade de Medicina da Universidade de São Paulo (1973-78). Fez Residência em Pediatria no Hospital das Clínicas da FMUSP (1979-80), tornou-se especialista em hebiatria (medicina do adolescente e do jovem) e psicoterapia.

Chefiou o Serviço de Adolescência do Hospital Infantil Darcy Vargas (INAPMS, São Paulo) entre 1983 e 1996. Nesse período, publicou dezenas de artigos e trabalhos científicos em revistas médicas nacionais e internacionais (p. ex., *Journal of Adolescent Health, Journal of*

Brain and Development, Jornal of Urology, Archives of Neuropsychiatry etc). Lançou o livro *Puberdade & Adolescência: aspectos biológicos, clínicos e psicossociais* (SP: Roca, 1995), que foi adotado como livro-texto de hebiatria em muitas universidades.

Entre 1980 e 2002, Chipkevitch manteve consultório particular, que se tornou uma das maiores clínicas privadas de adolescentes no Brasil. Em 1996, ele criou e chefiou o Instituto Paulista de Adolescência (IPA), entidade multiprofissional voltada a assistência, ensino, consultoria e pesquisa.

Concebeu e editou *Pais & Teens,* revista oficial do IPA, destinada a adolescentes, pais e profissionais, única no gênero do país. A publicação circulou em versão impressa entre 1996 e 1998, e em versão digital, financiada pela Organização Pan-Americana de Saúde (OPAS), entre 2000 e 2002. O periódico foi reconhecido pela Agência de Notícias de Direitos da Infância (ANDI) como publicação para o público jovem com o maior índice de matérias de relevância social no mercado editorial brasileiro; recebeu apoio institucional da UNESCO e do UNICEF. Contou com importantes contribuições de Paulo Freire, Betinho, Ignácio de Loyola Brandão, Sérgio Groisman, Rosely Sayão, Içami Tiba, Angeli, Ziraldo etc.

Em 2000, Chipkevitch ganhou um verbete biográfico no *Who is who in Science and Engineering,* editado nos Estados Unidos, e foi incluído na lista dos *2000 cientistas mais proeminentes do século XX*, publicação do Instituto Biográfico de Cambridge, na Inglaterra.

Chipkevitch é separado e tem um filho, nascido em 1992.

Foi preso em março de 2002, acusado de atentado violento ao pudor cometido contra oito de seus pacientes. Foi condenado a 114 anos de prisão. Desde 2004, cumpre pena numa penitenciária de Sorocaba (SP). Com o escândalo midiático suscitado pelo caso, o Instituto Paulista de Adolescência encerrou as atividades e a *Pais & Teens* deixou de ser produzida.

Em 2011, Chipkevitch lançou o romance *Inimigo Íntimo* (ed. Ottoni), escrito na prisão.

Uma aventura chamada prisão também foi redigido no cárcere, entre julho de 2019 e dezembro de 2021.

REFERÊNCIAS BIBLIOGRÁFICAS

ADORNO, Theodor. *Indústria cultural e sociedade.* Tradução de Júlia E. Levy *et al*. São Paulo: Paz e Terra, 2002.

ADORNO, Theodor. *Notas de literatura I.* Tradução de Jorge de Almeida. 2. ed. São Paulo: Editora 34, 2012.

AGOSTINHO, Santo. *Confissões.* Tradução de Lorenzo Mammì. 2. ed. São Paulo: Penguin Classics; Companhia das Letras, 2017.

AKHMATOVA, Anna. *Antologia poética.* Tradução de Lauro Machado Coelho. Porto Alegre: L&PM, 2008.

ALEKSIÉVITCH, Svetlana. *O fim do homem soviético.* Tradução de Lucas Simone. São Paulo: Companhia das Letras, 2016.

ALIGHIERI, Dante. *A divina comédia.* Tradução de Italo Eugenio Mauro. 5. ed. São Paulo: Editora 34, 2019.

ANDERS, Günther. *Kafka*: pró e contra. Tradução de Modesto Carone. São Paulo: Cosac & Naify, 2007.

ANJOS, Fernando Vernice dos. *Execução penal e ressocialização*. Curitiba: Juruá, 2018.

ARENDT, Hannah. *Eichmann em Jerusalém*: um relato sobre a banalidade do mal. Tradução de José Rubens Siqueira. São Paulo: Companhia das Letras, 1999.

ASSOULINE, Pierre. *Rosebud*: fragmentos de biografias. Tradução de Carlos Nougué. Rio de Janeiro: Rocco, 2010.

AUDEN, Wystan Huge. *O curinga no baralho. In:* SHAKESPEARE, William. *Otelo*. Tradução de Lawrence Flores Pereira. São Paulo: Penguin Classics; Companhia das Letras, 2017, p. 87-116.

AUSTER, Paul. *O inventor da solidão*. Tradução de Luiz Roberto M. Gonçalves. São Paulo: BestSeller, [198?].

BALZAC, Honoré de. *Ilusões perdidas*. Tradução de Ernesto Pelanda e Mário Quintana. São Paulo: Abril Cultural, 1981.

BAUDELAIRE, Charles. *As flores do mal*. Tradução de Júlio Castañon Guimarães. São Paulo: Penguin Classics; Companhia das Letras, 2019.

BAUMAN, Zygmunt. *A arte da vida*. Tradução de Carlos Alberto Medeiros. Rio de Janeiro: Zahar, 2009.

BAUMAN, Zygmunt. *Modernidade e holocausto*. Tradução de Marcus Penchel. Rio de Janeiro: Zahar, 1998.

BECCARIA, Cesare. *Dos delitos e das penas*. Tradução de Torrieri Guimarães. São Paulo: Martin Claret, 2000.

BECKETT, Samuel. *Esperando Godot*. Tradução de Fábio de Souza Andrade. São Paulo: Cosac&Naif, 2002.

BENJAMIN, Walter. *Obras escolhidas*. Tradução de Sérgio Paulo Rouanet. São Paulo: Brasiliense, 1985. v. 1.

BERNHARD, Thomas. *Extinção*. Tradução de José Marcos Mariani de Macedo. São Paulo: Companhia das Letras, 2000.

BÍBLIA DE ESTUDO DE GENEBRA. Tradução de João Ferreira de Almeida. São Paulo: Cultura Cristã, 1999.

BÍBLIA DE JERUSALÉM. Vários tradutores. São Paulo: Paulus, 2002.

BITENCOURT, Cezar Roberto. *Falência da pena de prisão*: causas e alternativas. 2. ed. São Paulo: Saraiva, 2001.

BLOOM, Harold. *Como e por que ler*. Tradução de José Roberto O'Shea. Rio de Janeiro: Objetiva, 2001.

BLOOM, Harold. *Gênio*: os cem autores mais criativos da história da literatura. Tradução de José Roberto O'Shea. Rio de Janeiro: Objetiva, 2003.

BLOOM, Harold. *Onde encontrar a sabedoria*. Tradução de José Roberto O'Shea. Rio de Janeiro: Objetiva, 2005.

BOCCACCIO, Giovanni. *Decamerão*. Tradução de Torrieri Guimarães. São Paulo: Abril Cultural, 1981.

BOÉCIO. *A consolação da filosofia*. Tradução de Willian Li. 2. ed. São Paulo: WMF Martins Fontes, 2012.

BORGES, Jorge Luís. *Ensaio autobiográfico*. Tradução de Jorge Schwartz e Maria Carolina de Araújo. São Paulo: Companhia das Letras, 2009.

BORGES, Jorge Luís. *Ficções*. Tradução de Davi Arrigucci Jr. São Paulo: Companhia das Letras, 2007.

BRADBURY, Ray. *Fahrenheit 451*. Tradução de Cid Knipel. São Paulo: Globo, 2003.

BROD, Max. *Franz Kafka*. Tradução de Susana Schnitzer da Silva. Lisboa: Ulisseia, [195?].

BUZATTI, Dino. *O deserto dos tártaros*. Tradução de Aurora Fornoni Bernardini e Homero de Freitas Andrade. Rio de Janeiro: Nova Fronteira, 2020.

CALVINO, Italo. *As cidades invisíveis*. Tradução de Diogo Mainardi. São Paulo: Companhia das Letras, 1990.

CAMUS, Albert. *O estrangeiro*. Tradução de Valerie Rumjanek. Rio de Janeiro: Record, 1979.

CAMUS, Albert. *O mito de Sísifo*. Tradução de Ari Roitman e Paulina Watch. 17. ed. Rio de Janeiro: Record, 2019.

CAMUS , Albert. *A peste*. Tradução de Valerie Rumjanek Chaves. 31. ed. Rio de Janeiro: Record, 2020.

CAPRA, Fritjof. *O ponto de mutação*. Tradução de Álvaro Cabral. São Paulo: Cultrix, 1995.

CARDOSO, Fernando Henrique. *Diários da presidência*. São Paulo: Companhia das Letras, 2017. v. 3.

CARROLL, Lewis. *Alice no país do espelho*. Tradução de William Lagos. Porto Alegre: L&PM, 2004.

CATECISMO DA IGREJA CATÓLICA. 4. ed. São Paulo: Ed. Loyola, 2017.

CELAN, Paul. *Poemas*. Tradução de Flávio R. Kothe. Rio de Janeiro: Tempo Brasileiro, 1977.

CELAN, Paul. *Não sabemos mesmo o que importa*. Cem poemas. Tradução de Gilda Lopes Encarnação. Lisboa: Relógio d'Água, 2014.

CERVANTES, Miguel de Saavedra. *O engenhoso cavaleiro D. Quixote de La Mancha*. Tradução de Sérgio Molina. 2. ed. São Paulo: Editora 34, 2008.

CHALÁMOV, Varlam. *Contos de Kolimá*. Tradução de Denise Sales e Elena Vasilevich. 3. ed. São Paulo: Editora 34, 2018 . v. 1.

CHIPKEVITCH, Eugenio. *Inimigo íntimo*. Itu, SP: Ottoni, 2011.

COLLODI, Carlo. *Pinóquio*. Tradução de Monteiro Lobato. 12. ed. São Paulo: Ed. Nacional, 1979.

DAVIS, Angela. *Estarão as prisões obsoletas?* Tradução de Marina Vargas. Rio de Janeiro: Difel, 2018.

DEBORD, Guy. *A sociedade do espetáculo*. Tradução de Estela dos Santos Abreu. Rio de Janeiro: Contraponto, 1997.

DEFOE, Daniel. *Moll Flanders*. Tradução de Antônio Alves Cury. São Paulo: Abril Cultural, 1980.

DEFOE, Daniel. *Robinson Crusoé*. Tradução de Celso M. Paciornik. São Paulo: Iluminuras, 2004.

DEFOE, Daniel. *Um diário do ano da peste*. Tradução de Eduardo San Martin. 3. ed. Porto Alegre: Artes e Ofícios, 2014.

DESCARTES, René. *Discurso do método*. Tradução de Bento Prado Jr. São Paulo: Abril Cultural, 1983.

DOCTOROW, Edgar Lawrence. *O livro de Daniel*. Tradução de Áurea Weissenberg. Rio de Janeiro: Record, [19--].

DOSTOIÉVSKI, Fiódor. *Crime e castigo*. Tradução de Paulo Bezerra. São Paulo: Editora 34, 2016.

DOSTOIÉVSKI, Fiódor. *Os demônios*. Tradução de Paulo Bezerra. São Paulo: Editora 34, 2018.

DOSTOIÉVSKI, Fiódor. *Os irmãos Karamázov*. Tradução de Paulo Bezerra. São Paulo: Editora 34, 2012.

DOSTOIÉVSKI, Fiódor. *Recordações da casa dos mortos*. Tradução de Nicolau S. Peticov. São Paulo: Nova Alexandria, 2015.

DURKHEIM, Émile. *As regras do método sociológico*. Tradução de Pietro Nasseti. São Paulo: Martin Claret, 2006.

ECO, Umberto. *A passos de caranguejo*: guerras quentes e o populismo da mídia. Tradução de Sérgio Mauro. Rio de Janeiro: Record, 2022.

ECO, Umberto. *Cemitério de Praga*. Tradução de Joana Angélica D'Avila Melo. Rio de Janeiro: Record, 2011.

ELLIOT, Thomas Stearns. *Selected Essays*. London: Harcourt, 1932.

FORSTER, Edward Morgan. *Aspectos do romance*. Tradução de Sérgio Alcides. 4. ed. Rio de Janeiro: Globo, 2008.

FOUCAULT, Michel. *A sociedade punitiva*. Tradução de Ivone C. Benedetti. São Paulo: WMF Martins Fontes, 2015.

FOUCAULT, Michel. *Vigiar e punir*: nascimento da prisão. Tradução de Raquel Ramalhete. 41. ed. Petrópolis: Vozes, 2013.

FRANK, Anne. *O diário de Anne Frank*. Tradução de Alves Calado. 21. ed. Rio de Janeiro: Best Bolso, 2013.

FRANKL, Viktor. *Em busca de si mesmo:* um psicólogo no campo de concentração. Tradução de Walter O. Schlupp e Carlos C. Aveline. 30. ed. Petrópolis: Vozes, 2011.

FUENTES, Carlos. *Geografia do romance*. Tradução de Carlos Nougué. Rio de Janeiro: Rocco, 2007.

GENET, Jean. *Diário de um ladrão*. Tradução de Jacqueline Laurence e Roberto Lacerda. Rio de Janeiro: Nova Fronteira, 2005.

GENET, Jean. *Nossa Senhora das Flores.* Tradução de Newton Goldman. 3. ed. Rio de Janeiro: Nova Fronteira, 1983.

GENET, Jean. *O milagre da rosa*. Tradução de Manoel P. Ferreira. Rio de Janeiro: Nova Fronteira, 1984.

GIANETTI, Eduardo. *Autoengano*. São Paulo: Companhia das Letras, 1997.

GIRARD, René. *O bode expiatório*. Tradução de Ivo Storniolo. São Paulo: Paulus, 2004.

GOETHE, Johann Wolfgang Von. *Fausto*: uma tragédia. Tradução de Jenny Klabin Segall. São Paulo: Editora 34, 2004.

GOFFMAN, Erving. *Manicômios, prisões e conventos*. Tradução de Dante Moreira Leite. 9. ed. São Paulo: Perspectiva, 2015.

GRAMSCI, Antonio. *Cartas do cárcere*. Tradução de Noênio Spínola. Rio de Janeiro: Civilização Brasileira, 1966.

GRAY, John. *A alma da marionete*: um breve ensaio sobre a liberdade. Tradução de Clóvis Marques. Rio de Janeiro: Record, 2018.

HOLANDA, Sérgio Buarque de. *Raízes do Brasil*. 26. ed. São Paulo: Companhia das Letras, 2005.

HUGO, Victor. *O último dia de um condenado*. Tradução de Joana Canêdo. São Paulo: Estação Liberdade, 2002a.

HUGO, Victor. *Os miseráveis*. Tradução de Frederico O. P. de Barros. São Paulo: Cosac & Naify, 2002b.

HUXLEY, Aldous. *O admirável mundo novo*. Tradução de Lino Vallandro e Vidal Serrano. São Paulo: Globo, 2003.

HUXLEY, Aldous. *Sem olhos em Gaza*. Tradução de V. de Miranda Reis. Rio de Janeiro: Civilização Brasileira, 1970.

KAFKA, Franz. *Blumfeld, um solteirão de mais idade e outras histórias*. Tradução de Marcelo Backes. Rio de Janeiro: Civilização Brasileira, 2018.

KAFKA, Franz. *Carta ao pai*. Tradução de Modesto Carone. São Paulo: Companhia das Letras, 1997.

KAFKA, Franz. *Diários*. Tradução de Torrieri Guimarães. Belo Horizonte: Itatiaia, 2000.

KAFKA, Franz. *Essencial Franz Kafka*. Tradução de Modesto Carone. São Paulo: Pearson, 2012.

KAFKA, Franz. *A metamorfose/O artista da fome/Na colônia penal*. Tradução de Bruno Silveira, Leandro Konder e Eunice Duarte. Rio de Janeiro: Civilização Brasileira, 1969.

KAFKA, Franz. *O castelo*. Tradução de Modesto Carone. São Paulo: Companhia das Letras, 2008.

KAFKA, Franz. *O desaparecido ou Amerika*. Tradução de Susana K. Lages. São Paulo: Editora 34, 2012.

KAFKA, Franz. *O processo*. Tradução de Modesto Carone. São Paulo: Companhia das Letras, 2005.

KERTÉSZ, Imre. *Eu, um outro*. Tradução de Sandra Nagy. São Paulo: Planeta, 2007.

KERTÉSZ, Imre. *O fiasco*. Tradução de Ildikó Sütö. São Paulo: Planeta, 2004.

KUNDERA, Milan. *A cortina*. Tradução de Teresa Bulhões C. da Fonseca. São Paulo: Companhia das Letras, 2006.

LEVI, Primo. *A trégua*. Tradução de Marco Lucchesi. São Paulo: Companhia das Letras, 2010.

LLOSA, Mario Vargas. *Civilização do espetáculo*. Tradução de Ivone Benedetti. Rio de Janeiro: Objetiva, 2013.

LLOSA, Mario Vargas. *Tia Júlia e o escrevinhador*. Tradução de José Rubens Siqueira. São Paulo: Alfaguara, 2007.

LUKÁCS, Georg. *A teoria do romance*: um ensaio histórico-filosófico sobre as formas da grande época. Tradução de José Marcos M. de Macedo. São Paulo: Editora 34, 2007.

MAISTRE, Xavier de. *Viagem ao redor do meu quarto.* Tradução de Veresa Moraes. São Paulo: Editora 34, 2020.

MALCOLM X. *The autobiography of Malcolm X (as told to Alex Haley).* New York: Random House, 1965.

MALCOLM, Janet. *O jornalista e o assassino.* Tradução de Tomás Rosa Bueno. São Paulo: Companhia das Letras, 2011.

MANGUEL, Alberto. *Os livros e os dias.* Tradução de José Geraldo Couto. São Paulo: Companhia das Letras, 2005.

MAUGHAM, Somerset. *Confissões.* Tradução de Mário Quintana. Porto Alegre: Globo, 1951.

MILGRAM, Stanley. *Obedience to authority.* New York: Harper & Row, 1974.

MILL, John Stuart. *Sobre a liberdade.* Tradução de Pedro Madeira. São Paulo: Saraiva, 2011.

MILTON, John. *Paraíso perdido.* Tradução de Daniel Jonas. São Paulo: Editora 34, 2016.

MONTAIGNE, Michel de. *Ensaios.* Tradução de Rosa Freire Aguiar. São Paulo: Penguin Companhia, 2010.

MORETTI, Franco. *O romance de formação.* Tradução de Natasha B. Palmeira. São Paulo: Todavia, 2020.

MORIN, Edgar. *O mundo moderno e a questão judaica.* Tradução de Nícia Adan Bonatti. Rio de Janeiro: Bertrand Brasil, 2007.

MOTTA, Luiz Gonzaga (org.). *Imprensa e poder.* São Paulo: UNB e Imprensa Oficial do Estado, 2002.

NABOKOV, Vladimir. *Ada ou ardor.* Tradução de Jorio Dauster. Rio de Janeiro: Alfaguara, 2021.

NASSIF, Luís. *O jornalismo dos anos 90.* São Paulo: Futura, 2003.

NIETZSCHE, Friedrich. *Além do bem e do mal.* Tradução de Renato Zwick. Porto Alegre: L&PM, 2017.

NIETZSCHE, Friedrich. *Assim falou Zaratustra.* Tradução de Pietro Nassetti. São Paulo: Martin Claret, 2001.

ORWELL, George. *1984.* Tradução de Alexandre Hubner. São Paulo: Companhia das Letras, 2009.

OZ, Amós. *De amor e trevas.* Tradução de Milton Lando. São Paulo: Companhia das Letras, 2005.

PASCAL, Blaise. *Pensamentos.* Tradução de Leonel Vallandro. Porto Alegre: Globo, 1973.

PELLEPORT, Marquês de. *Os boêmios.* Tradução de Rosa Freire d'Aguiar. São Paulo: Companhia das Letras, 2015.

PESSOA, Fernando. *Poemas escolhidos.* São Paulo: Klick, 1997.

PETRÔNIO. *Satiricon.* Tradução de Marcos Santarrita. São Paulo: Abril Cultural, 1981.

PIGLIA, Ricardo. *O último leitor.* Tradução de Heloísa Jahn. São Paulo: Companhia das Letras, 2006.

PIRANDELLO, Luigi. *O falecido Mattia Pascal / Seis personagens à procura de autor.* Tradução de Mário da Silva, Brutus Pedreira e Elvira Rino Malerbi Ricci. São Paulo: Abril Cultural, 1978.

PLATÃO. *A república*. Tradução de Eleazar M. Teixeira. São Paulo: Mediafashion, 2021.

PLATÃO. *Diálogos*. São Paulo: Nova Cultural, 1996.

PROUST, Marcel. *No caminho de Swann*. Tradução de Mário Quintana. São Paulo: Abril Cultural, 1982.

REALE JÚNIOR, Miguel. *Instituições de direito penal*. 2. ed. São Paulo: Forense, 2004.

RIMBAUD, Arthur. *Um tempo no inferno* & *Iluminações*. Tradução de Júlio Castañon Guimarães. São Paulo: Todavia, 2021.

ROUSSEAU, Jean-Jacques. *Confissões*. Tradução de José Benedicto Pinto e Rachel de Queiroz. Rio de Janeiro: José Olympio, 1948.

ROUSSEAU, Jean-Jacques. *Sobre o contrato social*. Tradução de Sérgio Bath. *In:* ROUSSEAU, Jean-Jacques. *Rousseau e as relações internacionais*. Tradução de Sérgio Bath. São Paulo: Imprensa Oficial do Estado, 2003, p. 111-176.

SAINT-EXUPÉRY, Antoine. *Terra dos homens*. Tradução de Rubem Braga. Rio de Janeiro: José Olympio, 1973.

SARAMAGO, José. *Caim*. São Paulo: Companhia das Letras, 2009.

SCHOPENHAUER, Arthur. *Parerga e Paralipomena*. Tradução de Rosana Jardim Candeloro. Porto Alegre: Zouk, 2016.

SEBALD, W. G. *Austerlitz*. Tradução de José Marcos Mariani de Macedo. São Paulo: Compania das Letras, 2008.

SEBALD, W. G. *Vertigem*. Tradução de José Marcos Mariani de Macedo. São Paulo: Companhia das Letras, 2008.

SHÔNAGON, Sei. *O livro do travesseiro*. Tradução: Geni Wakisaka, Junko Ota, Lica Hashimoto et al. São Paulo: Editora 34, 2013.

SÊNECA. *Cartas a Lucílio*. Porto Alegre: L&PM, 2014.

SHAKESPEARE, William. *Hamlet*. Tradução de Millôr Fernandes. Porto Alegre: L&PM, 2019.

SHELLEY, Mary. *Frankenstein*. Tradução de Irineu Perpétuo. São Paulo: Mediafashion, 2017.

SINGER, Isaac Bashevis. *Sombras sobre o Rio Hudson*. Tradução de Paulo Henriques Britto. São Paulo: Companhia das Letras, 1997.

SINYAVSKY, Andrei (Publicado sob pseudônimo Abram Tertz). *A voice from the chorus*. Tradução de Kyril Fitzlyon e Max Hayward. Nova Iorque: Bantam Books, 1978.

SKÁRMETA, Antonio. *A garota do trombone*. Tradução de Eric Nepumoceno. Rio de Janeiro: Record, 2003.

SOLJENÍTSIN, Alexander. *Arquipélago Gulag*. Tradução de A. Ferreira et al. São Paulo: Círculo do Livro, 1976.

SOUZA, Artur César de. *A decisão do juiz e a influência da mídia*: Ineficácia da prova divulgada pelos meios de comunicação para o processo penal e civil. São Paulo: Revista dos Tribunais, 2010.

SPEER, Albert. *Au coeur du Troisième Reich*. Paris: Fayard, 1971.

SPINOZA, Baruch. *Ética*. Tradução de Tomaz Tadeu. São Paulo: Autêntica, 2009.

STEINER, George. *Nenhuma paixão desperdiçada*. Tradução de Maria Alice Máximo. 2. ed. Rio de Janeiro: Record, 2018.

STENDHAL. *A cartuxa de Parma*. Tradução de Rosa Freire Aguiar. São Paulo: Penguin Classics; Companhia das Letras, 2012.

STENDHAL. *O vermelho e o negro*. Tradução de Raquel Prado. São Paulo: Cosac & Naify, 2003.

STEVENSON, Robert Louis. *O médico e o monstro*. Tradução de Lígia Cademartori. São Paulo: FTD, 1997.

SWIFT, Jonathan. *Viagens de Gulliver*. Tradução de Octávio Mendes Cajado. São Paulo: Abril Cultural, 1979.

TANIZAKI, Jun'ichiro. *A ponte flutuante dos sonhos*, seguido de *Retrato de Shunkin*. Tradução de Andrei Cunha, Ariel Oliveira e Lídia Ivasa. São Paulo: Estação Liberdade, 2019.

TCHÉKHOV, Anton. *A ilha de Sacalina*. Tradução de Rubens Figueiredo. São Paulo: Todavia, 2018.

TCHÉKHOV, Anton. *Quatro peças*. Tradução de Rubens Figueiredo. São Paulo: Companhia das Letras, 2021.

THOMPSON, Augusto. *A questão penitenciária*. Rio de Janeiro: Forense, 1980.

TILLION, Germaine. *Ravensbrück*. 3. ed. Paris: Ed. du Seuil, 1988.

TODOROV, Tzvetan. *Diante do extremo*. Tradução de Nícia Adan Bonatti. São Paulo: Unesp, 2017.

TORÁ : A LEI DE MOISÉS. Tradução de Meir M. Melamed. São Paulo: Sêfer, 2001.

VIRGÍLIO. *Eneida*. Tradução de Tassilo Orpheu Spalding. São Paulo: Círculo do Livro, [199?].

WILDE, Oscar. *De profundis*. Tradução de Júlia Tettamanzy e Maria Angela Aguiar. Porto Alegre: L&PM, 1982.

ZAMIÁTIN, Evgueni. *Nós*. Tradução de Francisco de Araújo. São Paulo: Editora 34, 2017.

ZOLA, Émile. *Eu acuso!* Tradução de Ricardo Lisias. São Paulo: Hedra, 2007.

ZWEIG, Stefan. *Encontros com homens, livros e países*. Tradução de Milton Araújo. Rio de Janeiro: Delta, 1956.

ÍNDICE ONOMÁSTICO

A
Abel 59
Abraão 5, 57, 107
Abreu, Sílvio de 214
Adão 32, 38, 53, 111
Adorno, Theodor 117, 128, 205, 207
Agostinho, Santo 44
Akhmátova, Anna 32
Alexandria, Philo de 44
Aleksiévitch, Svetlana 30, 153
Alighieri, Dante 17, 29, 31, 34, 70, 76, 163
Améry, Jean 128
Anders, Günter 107
Anjos, Fernando Vernice dos 227, 231
Andersen, Hans Christian 20
Arendt, Hannah 200, 214, 254, 256
Aristóteles 211
Arquimedes 217
Assouline, Pierre 128
Atenas 150
Atlas 14
Atwood, Margaret 120, 131
Auden, Wystan Huge 219

Aurélio, Marco 19
Ausônio 51
Austen, Jane 71
Auster, Paul 87, 88, 89, 264

B

Balzac, Honoré de 101, 114, 192, 193, 195
Barca, Pedro Calderón de la 111
Baudelaire, Charles 79, 111, 229
Bauer, Felice 121
Bauman, Zygmunt 121, 203, 250, 255
Beccaria, Cesare 241, 250
Beckett, Samuel 102
Beilis, Menahem Mendel 104
Benigni, Roberto 85
Benjamin, Walter 73, 97
Bentham, Jeremy 208
Bergman, Ingmar 133
Bernhard, Thomas 199
Betelheim, Bruno 128
Bitencourt, Cezar Roberto 242
Blair, Jayson 204
Block, Aleksandr 68, 133, 137
Bloom, Harold 70, 73, 79, 218, 219, 220, 223
Boccaccio, Giovanni 136, 137
Boécio, Anício Mânlio Torquato Severino 31, 41, 76, 157, 167, 222
Bogart, Humphrey 207
Bonaparte, Napoleão 195
Borges, Jorge Luís 69, 106, 118, 221
Borowski, Tadeusz 128
Bosch, Hieronymus 122, 123
Bradbury, Ray 120, 207
Broch, Hermann 226

Brod, Max 97, 99, 100, 101, 107, 119, 120, 121, 122
Bruno, Giordano 185, 203
Buber, Martin 152
Buda 45, 203
Buonarroti, Michelangelo 56
Buzzati, Dino 102

C

Caim 48, 51, 52, 53, 56, 59
Calvino, Italo 25
Camus, Albert 11, 30, 77, 92, 132, 134, 154, 172
Capra, Fritjof 203
Caravaggio, Michelangelo Merisi 196-198, 218
Cardoso, Fernando Henrique 194
Caronte 110
Carrasco, Walcyr 214
Carroll, Lewis 239
Casares, Bioy 118
Celan, Paul 127-130
Cervantes Saavedra, Miguel de 68, 94
César, Júlio 217
Chalámov, Varlan 244
Chaplin, Charles 105
Chapman, Mark 77
Charrière, Henry 77
Chateaubriand, François-René 32
Che Guevara 73
Cícero 118
Collodi, Carlo 20
Commodus 19, 20
Confúcio 45
Connery, Sean 217
Conrad, Joseph 70

Cooke, Janet 204
Cristo, Jesus 32, 40, 41, 44, 45, 107, 113, 122, 123, 124, 185, 190, 211, 213, 224, 229
Cronos 14

D

D'Ávila, Teresa 86
Danaides 14
Darwin, Charles 108
Davi, rei 196, 197, 198, 218, 250
Davis, Angela 224, 240, 246
Debenedetti, Tommaso 204
Debord, Guy 203, 206
Decazes, Élie Louis 236
Defoe, Daniel 134, 135, 137, 233, 234
Demódoco 150
Descartes, René 89, 90, 156
Diamant, Dora 122
Deutscher, Isaac 99
Dickens, Charles 68, 114
Dickinson, Emily 76
Dinesen, Isak 75
Diógenes 165, 166
Doktorow, Edgar Lawrence 155
Doria, João 247
Dostoiévski, Fiódor 10, 68, 69, 77, 108, 155, 221, 234, 235, 244
Dreyfus, Alfred 104, 194
Durkheim, Émile 158

E

Eco, Umberto 209, 210
Édipo 110, 132, 213, 214, 222

Eichmann, Adolf 253, 254
Einstein, Albert 108
Elliot, Thomas Stearns 47, 223
Esopo 212
Eurípedes 218
Eva 32, 38, 53, 59, 111, 159, 223

F

Faulkner, William 70
Flaubert, Gustave 95
Forster, Edward Morgan 70, 72
Foucault, Michel 14, 155, 161, 232, 236, 245-247
Frank, Anne 81, 82, 83, 84, 86, 88, 90
Frankl, Viktor 30, 77
Freud, Sigmund 46, 108, 161, 231
Fuentes, Carlos 73

G

Galileu, Galileo 89, 203, 281
Gam, Giulia 215
Genet, Jean 10, 49, 75, 156, 169, 170, 244
Gianetti, Eduardo 229
Girard, René 157, 213
Goebbels, Joseph Paul 207
Goethe, Johann Wolfgang von 117, 129, 165, 206, 220, 248
Goffman, Erving 149, 236, 242
Gogol, Nicolai 114
Golem 121, 122, 212
Golias 196, 197, 198
Gramsci, Antonio 71, 76
Gray, John 160
Grimm, irmãos 20

H

Hassler, Alfred 236
Hemingway, Ernest 76
Henry, O. 76, 77
Heráclito 25, 48, 150
Hesíodo 230
Hitler, Adolf 112, 129, 250, 255
Holanda, Sérgio Buarque de 89, 211
Homero 150
Horácio 48
Hugo, Victor 153, 224, 231, 269
Huxley, Aldous 26, 120, 131, 208

I

Íxion 14

J

Jacó 107
Javé 38
Jeremias 40
Jesenska, Milena 119
Jesus, v. Cristo
Jó 41, 107, 111
Jonas 166, 167, 213, 214, 222
Judas 48
Judt, Tony 219
Júpiter 212

K

Kafka, Franz 5, 70, 76, 87, 91-125, 132, 165, 170-172, 195, 196, 208, 235
Kafka, Hermann 96, 98, 108

Kant, Immanuel 40
Kertész, Imre 25, 153, 210
Kipling, Rudyard 70, 71
Kundera, Milan 73, 226

L

Lao-Tsé 153, 203
Levi, Primo 11, 77, 128, 242
Leviatã 97
Lévi-Strauss, Claude 210
Liberato, Gugu 204, 216
Llosa, Mario Vargas 199, 202
Ló 30,
London, Jack 70
Löw, rabino 121, 122
Lukács, Georg 70

M

Machado de Assis, Joaquim Maria 70
Maistre, Xavier de 76, 153, 220
Malcolm X 79
Malcolm, Janet 191, 198
Mann, Thomas 12, 70
Maquiavel, Nicolau 207
Marcião 40
Márquez, Gabriel García 70
Marx, Karl 45, 46, 70, 108, 114
Massa, Carlos 216
Maugham, Somerset 212
Milgram, Stanley 254, 255
Mill, John Stuart 192
Milton, John 166

Moisés 40, 45, 57, 86, 159
Montaigne, Michel de 76, 84, 166, 220, 223, 230
Montesquieu, Charles de 200
Moretti, Franco 164
Morin, Edgar 113
Mussolini, Benito 71

N

Nabokov, Vladimir 33
Nassif, Luís 195
Niemeyer, Oscar 217
Nietzsche, Friedrich 46, 108, 150, 161, 165, 167, 175, 211

O

Orfeu 284
Orwell, George 120, 131, 208
Ovídio 76
Oz, Amós 72, 160, 161, 273

P

Pandora 38, 39, 41
Parcas 168, 213, 222
Pascal, Blaise 42, 215
Paulo, apóstolo 39, 41, 103
Paulo, Marcos 215
Pelleport, Marquês de 76, 167
Pessoa, Fernando 25, 163
Petrônio 193
Piglia, Ricardo 73
Pirandello, Luigi 217
Platão 123, 146, 190, 198, 215, 230

Pound, Ezra 76
Préameneu, F. 236
Prometeu 94, 201
Proust, Marcel 29, 68, 76
Púchkin, Aleksandr 68

R

Ramos, Graciliano 77
Reale Júnior, Miguel 243
Rilke, Rainer Maria 160
Rimbaud, Arthur 48, 220
Rosenzweig, Franz 92
Roth, Philip 204
Rousseau, Jean-Jacques 158, 165
Russell, Bertrand 72

S

Sade, Marquês de 76, 167
Saint-Exupéry, Antoine de 31
Salomão 202
Saramago, José 51
Sartre, Jean-Paul 47, 92, 159, 161, 168
Schopenhauer, Arthur 201, 221
Sebald, Winfried Georg Maximilian 69, 70, 110
Sêneca 29, 37, 39
Shakespeare, William 218, 219
Shelley, Mary 199
Shônagon, Sei 75
Singer, Isaac Bashevis 74
Siniávski, Andrei 75, 147, 164
Sísifo 14, 34, 48, 145, 172, 173
Skármeta, Antonio 78

Sócrates 123, 161, 166, 185, 190, 211, 222, 223, 244
Sófocles 158, 213
Soljenítsin, Aleksander 47, 164, 168
Souza, Artur César de 237
Speer, Albert 253
Spinoza, Baruch 86, 89, 108, 158, 161, 166
Steiner, George 44, 119, 124
Stendhal 164
Stevenson, Robert Louis 220
Swift, Jonathan 233, 234

T

Tanizaki, Jun'ichiro 151
Tântalo 14, 32
Taylor, Charles 203
Tchékhov, Anton 68, 102, 155
Têmis 193, 195
Terêncio 221
Thompson, Augusto 243
Tillion, Germaine 254
Tirésias 150
Tocqueville, Alexis de 207
Todorov, Tzvetan 255, 257
Tokarczuk, Olga 145
Tolstói, Lev 68, 74

V

Van Gogh, Theo 81
Van Gogh, Vincent 13, 81, 87
Veloso, Caetano 209
Verlaine, Paul-Marie 76
Vinci, Leonardo da 217

Virgílio 163
Voltaire 76

W

Weil, Simone 34
Whitman, Walt 220
Wiesel, Elie 77
Wilde, Oscar 77, 235
Wittgenstein, Ludwig 46

Y

Young, Gustav 222, 223

Z

Zamiátin, Evgueni 120, 208
Zeno 148
Zeus 14, 38, 150
Zezé de Camargo e Luciano, dupla 216
Zimbardo, Philip 255, 256
Zola, Émile 194
Zweig, Stefan 72

Compartilhando propósitos e conectando pessoas

Visite nosso site e fique por dentro dos nossos lançamentos:
www.gruponovoseculo.com.br

- facebook/novoseculoeditora
- @novoseculoeditora
- @NovoSeculo
- novo século editora

gruponovoseculo.com.br

Edição: 1ª
Fonte: EB Garamond